# La sabiduría de los psicópatas

Divulgación

**Kevin Dutton**

# La sabiduría de los psicópatas

*Todo lo que los asesinos en serie pueden enseñarnos sobre la vida*

Traducción de Ana Herrera Ferrer

Ariel

PEFC Certificado

El papel de este libro procede de bosques gestionados de forma sostenible

PEFC

PEFC/14-38-00305 www.pefc.es



Título original: *The Wisdom Of Psychopaths. What Saints, Spies, and Serial Killers Can Teach Us About Success*


Ariel, un sello editorial de Editorial Planeta, S. A.
Avda. Diagonal, 662-664, 08034 Barcelona (España)
www.ariel.es

Adaptación de la cubierta: Booket / Área Editorial Grupo Planeta
Imagen de la cubierta: © Science Photo Library / Age Fotostock
Primera edición en Colección Booket: noviembre de 2024
Segunda impresión: marzo de 2025
Tercera impresión: octubre de 2025
Cuarta impresión: agosto de 2026

Depósito legal: B. 17.706-2024
ISBN: 978-84-08-29467-2
Impreso en España

**Biografía**

Kevin Dutton es doctor en Psicología y miembro de la Royal Society of Medicine y la Society for the Scientific Study of Psychopathy. Durante las dos últimas décadas ha trabajado como investigador en las universidades de Oxford y Cambridge. Sus obras han sido traducidas a más de veinte idiomas y colabora en medios como *Scientific American*, *New Scientist*, *Psychology Today*, *The Guardian*, *The Times*, *Slate*, *The Washington Post*, *The Wall Street Journal*, *Newsweek*, *The New York Times* y *USA Today*. Además de sus compromisos académicos, asesora con regularidad a deportistas de élite, empresarios y miembros del sector militar. En Ariel ha publicado *La sabiduría de los psicópatas*, galardonada con el premio Best American Science and Nature Writing, y *Blanco o negro*, donde aborda el pensamiento binario y métodos para escapar de él.

*La mente es un lugar propio, y en sí misma puede ser un cielo en el infierno, o un infierno en el cielo.*

John Milton, *Paraíso perdido* (1667),
Libro 1, líneas 254-255

# Índice

Prólogo a la edición española, *de Paz Velasco de la Fuente* . . . . . 5
Introducción a la nueva edición. . . . . 11
Introducción . . . . . 17

1. Ascendente Escorpio . . . . . 27
2. ¿Quiere ponerse en pie el auténtico psicópata, por favor? . . . . . 59
3. *Carpe noctem* . . . . . 97
4. La sabiduría de los psicópatas . . . . . 125
5. Conviértame en un psicópata . . . . . 157
6. Los siete preciados capitales . . . . . 191
7. Supercordura. . . . . . 219

Notas . . . . . 257
Agradecimientos . . . . . 301

# Prólogo a la edición española

Usamos el término *psicópata* para definir a un grupo heterogéneo de sujetos por sus actos y sus conductas, o por como tratan a quienes forman parte de su entorno personal y profesional. Y siempre lo hacemos con connotaciones negativas.

Hace poco más de doscientos años que la ciencia empezó a interesarse por la psicopatía. A lo largo de estos dos siglos se han empleado diferentes términos para definir una forma de ser, no una enfermedad mental. *Depravación moral innata* (Rush, 1786), *manía sin delirio* (Pinel, 1809), *locura moral* (Pritchard, 1835), *personalidades psicopáticas* (Kraepelin, 1904), *sociopatía* (Birnbaum, 1914), *personalidades psicopáticas* (Schneider, 1923), *psicopatía*, *trastorno de la personalidad antisocial* (DSM-5) o *trastorno disocial* (CIE-10). La primera enumeración de los rasgos característicos de la personalidad psicopática tiene su origen en el trabajo de Cleckley. En su libro *La máscara de la cordura* (1941) define al psicópata como un sujeto insensible, asocial, encantador, algunas veces impulsivo o violento; el más peligroso de los criminales, el más depredador de los políticos y el negociador con menos escrúpulos.

La psicopatía es un trastorno de la personalidad que se define por determinadas manifestaciones conductuales y por ciertos rasgos de personalidad que afectan a las relaciones interpersonales, a los estilos de vida y a la afectividad de esos sujetos. Robert Hare afirma que lo más destacado de los psicópatas es que carecen de las cualidades esenciales que permiten a los seres humanos vivir en sociedad. Posiblemente la base de la psicopatía sea la ruptura entre la razón y la emoción, pero su apariencia externa es de absoluta normalidad.

Partamos de esta premisa: la mayoría de los psicópatas no están cumpliendo una condena en prisión, sino que ocupan importantes puestos de trabajo en diferentes profesiones. La primera pregunta a contestar es, por lo tanto, la siguiente: ¿es posible ser un psicópata sin llegar a convertirse en un criminal violento? Gran parte de la imagen que consumimos del psicópata se basa no solo en un falso mito. Tenemos que aceptar una realidad más que evidente, y es que psicópata no es sinónimo de asesino en serie, ni siquiera de delincuente, ya que ni todos los psicópatas son delincuentes ni todos los delincuentes son psicópatas. Hay *psicópatas funcionales* altamente nocivos para la sociedad y las personas con las que se relacionan. De hecho, la gran mayoría de los que conviven con nosotros no son violentos, aunque inflijan perjuicios económicos, materiales y emocionales que causan a la sociedad y a su entorno un daño más instrumental que físico. Estos son los más numerosos y los más difíciles de detectar, los que se ocultan con una habilidad innata. Porque los psicópatas asesinos en serie son una excepción o rareza social.

Este ensayo demuestra, a través de múltiples investigaciones científicas, estudios, entrevistas y estadísticas, que ciertos rasgos psicopáticos como la concentración, la capacidad de persuasión, el egocentrismo, el encanto, la autodisciplina o la independencia son más prevalentes en determinados sujetos de éxito que entre asesinos seriales y psicópatas criminales. Y esta es, precisamente, su aportación más novedosa: que a través de la aplicación de determinados rasgos de la psicopatía y de algunos de los comportamientos que llevan a cabo estos psicópatas, Dutton afirma que, en determinadas situaciones y contextos, pueden alcanzar un gran éxito profesional.

Por qué solo algunos psicópatas se inclinan por matar es algo que aún no sabemos con total certeza. El crimen y la conducta delictiva es multifactorial. La genética, la biología, la psicología, el entorno familiar, la educación, el ambiente, la oportunidad y cómo y en qué grado interactúan todos estos factores influyen en el destino del psicópata. Ambos tipos de psicópatas, criminales y funcionales, comparten la misma estructura emocional y de personalidad. El límite entre ellos no depende de los rasgos psicopáticos que tengan (egocentrismo, inmunidad emocional, mentirosos, manipuladores, ausencia de culpa, etc.), sino de sus niveles y de la forma en que estos rasgos se combinan entre sí. Sin embargo, son sus conductas y sus actos los que los definen, de modo que unos serán crueles y letales delincuentes, mientras que otros alcanzarán el éxito y vivirán cómodamente dentro de determinados ámbitos profesionales para los que están hechos a medida. En el caso de los psicópatas funcionales, son su inteligencia, sus competencias profesionales y académicas, su capacidad para controlar sus impulsos y sus actos —así como otro tipo de circunstancias de las que se rodean— las que les permiten construir una fachada de perfecta normalidad. La sociedad ya es consciente de que la psicopatía campa a sus anchas en terrenos como la política, la justicia y la economía.

Hasta aquí, algo que casi todos ya sabíamos. Kevin Dutton, no obstante, va mucho más allá. Entremos en una segunda cuestión: ¿podemos aprender algo de los psicópatas y aplicarlo en nuestra vida cotidiana? La falta de piedad, la alta concentración, la fortaleza mental, el encanto personal, la intrepidez, la despreocupación, la acción constante... ¿pueden ser beneficiosas en determinados momentos de nuestra vida?

La investigación llevada a cabo por Dutton en Reino Unido fue absolutamente novedosa y única en su día, ya que fue la primera vez que se intentó analizar la prevalencia de rasgos psicopáticos en una población activa nacional en su totalidad. Todos aquellos que quisieron participar acudieron a su página web para completar la escala Levenson añadiendo datos de su profesión y obteniendo así una puntuación. La intención de Dutton era la de determinar cuál era la profesión más psicopática y en cuál de ellas había menos psicópatas. El resultado fue el siguiente: en aquellas profesiones en las que se requiere una mayor conexión humana, tratar con los sentimientos y las emociones de las personas (cuidadores, enfermeras, terapeutas, profesores, trabajadores sociales, médicos, etc.), hay menos psicópatas que en aquellas que implican poder y prestigio, liderazgo y una habilidad especial para tomar decisiones racionales (CEO, abogados, cirujanos, periodistas, brókeres, etc.). Dos puntualizaciones antes de continuar. La primera es que los psicópatas funcionales necesitan estar ocupados por su alta tendencia al aburrimiento, de modo que sobresalen en ciertas actividades. La segunda, que estos sujetos estarán en cualquier profesión u organización donde su posición o su rango les ofrezca poder y control sobre su entorno, así como la oportunidad de obtener ganancias materiales.

¿Puede la psicopatía ser buena o beneficiosa para el resto de la sociedad en determinados contextos y circunstancias? Dutton afirma que sí y demuestra que los psicópatas no solo son útiles para nuestra sociedad, sino que son necesarios y tienen cosas que enseñarnos: «Toda sociedad necesita unos individuos particulares que hagan el trabajo sucio, gente que no tenga miedo de tomar decisiones duras, de hacer preguntas incómodas, de exponer, de correr riesgos». Hay puestos de trabajo y papeles que cumplir cuya naturaleza, ya sea por su componente altamente competitivo, agresivo o coercitivo, ya por el alto nivel de estrés o peligro inherente que implican, no pueden ser llevados a cabo por cualquier miembro de la sociedad.

Una de las investigaciones del estudio se centra en las «poblaciones heroicas», aquellas profesiones de primera línea como los agentes de la ley, los militares o los servicios de rescate. Dutton pone como ejemplo a las fuerzas especiales británicas, el Servicio Especial Aereo (SAS), considerado uno de las mejores del mundo. Las pruebas de acceso son muy duras, con pruebas extremas de destreza física, estrés, ansiedad, miedo, etc., que tan solo pasan un 10 por ciento de los reclutas. Dos de los rasgos más importantes que hacen que estos individuos superen el entrenamiento, cuyo lema es *Who dares, wins* (quien se atreve, gana), son la fortaleza mental y la baja aversión al riesgo. Si, además de esas dos características, tenemos en cuenta otros rasgos como la intrepidez, la inmunidad al estrés y la baja ansiedad de estos sujetos... ¿estaríamos ante el perfil del héroe capaz de hacer lo que hiciera falta por salvar a otros?

Demos un paso más para entrar en las últimas cuestiones. ¿Existen determinados rasgos psicopáticos que pueden llevar al éxito profesional? ¿Podemos aprender algo de los psicópatas? Lo cierto es que sí existen rasgos de la personalidad psicopática adecuados para llegar a lo más alto. Es importante recordar que lo que adquieren determinados expertos a través del tiempo y de su experiencia profesional es algo innato en los psicópatas.

Todos somos conscientes de que hay entornos profesionales donde la psicopatía está aceptada, puesto que en ellos se valoran como beneficiosas algunas de las características de estos sujetos, e incluso se potencian. La combinación de determinadas conductas arriesgadas y la ausencia de remordimientos pueden llevar a estos psicópatas, ya sea a una exitosa carrera delictiva (delincuencia financiera, corporativa o de cuello blanco), ya a una en las finanzas y en los negocios. Incluso a ambas en algunos casos. Estudios como los de Sara Konrath demuestran que los estudiantes universitarios del siglo XXI, es decir, los futuros profesionales de nuestras sociedades, tienen en torno al 40 por ciento menos de empatía que los estudiantes de hace veinte o treinta años; Jean Twenge, profesora de psicología de la Universidad Estatal de San Diego, por su parte, afirma también que durante ese mismo periodo, los niveles de narcisismo de los estudiantes se han disparado. Esto nos indica que el contexto y la competitividad hacen que los psicópatas aumenten porque se les valora, en especial algunas de sus cualidades y aptitudes.

La psicopatía es un espectro; es gradual y de diferente intensidad, de modo que, en un determinado contexto, podría ser altamente ventajosa, del mismo modo que podría suponer un peligro para los demás. Por ejemplo, si se combina una baja aversión al riesgo, la ausencia de miedo y una falta de culpabilidad y remordimientos (o conciencia, como afirma Robert Hare), eso puede llevar a algunos sujetos a alcanzar el éxito en un contexto determinado. Pero en un contexto diferente, esos mismos rasgos pueden convertir a ese sujeto en un peligro para la sociedad. No debemos olvidar nunca que los psicópatas se mueven por la recompensa inmediata y eliminan todo aquello que en ese momento no es relevante, como el miedo o el riesgo personal.

Dutton afirma que existe un conjunto de características de la psicopatía, a las que denomina los «siete preciados capitales», que son altamente beneficiosas a nivel individual y que, aplicadas de un modo correcto y prestándoles la atención necesaria, pueden ayudarnos a conseguir aquello que nos propongamos convirtiéndonos en vencedores en lugar de villanos: impasibilidad, encanto, concentración, fortaleza mental, intrepidez, atención plena y capacidad para tomar decisiones rápidas en situaciones difíciles. Los psicópatas funcionales tienen, además, una gran seguridad en sí mismos, mucha autodisciplina, un alto nivel de esfuerzo para lograr sus objetivos, carisma y una extrema frialdad cuando trabajan bajo presión. Y esto cualquiera de nosotros podemos ponerlo en práctica.

Veamos unos ejemplos. ¿Qué rasgos destacan en los exitosos hombres de negocios? Encanto, carisma, egocentrismo, capacidad de persuasión y manipulación, falta de empatía y un alto grado de concentración. Jon Moulton, un exitoso capitalista de riesgo británico, afirma que hay tres rasgos muy valiosos para triunfar en su mundo: decisión, curiosidad e insensibilidad. Afirma de modo rotundo que «lo mejor de la insensibilidad es que te deja dormir mientras otros no pueden». En cambio, en los ejecutivos de alto nivel, los tres rasgos más importantes son la creatividad, el pensamiento estratégico y sus excelentes habilidades de comunicación.

La máxima *carpe diem* es el norte en la brújula del psicópata. Anclan sus pensamientos y sus objetivos en el ahora. Tras leer este completo ensayo, debemos hacernos una pregunta: ¿nos gustaría tener a un psicópata funcional cerca en una situación de alto riesgo? Dutton afirma que el modo de pensar que separa a los buenos de los mejores en situaciones que penden de un hilo es de naturaleza inherentemente psicopática: «Cuando hay mucho en juego y nos encontramos entre la espada y la pared, es mejor tener a un psicópata al lado».

Piénsenlo. Lean... y decidan ustedes.

P. V. F.
*Jurista-criminóloga,*
*profesora de la Universidad Internacional de Valencia*

# Introducción a la nueva edición

El verano de 2016, *Scientific American Mind* me pidió que hiciera un perfil de los cuatro candidatos que competían para ser elegidos posteriormente presidentes de Estados Unidos en las elecciones presidenciales que se celebrarían ese mismo año: Bernie Sanders, Ted Cruz, Hilary Clinton y Donald Trump. Pero no era un perfil psicológico normal y corriente. Durante ese tiempo llevé a cabo un estudio muy inusual. Entregué a algunos de los biógrafos e historiadores más famosos del mundo un cuestionario psicométrico validado, rogándoles que lo rellenaran no con sus propios datos, sino con los de la figura histórica en concreto en la que cada uno era experto.

A medida que me iban devolviendo los cuestionarios los fui clasificando y compilando según una «tabla de clasificación» de puntaciones. Saddam Hussein y Enrique VIII eran los primeros, mientras que Gandhi y Freddie Mercury estaban en los últimos lugares. El cuestionario medía la psicopatía y sus respectivos rasgos componentes: crueldad, intrepidez, capacidad de persuasión, impulsividad, externalización de las culpas, frialdad bajo presión, narcisismo y maquiavelismo.

¿En qué jerarquía se podría clasificar, quería saber ahora *Scientific American Mind*, la cosecha en curso de posibles presidentes?

La respuesta llegó a la portada de la revista aquel otoño. «¿Votaría usted por un psicópata?», y un montón de memorables titulares en los periódicos de todo el mundo, el más memorable de todos, seguramente, este: «Donald Trump es más psicopático que Hitler, dice un estudio de Oxford». A continuación llegaron correos llenos de odio y amenazas de muerte de los seguidores de Trump, y los recepcionistas del departamento de psicología de la Universidad de Oxford tuvieron mucho trabajo durante un tiempo.

Una de las amenazas de muerte venía acompañada de una foto mía asomado a una pequeña ventanita de una cámara de gas, y Donald, con uniforme de nazi, a punto de dar al interruptor. El bocadillo que salía de su boca contenía la palabra: «¡Pronto!».

Estaba claro que alguien se había tomado muchísimas molestias. Yo lo puse en mi puerta de inmediato.

Mirándolo retrospectivamente, parece que de esto haga toda una vida. Y en el aspecto científico es así. De hecho, éste es precisamente el motivo por el que cuento esta historia: para ilustrar lo mucho que ha avanzado el conocimiento público de la psicopatía desde entonces. Cuando se publicó por primera vez *La sabiduría de los psicópatas*, en 2012, era el primer libro que explicaba que los rasgos de la personalidad psicopática de hecho pueden ser beneficiosos para nosotros en determinados contextos. Hasta el día de hoy sigue siendo el «único» libro que ha hecho tal cosa. Y sin embargo ahora, cada vez que me entrevistan en los medios de comunicación, noto una diferencia muy marcada en el tipo de preguntas que me hacen. Mientras unos años antes, cuando salió el libro, los entrevistadores se mostraban claramente incrédulos y me pedían que justificara lo que estaba diciendo, hoy en día las premisas básicas de mi argumentación se han aceptado ya y, por el contrario, se me requiere que le dé forma con ejemplos. Hay un viejo dicho en periodismo: «Perro muerde a hombre, página siete. Hombre muerde a perro, primera plana». Creo que es exactamente ese factor de novedad lo que hizo que el libro fuera tan popular, y ayudó a transmitir su mensaje.

Sí, Hannibal Lecter es un psicópata, pero también lo es James Bond. «Los hombres buenos duermen tranquilamente en sus camas porque los hombres malos están dispuestos a usar la violencia en su nombre», escribió una vez George Orwell. Y la verdad es que tenía algo de razón.

Igual que los perros han mordido a los hombres desde que entraron en contacto por primera vez unos con otros, nosotros llevamos toda la vida denigrando a los psicópatas desde que entramos en contacto con ellos. Y el motivo es muy sencillo. Antes de que saliera *La sabiduría...*, los psicópatas «pertenecían» a los clínicos. En otras palabras, los únicos que nos hablaban de los psicópatas eran los que se sentaban frente a ellos en las salas de los hospitales y en las prisiones, examinando su personalidad después de haber cometido espantosos actos criminales. ¡Claro que tenían mala prensa!

Pero *La sabiduría...* abrió de par en par las puertas de la consulta clínica. Sí, como los clínicos, yo había conocido a psicópatas asesinos. Pero, a diferencia de ellos, también había conocido a otro tipo de psicópatas: abogados psicópatas, cirujanos psicópatas, soldados de las fuerzas especiales psicópatas, gente que es más probable que te salve la vida en lugar de quitártela. Vale, es muy probable que no vaya a un pub a tomar algo con ellos. Pero si un hijo mío tiene un tumor, o si mi mejor amigo languidece en el Corredor de la Muerte, o si mi media naranja está en un avión que ha sido secuestrado por Al Qaeda, sé a quién me gustaría ver poniéndose la toga, o lavándose las manos, o usando las herramientas adecuadas. En otras palabras, mi investigación me ha dado la oportunidad de oír ambos lados de la historia, de ver distintos matices, en lugar de un monocromo y discontinuo «bueno contra malo». Y en la selva aprendí esto: los que van a esos sitios que hasta los ángeles temen pisar tienen mucho más en común con los demonios con los que se rozan de lo que podríamos imaginarnos.

Poco después de que se publicara *La sabiduría...*, salieron las críticas. Curiosamente, ¡todas eran buenas! Excepto una. El hecho de que la crítica discrepante fuera una absoluta exageración, que llegó peligrosamente cerca de acusarme de mentir, y que la hubiese escrito un clínico que a su vez había escrito un libro sobre psicopatía, quizá dice todo lo que haría falta saber al respecto. Perro muerde a hombre va en la página siete. Pero si ese «mordisco» es especialmente estridente, entonces quizá se pueda adelantar una página.

En aquel momento, las personas de mi entorno intentaron convencerme de que escribiera a la publicación que lo recogía y que les pidiera el derecho a réplica. No me interesó lo más mínimo. En años venideros, les dije, esa crítica aparecerá como equivocada y anticuada, igual que hoy es desagradable y falsa. Ahora que el interés por el lado positivo de los rasgos psicopáticos ha ido creciendo cada vez más en la literatura científica, ha llegado ya ese momento. Hablamos de la estigmatización de diversos tipos de enfermedades sociales y estamos adecuadamente vigilantes para evitarla. Pero debemos tener mucho cuidado de no hacer diferencias entre afecciones. Asegurar que todos los psicópatas son malos y que no puede proceder ningún bien de unos rasgos psicopáticos es estigmatización pura y simple. *La sabiduría...* está totalmente en contra de ello.

No hablo aquí de un descubrimiento científico para ganar el Premio Nobel. Es sentido común, nada más. Pensamiento crítico a nivel básico. Déjenme que establezca una analogía para explicarlo. Imagínense que unos marcianos vienen a la tierra y se ponen a trabajar directamente en un equipo que trata los problemas relacionados con el sol: melanomas, quemaduras solares, golpes de calor, deshidratación, lo que quieran. ¿Qué pensarían? Pues inmediatamente pensarían que el sol es malo. ¡Prohibamos el sol! Pero, claro, nosotros sabemos que el sol «no» es malo. Sabemos que el sol «puede» ser malo si tomamos demasiado. Pero si regulamos la exposición y vamos poco a poco, el sol es estupendo. Exactamente lo mismo ocurre con la psicopatía. Tome el sol día tras día y acabará quemándose. Tendrá un carcinoma de la personalidad. Pero a bajos niveles de exposición, la psicopatía puede tener beneficios intrínsecos.

*La sabiduría de los psicópatas* trata realmente de eso. Del hecho de que, a niveles extremos, la psicopatía es un cáncer de la personalidad, pero, a niveles bajos, en determinados contextos, es personalidad bronceada.

La clave se encuentra en esas dos palabras: «nivel» y «contexto». Imaginen una «mesa de mezclas» de personalidades en la cual los rasgos que he mencionado antes (crueldad, intrepidez, etc.) estén en los diferentes botones giratorios y mandos deslizantes. Muévalos arriba y abajo en distintas combinaciones y llegará a dos conclusiones. La primera es que no hay una posición «correcta» en la que deban estar situados objetivamente todos esos mandos y sirva para todo, sino que el alineamiento más efectivo dependerá, invariablemente, del momento, de las circunstancias particulares en las que usted se encuentre, etc. El segundo es que existen determinados trabajos y profesiones que, por su misma naturaleza, exigen que estos botones de la mesa de mezclas estén un poquito más altos de lo habitual, exigen lo que podríamos llamar una «psicopatía con ingeniería de precisión».

Imagínese que tiene la habilidad de ser un gran cirujano, pero que carece de la habilidad de separarse emocionalmente de la persona a la que está operando. No será capaz de abrirla en canal, ¿verdad? Imagine que tiene la habilidad de ser un gran abogado, pero que carece de la confianza en sí mismo casi patológica para ser el centro de atención en medio de un tribunal repleto. Una vez más, no va a funcionar, ¿no? Imagínese que tiene las dotes estratégicas y financieras para ser un perfecto hombre de negocios, pero no tiene la imperturbabilidad necesaria para despedir a gente que no está a la altura, o la frialdad para soportar la presión en medio de una tempestad, o las pelotas necesarias para correr un riesgo cuando éste es necesario...

Esos cinco rasgos: intrepidez, crueldad, frialdad bajo presión, confianza en uno mismo y desapego emocional, son las características psicopáticas fundamentales. ¿Diría usted que son disfuncionales? Yo no.

Hay dos argumentos distintos aquí. Uno es que los rasgos psicopáticos pueden elevarte algo en la escala social. El otro es que los rasgos psicopáticos pueden ayudarte a hacer mejor lo que haces. Los dos no siempre van juntos. No creo que sorprenda a muchos lectores que sea posible mentir, engañar, fanfarronear y manipular y subir en el escalafón, aunque no tengas el talento natural que requeriría normalmente tu trabajo. Pero algo que creo que es mucho más interesante, y que sí podría ser una sorpresa, es que si tienes las habilidades que se requieren, determinadas características psicopáticas pueden ayudarte realmente a capitalizar tu habilidad natural en diversos dominios profesionales.

Y eso es lo que los clínicos se han perdido todos estos años.

Volvamos adonde empezamos: la política, y tomemos el tipo de habilidades que necesitaría un líder mundial. Va a tener que tomar decisiones duras, hacer declaraciones duras, bajo una presión considerable. Va a tener que enfrentarse a crisis que van desde amenazas que plantean naciones poco honradas a (esto no hace falta que nos lo recuerden) las que representan pandemias mortales. Igual hay que mandar a los hombres y mujeres jóvenes del país a la guerra, sabiendo con certeza que van a perder la vida. Necesitará unas habilidades de presentación excelentes. La habilidad de fingir empatía, por ejemplo, aunque no la sienta. Como dijo una vez Teddy Roosevelt: «El político de más éxito es aquel que dice más a menudo y en voz más alta lo que la gente está pensando». Necesitará también una confianza suprema para presentarse como candidato, una concentración implacable, fe en sí mismo, en que será capaz de llevar a cabo determinadas políticas, y una inflexibilidad y dureza considerables para tratar con aquellos que están en su contra.

Y por eso, por si se lo estaban preguntando, Trump sacó una puntuación mucho más alta que Hitler en el cuestionario psicométrico, en mi estudio. Hitler sacó altas puntuaciones en todas las medidas de psicopatía excepto en la capacidad de soportar la presión, en la cual sacó una puntuación baja. Trump, por otra parte, aunque no sacó notas tan altas como Hitler en un cierto número de medidas, jugó bien en todas las posiciones, y ganó terreno a Hitler en lo concerniente a la «inmunidad al estrés».

Como me dijo en una ocasión un político británico de cierta edad, de quien no diré el nombre: «La única forma de saber quién te está apuñalando por la espalda en política es ver su reflejo en los ojos de la persona que te está apuñalando por delante».

No me extraña que Donald Trump sacase tan altas puntuaciones en psicopatía en mi estudio. Y no me extraña que Hilary sacara unas muy altas también, aunque quedó disimulada en medio del estruendo que rodeó a Trump.

La palabra «política», como observó una vez Michael Dobbs, el creador de *House of Cards*, viene del griego *polis*, que significa «muchos», y *tics*, por el nerviosismo que provoca.

No hay que estar loco necesariamente para trabajar en semejante circo... pero ¡ayuda!

# Introducción

Mi padre era un psicópata. Parece un poco raro decir esto ahora, mirando las cosas en retrospectiva. Pero lo era. Sin duda. Era encantador, intrépido, despiadado (pero nunca violento). Y en lo que respecta a la conciencia, estaba tan bien provisto como la nevera portátil del carnicero de Milwaukee. No mató nunca a nadie, pero te dejaba muerto con su cháchara.

Es estupendo que los genes no lo sean todo, ¿verdad?

Mi padre también tenía una habilidad sobrenatural para conseguir exactamente lo que quería. A menudo con una frase casual, como quien no quiere la cosa. O con un simple gesto revelador. La gente incluso decía que «se parecía» a Del Boy. Y era cierto. No solo lo imitaba, que también (igual que él, era vendedor ambulante). La serie de televisión *Only fools and horses* era como un vídeo familiar de los Hutton.*

Recuerdo que una vez ayudé a mi padre a vender unas agendas en el mercado de Petticoat Lane, en el East End de Londres. Yo tenía diez años y era día de colegio. Las agendas en cuestión eran piezas de coleccionista. Solo tenían once meses.

—Pero no puedes venderlas —protesté—. ¡No hay enero!

—Ya lo sé —dijo él—, por eso me olvidé de tu cumpleaños. ¡Oportunidad única de hacerse con una agenda de once meses, amigos...! ¡Inscríbanse en la oferta especial de dos por uno y el año que viene les regalarán un mes más gratis...!

* Serie televisiva británica que se emitió en la BBC entre 1981 y 1991, cuyo protagonista, Del Boy, es un vendedor callejero que quiere hacerse rico. El título es una abreviatura de «Only fools and horses work» (solo trabajan los tontos y los caballos). *(N. de la T.)*

Vendimos todo el lote.

Siempre he mantenido que mi padre estaba en posesión de la personalidad ideal para la vida moderna. Ni una sola vez le vi presa del pánico. Ni una sola vez le vi perder la sangre fría. Ni una sola vez le vi sulfurarse por nada. Y créanme, hubo muchísimas veces en las que podía haberle pasado.

—Dicen que los seres humanos desarrollamos el miedo como mecanismo de supervivencia para protegernos de los depredadores[1] —me dijo una vez—. Pero no se ven muchos tigres de dientes de sable merodeando por Elephant y Castle, ¿verdad, chico?

Tenía razón. No había visto ninguno. Quizá hubiera unas cuantas víboras, pero todo el mundo sabía quiénes eran.

Durante largo tiempo, al hacerme mayor, pensaba en las agudezas de mi padre sencillamente como parte de sus ingeniosos dichos de vendedor. Hoy estamos, mañana no estaremos. Un poco como mucha de la basura que solía vender, casualmente. Pero años más tarde me di cuenta de que había una verdad biológica muy profunda en lo que decía el viejo granuja. De hecho, anticipaba la postura tomada por los modernos psicólogos evolutivos con una precisión sublime e increíble. Parece ser que nosotros los humanos desarrollamos el miedo como respuesta a un mecanismo de supervivencia, para protegernos de los predadores. Monos con lesiones en la amígdala, por ejemplo[2] (la oficina de clasificación emocional del cerebro), hacen verdaderas estupideces. Como intentar coger una cobra.

Pero millones de años después, en un mundo donde los animales salvajes no andan por ahí escondidos detrás de cada esquina, el miedo puede producir una sensibilidad excesiva, como un conductor nervioso que toca con el pie constantemente el pedal del freno, reaccionando a peligros que no existen en realidad y llevándonos a tomar decisiones ilógicas e irracionales.

«No existía la Bolsa en el Pleistoceno», afirma George Lowenstein, profesor de economía y psicología de Carnegie Mellon.[3] «Pero los seres humanos son patológicamente enemigos del riesgo. Muchos de los mecanismos que dirigen nuestras emociones no están realmente bien adaptados a la vida moderna.»

Yo prefiero la versión de mi padre.

La observación de que los seres humanos de hoy en día tienen una aversión patológica al riesgo no significa, ni que decir tiene, que ése haya sido siempre el caso. De hecho, incluso se puede afirmar que aquellos que hoy en día sufrimos de una aversión clínica al riesgo (por ejemplo, los que sufrimos de ansiedad crónica) sencillamente tenemos demasiada cantidad de algo bueno. En la época de nuestros antepasados, los individuos exageradamente vigilantes ante las amenazas pudieron haber resultado decisivos, según sugieren los biólogos evolucionistas, en la lucha contra los predadores, y desde ese punto de vista, la ansiedad indudablemente debió de servir como una ventaja adaptativa considerable. Cuanto más sensible eras a los roces que se oían entre la maleza, más probable era que te mantuvieses vivo tú, tu familia y los miembros de tu grupo extenso. Incluso hoy en día, a los individuos ansiosos se les da mejor que a los demás detectar la presencia de alguna amenaza:[4] introduzca una cara enfadada entre una sucesión de caras felices o neutras en la pantalla de un ordenador, y las personas ansiosas la detectan con mucha mayor rapidez que los no ansiosos... No es una mala habilidad a la que recurrir si resulta que estás solo de noche vagando por un barrio desconocido. Ser ansioso a veces puede resultar útil.

La idea de que el trastorno mental a veces puede resultar útil, e incluso en ocasiones conferir extraordinarias y peregrinas ventajas, al mismo tiempo que una enorme aflicción a quien lo padece, no es nueva, por supuesto. Como observaba el filósofo Aristóteles hace más de 2.400 años, «nunca hubo un genio sin un dejo de locura». En la mente de mucha gente, ese vínculo entre «genio» y «locura» probablemente resulta más aparente gracias al éxito en taquilla de películas como *Rain Man* o *Una mente maravillosa* en lo que respecta al autismo y la esquizofrenia. En su libro *El hombre que confundió a su mujer con un sombrero*,[5] el neurólogo y psiquiatra Oliver Sacks informa de un famoso encuentro con «los gemelos». Profundamente autistas, John y Michael, entonces de veintiséis años, vivían en una institución. Cuando una caja de cerillas cayó al suelo, ambos dijeron simultáneamente: «111». Mientras Sacks recogía las cerillas, empezó a contar...

En un tono similar, el gastado estereotipo del artista «brillante pero torturado» tampoco carece de fundamento. El pintor Vincent Van Gogh, el bailarín Vaslav Nijinsky y el padre de la «teoría del juego» (más tarde hablaremos de él) John Nash eran todos psicóticos. ¿Coincidencia? No, según Szabolcs Kéri, investigador de la Universidad Semmelweis de Budapest que al parecer ha descubierto un polimorfismo genético asociado tanto con la esquizofrenia como con la creatividad. Kéri ha averiguado que la gente con dos copias de una variante particular de una sola letra del ADN, en un gen llamado *neuregulin 1*, una variante que previamente se relacionó con la psicosis así como con la mala memoria y la susceptibilidad a las críticas, tienden a dar una medida significativamente mayor en creatividad, comparada con los individuos que solo tienen una copia de esa variante.[6] Los que tienen una copia también tienden a ser más creativos, en general, que los que no la tienen.

Incluso la depresión tiene sus ventajas. Recientes investigaciones sugieren que el desaliento nos ayuda a pensar mejor, y contribuye a una mayor atención y capacidad de resolver problemas. En un ingenioso experimento, Joe Forgas,[7] profesor de psicología de la Universidad de Nueva Gales del Sur, colocó diversos objetos, como soldaditos de juguete, animales de plástico y coches en miniatura, junto al mostrador de la caja de una pequeña papelería en Sidney. A medida que salían los clientes, Forgas comprobaba su memoria pidiéndoles que recordaran la mayor cantidad de artículos que pudieran. Pero había un truco. Algunos días el tiempo era lluvioso, y Forgas difundía el *Réquiem* de Verdi por los altavoces de la tienda. Otros días hacía sol, y los clientes oían Gilbert y Sullivan a todo volumen.

El resultado no pudo estar más claro. Los clientes que estaban de «humor melancólico» recordaban casi cuatro veces más objetos que los otros. La lluvia les ponía tristes, y su tristeza les hacía prestar más atención.

¿Moraleja de la historia? Cuando hace buen tiempo, procure comprobar bien el cambio.

Cuando nos ponemos a analizar los desórdenes que confieren ventajas, a decir que no hay mal que por bien no venga y a encontrar premios de consolación psicológicos, resulta difícil imaginar un trastorno que no tenga sus compensaciones... al menos de alguna forma. ¿Obsesivo compulsivo? Nunca se dejará el gas encendido. ¿Paranoico? Nunca dejará de leer la letra pequeña. De hecho, el temor y la tristeza (ansiedad y depresión) constituyen dos de las cinco emociones básicas[8] que han evolucionado universalmente en todas las culturas, y que como tales, prácticamente todos nosotros experimentamos en algún momento de nuestra vida. Pero hay un grupo de personas que es la excepción a la regla, que no experimenta ninguna de las dos, ni siquiera en las circunstancias más difíciles y dolorosas. Los psicópatas. Un psicópata no se preocupa aunque se haya dejado el gas encendido.[9] ¿Vemos en este caso alguna ventaja?

Hágale esta pregunta a un psicópata y a menudo le mirará como si el loco fuera usted. Para un psicópata no hay nada malo, todo es bueno. La observación aviesa de que un año consta de doce meses, y no de once, a ustedes podría parecerles que daba a traste con la tarea de vender aquellas agendas. Pero para mi padre no fue así. Más bien al contrario. Lo vio como una oportunidad de venta.

Ciertamente, no es el único. Ni tampoco es tan raro, podrían decir algunos. Durante el curso de mi investigación he conocido a muchos psicópatas en todas las esferas de la vida... y por cierto, no todos dentro de mi propia familia. Sí, claro, he encontrado muchos Hannibal Lecter y Ted Bundy: gente sin remordimientos ni conciencia de la lista A, que podrían sentarse a cenar con cualquier psicópata que se les ocurra sin tener que llamarles por teléfono siquiera... simplemente, apareciendo. Pero también he conocido psicópatas que, lejos de devorar a la sociedad desde dentro, han servido, mediante una tranquila desenvoltura y tomando decisiones muy duras, para protegerla y enriquecerla: cirujanos, soldados, espías, empresarios... me atrevería a decir que incluso abogados.

«No te pongas demasiado chulito. Por muy bueno que seas. No dejes que te vean venir», aconsejaba Al Pacino como jefe de un bufete de abogados de primera categoría en la película *Pactar con el diablo*. «No debes descubrir el pastel, amigo mío... hazte pequeño. Debes ser el paleto. El tullido. El tarado. El leproso. El bicho raro. Mírame... a mí me han subestimado desde el primer momento.» Pacino interpretaba al Diablo. Y, cosa quizá nada sorprendente, daba en el clavo. Si algo tienen en común los psicópatas es una habilidad consumada para hacerse pasar por gente normal y corriente, mientras detrás de la fachada, de ese disfraz brutal y brillante, late el corazón refrigerado de un predador implacable y glacial.

Como me dijo un joven abogado de enorme éxito una vez, en la terraza de su ático con vistas al Támesis: «En lo más profundo de mi interior se esconde un asesino en serie. Pero yo lo mantengo entretenido con cocaína, Fórmula Uno, llamadas calientes e ingeniosos contrainterrogatorios».

Despacito, fui apartándome del borde.

Ese encuentro en las alturas con el joven abogado (más tarde me llevó a mi hotel río abajo en su lancha motora) ilustra en cierto modo una teoría que yo tengo sobre los psicópatas: que uno de los motivos de que nos fascinen tanto es que nos fascinan las ilusiones, las cosas que parecen normales en la superficie, y sin embargo cuando las examinamos más de cerca resultan ser de otro modo totalmente distinto. La *Amyciaea lineatipes* es una especie de arácnido que imita el aspecto físico de las hormigas de las cuales se alimenta. Las víctimas solo se desengañan de la idea de que saben juzgar bien cuando ya es demasiado tarde. Muchas personas a las que he entrevistado saben exactamente lo que se siente. Y son las afortunadas, créanme.

Echemos un vistazo a la imagen que sale a continuación. ¿Cuántas pelotas de fútbol ve usted? ¿Seis? Eche otro vistazo. ¿Siguen siendo seis? Vaya a la página 25 y encontrará la respuesta al final.

Así son los psicópatas. Aparentemente afables, su encanto, carisma y camuflaje psicológico infalible nos distraen de su «verdadero aspecto»: la anomalía latente que tenemos justo ante nuestros ojos. Su presencia embriagadora, hipnótica, nos atrae hacia ellos inexorablemente.

Pero la psicopatía, como apuntaban el Diablo y su flamante protegido londinense, también puede ser buena para nosotros. Al menos con moderación. Como la ansiedad, la depresión y otros desórdenes psicológicos, a veces puede ser adaptativa. Los

psicópatas, como descubriremos pronto, tienen diversos atributos (el magnetismo personal y la habilidad para el disfraz no son más que el principio) que, en cuanto uno sabe cómo aprovecharlos y mantenerlos a raya, a menudo ofrecen considerables ventajas no solo en el lugar de trabajo, sino también en la vida en general. La psicopatía es como la luz del sol. Si te expones demasiado a ella, puedes apresurar tu propio fin de una manera grotesca y carcinógena. Pero la exposición regulada a unos niveles controlados y óptimos puede tener un impacto significativo y positivo en el bienestar y la calidad de vida.

En las páginas que siguen examinaremos estos atributos con detalle. Y veremos que si los incorporamos en nuestro propio bagaje psicológico, nuestra vida se puede ver enormemente transformada. Por supuesto, no me propongo en absoluto pintar de color de rosa los actos de los psicópatas... o de los psicópatas disfuncionales, al menos. Sería como pintar de color de rosa un melanoma cognitivo: las maquinaciones malignas del cáncer de la personalidad. Pero existen pruebas que sugieren que la psicopatía, al menos en pequeñas dosis, es la personalidad con un buen bronceado. Y eso puede tener sorprendentes beneficios.

He presenciado unos cuantos de primera mano. A medida que pasaban los años, y al retirarse de los mercados, los dioses no miraron con tanto favor a mi padre. (Aunque él no fue nunca demasiado quisquilloso en ese sentido: figurillas de Buda, Mahoma, Sagrado Corazón, la Virgen María... todos ocuparon su espacio en la parte trasera de su camioneta de tres ruedas.) Enfermó de Parkinson, y pasó en un tiempo espantosamente breve de ser un hombre capaz de hacer una maleta en diez segundos justos (una habilidad que le había resultado útil una cantidad increíble de veces) a alguien que no podía ni siquiera permanecer de pie sin sujetarse al brazo de alguien a ambos lados («en los viejos tiempos eran dos polis», decía).

Pero su mejor momento sin duda ocurrió póstumamente. Fue después de morir cuando llamó mi atención. Una noche, poco después del funeral, yo estaba mirando sus cosas cuando di con una libreta llena de notas manuscritas en un cajón. Las notas las habían escrito una sucesión de cuidadoras que se ocuparon de mi padre los últimos meses (él consiguió, contra el consejo de todo el mundo, quedarse en casa) y suponían, creo, una especie de «diario» de esos cuidados.

Lo primero que me sorprendió del diario era lo claras, minuciosas y detalladas que eran las anotaciones. Indiscutiblemente femenina, la escritura avanzaba voluptuosa por la página, ataviada con modestia de bic azul o negro, con apenas una floritura o ligadura fuera de lugar. Pero cuanto más leía, más pensaba en la poca variedad que hubo en los últimos meses que pasó mi padre en esta tierra; lo monótono, repetitivo y espantosamente aburrido que fue su trayecto final, esa última venta en el mercado de la vida. Nunca me dio esa impresión cuando yo lo visitaba, por supuesto. El Parkinson puede que te quite el movimiento de brazos y piernas, pero desde luego no el espíritu.

Sin embargo, la realidad de la situación estaba bien clara:

«Llevo al señor Dutton a la cama a las 7,30».

«Afeito al señor Dutton.»

«Preparo al señor Dutton un sándwich de pepino.»

«Llevo al señor Dutton una taza de té.»

Y así sucesivamente. Hasta el infinito.

Pronto empecé a aburrirme. Y como se suele hacer en esos casos, empecé a hojear las páginas al azar. Entonces algo captó mi atención. Con una letra temblorosa, garabateado con mayúsculas grandes y puntillistas en medio de una de las páginas, se encontraba escrito lo siguiente: «EL SEÑOR DUTTON HA DADO UNAS VOLTERETAS EN EL SALÓN». Después, un par de páginas más adelante: «EL SEÑOR DUTTON HA HECHO UN STRIP-TEASE EN EL BALCÓN».

Algo me decía que podía estar inventándoselo. Claro, estábamos hablando de mi padre. ¿Por qué cambiar las costumbres de una vida entera?

Además, las normas del juego habían cambiado. Detrás de aquellas bromas sin gracia se escondía una verdad superior, mucho más elevada: la historia de un hombre cuya alma estaba en llamas, cuyos circuitos y sinapsis estaban irremediable y desesperadamente derrotados, pero que, a la hora de la verdad, cuando el juego ya terminaba, caía luchando, entre un estallido de irreprimible irreverencia.

Las volteretas y los strip-teases superan a los afeitados y los sándwiches de pepino en cualquier momento.

¿Qué importa que fueran inventados?

Sí, son seis, tiene razón. Pero mire atentamente las manos del hombre. ¿No nota nada raro?

# 1
# Ascendente Escorpio

Un mismo hombre rara vez es grande y bueno.

WINSTON CHURCHILL

*Un escorpión y una rana están sentados a la orilla de un río, y ambos tienen que pasar al otro lado.*

*—¡Hola, señora rana! —llama el escorpión por entre los juncos—. ¿Sería usted tan amable de pasarme encima de su lomo al otro lado del agua? Tengo algo importante que hacer en la otra orilla. Y con esta corriente tan fuerte no puedo nadar.*

*La rana de inmediato sospecha.*

*—Bueno, señor escorpión —contesta—, me parece muy bien que tenga usted cosas importantes que hacer en la otra orilla del río. Pero piense un momento en lo que me está pidiendo. Usted es un escorpión. Tiene un aguijón muy largo al final de la cola. En cuanto me lo suba a usted al lomo, su naturaleza, inevitablemente, será picarme.*

*El escorpión, que ya había pensado en las objeciones de la rana, le contesta:*

*—Mi querida señora rana, sus reservas son perfectamente razonables. Pero está claro que no tengo interés alguno en picarle. Necesito ir al otro lado del río, de verdad. Y le doy mi palabra de que no le pasará nada malo.*

*De mala gana, la rana acepta que lo que dice el escorpión parece cierto. Así que permite al rápido artrópodo que se le suba al lomo. Y allá van los dos, al agua.*

*Al principio todo va bien. Todo sale según el plan que ha-*

*bían acordado. Pero a mitad de camino, la rana repentinamente nota un agudo dolor en el lomo... y ve, por el rabillo del ojo, que el escorpión retira el aguijón de su pellejo. Un sopor mortal empieza a agarrotar sus miembros.*

*—¡Idiota! —croa la rana—. ¡Ha dicho que tenía que ir a la otra orilla a ocuparse de un asunto! ¡Ahora vamos a morir los dos!*

*El escorpión hace un gesto desdeñoso y bailotea encima del lomo de la rana que se ahoga.*

*—Señora rana —replica, con indiferencia—, usted misma lo ha dicho. Soy un escorpión. Está en mi naturaleza picarle.*

*Y diciendo esto tanto el escorpión como la rana desaparecen bajo las aguas turbias y fangosas de las rápidas corrientes del río.*

*Y no se ha vuelto a ver a ninguno de los dos.*

**Lo esencial**

Durante su juicio en 1980, John Wayne Gacy declaró con un suspiro que solo era culpable de «ocuparse de un cementerio sin licencia».

Sí, era un buen cementerio. Entre 1972 y 1978, Gacy había violado y asesinado al menos a treinta y tres chicos y hombres jóvenes (de una edad promedio de unos dieciocho años), y luego los había introducido en un hueco que había debajo de su casa. Una de sus víctimas, Robert Donnelly, sobrevivió a las atenciones de Gacy, pero fue torturado tan inmisericordemente por su captor que, en varias ocasiones durante su suplicio, rogó a Gacy que «terminara de una vez» y lo matara.

Gacy se quedó desconcertado. «Ya estoy en ello», respondió.

Yo tuve el cerebro de Wayne Gacy en mis manos. Tras su ejecución en 1994 mediante una inyección letal, la doctora Helen Morrison, testigo de la defensa en su juicio y una de las mayores expertas mundiales en asesinos en serie, ayudó a realizar su autopsia en un hospital de Chicago, y luego volvió a casa con el cerebro metido en un bote de cristal, en el asiento del pasajero de su Buick. Quería averiguar si había algo en aquel cerebro (lesiones, tumores, enfermedades...) que lo hiciera distinto del cerebro de las personas normales.

Las pruebas no revelaron nada inusual.

Varios años más tarde, tomando café en su consulta de Chicago, hablé con la doctora Morrison del significado de los resultados que obtuvo. De lo que significaba que no hubiera encontrado nada.

—¿Significa eso —le pregunté— que todos somos básicamente psicópatas, en el fondo? ¿Que todos nosotros tenemos propensión a violar, matar y torturar? Si no hay diferencia entre mi cerebro y el cerebro de John Wayne Gacy, entonces, ¿dónde reside la diferencia, exactamente?

La doctora Morrison vaciló un momento y luego me citó una de las verdades fundamentales de la neurociencia.

—Un cerebro muerto es muy distinto de uno vivo —dijo—. Por fuera, un cerebro puede parecer similar a otro, pero funcionan de modo completamente distinto. Es lo que ocurre cuando están encendidas las luces, y no cuando están apagadas, lo que causa el desequilibrio. Gacy era un caso tan extremo que me pregunté si podía haber algo más que contribuyese a sus actos, alguna herida o daño en el cerebro, o alguna anomalía anatómica. Pero no la había. Era normal. Lo que demuestra lo complejo e impenetrable que puede ser a veces el cerebro, lo reacio que se muestra a revelarnos sus secretos. Que las diferencias en la educación, digamos, o cualquier otra experiencia al azar, pueden producir unos cambios sutiles en las conexiones internas y en la química, que luego expliquen esos movimientos tectónicos en la conducta.

Al hablar aquel día de luces encendidas y de movimientos tectónicos en la conducta, la doctora Morrison me recordó un rumor que había oído sobre Robert Hare, profesor de psicología de la Universidad de la Columbia Británica y una de las mayores autoridades mundiales en psicópatas. En los años noventa, Hare envió un trabajo de investigación a una publicación que incluía los resultados de los electroencefalogramas (EEG) tanto de psicópatas como de no psicópatas, mientras realizaban lo que se conoce como una tarea de decisión léxica.[1] Hare y su equipo de coautores mostraban a los voluntarios una serie de letras, y luego les hacían decidir, lo más rápido posible, si aquellas series incluían o no una palabra.

Lo que ocurrió resultó asombroso. Mientras los participantes normales identificaban palabras con carga emocional como «cáncer» o «muerte» mucho más rápidamente que otras neutras, como «árbol» o «plato», ése no era el caso con los psicópatas. Para los psicópatas, la emoción era irrelevante.

La publicación rechazó el artículo. Y no por sus conclusiones, parece ser, sino por algo mucho más extraordinario. Algunos de los modelos de EEG, alegaron los revisores, eran tan anormales que no podían proceder de personas de verdad. Pero el caso es que era así.

Intrigado por mi conversación con la doctora Morrison en Chicago sobre los misterios y enigmas de la mente psicopática (en realidad, sobre la contumacia neural en general) visité a Hare en Vancouver. ¿Era cierto el rumor?, le pregunté. ¿Había sido rechazado realmente el artículo? Y de ser así, ¿qué era lo que pasaba?

Resultó que muchas cosas.

—Hay cuatro tipos distintos de ondas cerebrales —me dijo— que van desde las ondas beta, durante los periodos de gran alerta, pasando por ondas alfa y theta, hasta las olas delta, que acompañan el sueño profundo. Esas ondas reflejan los niveles fluctuantes de actividad eléctrica en el cerebro en diversos momentos. En miembros normales de la población, las olas theta se asocian a estados letárgicos, meditativos o somnolientos. Sin embargo, en los psicópatas ocurren durante estados de vigilia normales... incluso, a veces, durante estados de gran excitación...

»El lenguaje, para los psicópatas, solo tiene una palabra de profundidad. No hay acotación emocional detrás. Un psicópata puede decir "te quiero", pero en realidad eso significa tanto para él como decir "tomaré una taza de té"... Ése es uno de los motivos por los cuales los psicópatas se mantienen siempre tan fríos, calmados y serenos en condiciones de extremo peligro, y se mueven tanto por las recompensas y corren riesgos. Su cerebro, literalmente, está menos "conectado" que el nuestro.»

Volví a pensar en Gacy y lo que había aprendido de la doctora Morrison.

Normales exteriormente (Gacy era un miembro importante de su comunidad local, y en una ocasión incluso fue fotografiado con la primera dama, Rosalynn Carter), camuflan su escorpión interno con un manto atractivo de gran encanto.

Pero está en su naturaleza picarte... aunque con ello se hundan. «Que os den por el culo», dijo mientras entraba en la cámara de ejecución.

**Visita comentada**

Fabrizio Rossi tiene treinta y cinco años, y era limpiaventanas. Pero su predilección por el asesinato al final prevaleció. Y ahora, aunque no lo crean, lo hace para vivir.

Nos encontramos los dos una agradable mañana de primavera, merodeando algo inquietos en torno al dormitorio de John Wayne Gacy, y le pregunto qué opina. ¿Qué tienen los psicópatas para que los encontremos tan irresistibles? ¿Por qué nos fascinan tanto?

Está claro que no es la primera vez que se lo preguntan.

—Creo que lo más importante de los psicópatas —dice Rossi—, es el hecho de que por una parte son muy normales, igual que todos nosotros... pero, por otra parte, son muy distintos. Gacy incluso se vestía de payaso y actuaba en fiestas infantiles... Eso es lo que pasa con los psicópatas. Exteriormente parecen normales y corrientes. Pero si miras debajo de la superficie, en los huecos que hay debajo de su casa, digamos, nunca sabes lo que te puedes encontrar.

Por supuesto, no estamos en el dormitorio real de Gacy, sino en una versión reproducida que forma parte de una exposición en el que seguramente podría ser un buen candidato a museo más truculento del mundo: el Museo de los Asesinos en Serie de Florencia. El museo se encuentra en la Via Cavour, una calle lateral muy pija a poca distancia del Duomo.

Y su comisario es Fabrizio Rossi.

El museo va bien. ¿Por qué no iba a ser así? Están todos allí, si te gustan ese tipo de cosas. Todos, desde Jack el Destripador hasta Jeffrey Dahmer. Desde Charles Manson a Ted Bundy.

Bundy es un caso interesante, le digo a Rossi. Una misteriosa premonición de los poderes ocultos de los psicópatas. Una atrayente sugerencia de la posibilidad de que, si miras lo suficiente, en el hueco debajo de la casa haya algo más que secretos oscuros.

Él se muestra sorprendido, por decirlo suavemente.

—Pero Bundy es uno de los asesinos en serie más famosos de la historia —dice—. Es una de las mayores atracciones del museo. ¿Puede haber realmente en él algo más que secretos oscuros?

Pues sí. En 2009, veinte años después de su ejecución en la Prisión Estatal de Florida (en el preciso momento en que llevaban a Bundy a la silla eléctrica, las emisoras de radio locales pidieron a los oyentes que apagaran todos los electrodomésticos para maximizar el suministro de energía), la psicóloga Angela Book y sus colegas de la Universidad Brock, de Canadá, decidieron tomar al pie de la letra al glacial asesino en serie americano. Durante su entrevista, Bundy, que rompió el cráneo a treinta y cinco mujeres durante un período de cuatro años, a mediados de los setenta, aseguró, con esa sonrisa suya tan infantil y americana, que podía distinguir a una «buena» víctima sencillamente por la forma que tenía de andar.

«Soy el hijo de puta más frío que se encontrarán en la vida», afirmó Bundy. Y en eso nadie pudo llevarle la contraria. Pero ¿podría haber sido también, se preguntaba Book, uno de los más astutos?

Para averiguarlo puso en marcha un experimento sencillo.[2] Primero les pasó la Escala de Informe autocumplimentado de psicopatía —un cuestionario destinado específicamente a encontrar rasgos psicopáticos en la población en general, contrariamente a los de la prisión o el hospital—, a cuarenta y siete estudiantes universitarios varones.[3] Luego, basándose en los resultados, los dividió entre los que habían tenido altas puntuaciones y bajas. A continuación grabó en vídeo la forma de andar de doce participantes nuevos que iban caminando por un pasillo de una habitación a otra, donde rellenaron un cuestionario demográfico. El cuestionario incluía dos preguntas: 1) ¿Ha sido víctima de algún acto en el pasado? (sí o no) 2) Si es así, ¿cuántas veces ha ocurrido?

Finalmente, Book presentó fragmentos de las doce grabaciones a los cuarenta y siete participantes, y les propuso un reto: puntuar del 1 al 10 lo vulnerables que parecían a un ataque cada uno de los objetivos.

La lógica era sencilla. Si la afirmación de Bundy era cierta, y realmente era capaz de notar la debilidad por la forma que tenían de caminar sus víctimas, entonces, conjeturó Book, los que habían obtenido una puntuación alta en la Escala de Informe de psicopatía deberían ser mejores a la hora de juzgar la vulnerabilidad que los que habían obtenido una puntuación baja.

Y resultó ser así, exactamente. Además, cuando Book repitió el procedimiento con psicópatas diagnosticados clínicamente de una prisión de máxima seguridad,[4] averiguó algo más. Los estudiantes universitarios «psicopáticos» de alta puntuación del primer estudio quizá fuesen capaces de identificar la debilidad, pero los psicópatas clínicos fueron más lejos todavía. Afirmaron explícitamente que se debía a la forma de andar que tenía la gente. Ellos, como Bundy, sabían con toda precisión lo que andaban buscando.

## Los aduaneros ideales

Los resultados de la prueba de Angela Book no son flor de un solo día. El suyo no es más que uno entre el creciente número de estudios que en años recientes han empezado a mostrar a los psicópatas bajo una luz nueva y mucho más compleja: una luz quizá distinta de las sombras morbosas arrojadas por los titulares de los periódicos y los guiones de Hollywood. La noticia es difícil de digerir. Y va en el mismo sentido aquí, en este rinconcito asesino de Florencia, que en casi todo el resto del mundo: con una saludable dosis de escepticismo.

—¿Quiere decir —pregunta Rossi, incrédulo— que hay veces en que no es necesariamente malo ser un psicópata?

—No solo eso —asiento—, sino que hay veces en que realmente es algo bueno... por ejemplo cuando ser un psicópata te da ventaja sobre otras personas.

El antiguo limpiaventanas no parece convencido en absoluto. Y mirando a su alrededor, es fácil comprender por qué. Bundy y Gacy no son exactamente la gente más adecuada para relacionarse. Y seamos sinceros: cuando hay varias docenas más esperando para sustituirlos, es difícil ver lo positivo. Pero el Museo de los Asesinos en Serie no cuenta toda la historia. De hecho, no cuenta ni la mitad. Como explicó hábilmente Helen Morrison, el destino de un psicópata depende de una enorme cantidad de factores, incluyendo los genes, el entorno familiar, la educación, la inteligencia y la oportunidad. Y cómo interactúa todo eso.

Jim Kouri, vicepresidente de la Asociación Nacional de Jefes de Policía de Estados Unidos, lo explica de una manera similar. Rasgos que son comunes entre asesinos en serie psicópatas, observa Kouri, como un sentido muy elevado de la propia valía, capacidad de persuasión, encanto superficial, intrepidez, falta de remordimientos y manipulación de los demás, también los comparten los políticos y líderes mundiales.

Individuos, en otras palabras, que no están acusados de ningún cargo, sino que se presentan para ocupar un cargo. Un perfil semejante, observa Kouri, permite a aquellos que lo tienen hacer lo que quieran y cuando quieran, sin inmutarse ante las consecuencias sociales, morales o legales de sus actos.

Si se ha nacido bajo la estrella adecuada, por ejemplo, y se tiene poder sobre la mente humana, como la luna lo tiene sobre el mar, se puede ordenar el genocidio de 100.000 kurdos y subir al patíbulo con una misteriosa obstinación que podía provocar, incluso por parte de los detractores más empedernidos, una deferencia perversa y no manifestada.

«No tema, doctor», soltó Saddam Hussein en el patíbulo, momentos antes de su ejecución. «Esto es para hombres.»

Si eres violento y astuto, como el «Hannibal Lecter» real, Robert Maudsley, quizá podrías atraer a un compañero de celda, romperle el cráneo con un martillo y probar sus sesos con una cuchara, con tanta tranquilidad como si te estuvieras comiendo un huevo pasado por agua. (Maudsley, por cierto, lleva encerrado en régimen de aislamiento los últimos treinta años, en una celda a prueba de balas en el sótano de la prisión de Wakefield, en Inglaterra.)

O si eres un neurocirujano brillante, implacablemente frío y centrado cuando se te somete a presión, podrías, como James

Geraghty, probar suerte en un terreno de juego completamente distinto: en las avanzadillas más remotas del siglo XXI, donde el riesgo sopla con vientos de ciento sesenta kilómetros por hora y el oxígeno de la deliberación es escaso:

—No siento compasión por aquellos a quienes opero —me dijo—. Ése es un lujo que, sencillamente, no me puedo permitir. En el quirófano me transformo: soy como una máquina fría y sin corazón, me hago uno con el escalpelo, taladro y sierro. Cuando estás atajando y engañando a la muerte por encima de las nieves perpetuas del cerebro, los sentimientos no son adecuados. La emoción es entropía, y va muy mal para el negocio. A lo largo de los años he ido acallándola hasta extinguirla.

Geraghty es uno de los neurocirujanos más importantes del Reino Unido... y aunque, en cierto sentido, sus palabras le dejan a uno completamente helado, en otro suenan perfectamente razonables. Allá abajo, en el gueto de uno de los barrios más peligrosos del cerebro, el psicópata es contemplado como un depredador aislado e implacable, una especie solitaria de un encanto fugaz y mortal. En cuanto oímos la palabra aparecen imágenes de asesinos en serie, violadores y terroristas locos y ocultos, que vienen a hurtadillas por el hueco de la escalera de nuestra mente.

Pero ¿y si les hago un retrato diferente? ¿Qué pensarían si les dijese que el pirómano que les quema la casa podría ser también, en un universo paralelo, el héroe que probablemente se atreva a enfrentarse a las vigas en llamas de un edificio ardiendo y medio derruido y entre y saque de allí a sus seres queridos? ¿O que ese chico con un cuchillo en las sombras, en las últimas filas del cine, podría, en años venideros, llevar un instrumento cortante muy distinto y actuar en un quirófano, un escenario completamente diferente?

Afirmaciones como ésta son difíciles de creer, desde luego. Pero son ciertas. Los psicópatas son intrépidos, confiados, carismáticos, despiadados y centrados. Sin embargo, contrariamente a la creencia popular, no necesariamente violentos. Y si eso suena bien, pues efectivamente, es así. O más bien puede serlo. Depende, como hemos visto, de las otras cosas que se escondan en los estantes del armario de tu personalidad. Lejos de ser un caso fácil (o eres un psicópata o no lo eres) hay, por el contrario, zonas internas y externas en esta afección: un poco como las zonas de tarifas en un mapa del metro. Tenemos, como veremos en el capítulo 2, un espectro de psicopatía a lo largo del cual cada uno de nosotros tiene su lugar, y solo una pequeña minoría de gente de la «lista A» reside en el extrarradio.

Un individuo, por ejemplo, puede ser frío como el hielo bajo presión, y desplegar tanta empatía como un alud de nieve (nos encontraremos algo parecido en el parqué, más tarde), y sin embargo, al mismo tiempo actuar de un modo que no es violento ni antisocial ni sin conciencia. Obteniendo una puntuación alta en los atributos psicopáticos, tal individuo podría ser considerado con todo derecho más adentrado en el espectro psicopático que alguien que puntúe más bajo en esos rasgos, y sin embargo, no estar cerca en absoluto de la zona de peligro de la persona bebedora de Chianti que puntúa alto en todos ellos.

Igual que no hay línea divisoria oficial entre alguien que juega al golf para divertirse los fines de semana y Tiger Woods, por ejemplo, igual la frontera entre un superpsicópata de nivel mundial «hoyo en uno» y uno que simplemente «psicopatiza» está igual de borrosa. Pensemos en rasgos psicopáticos como diales y controles en una mesa de un estudio de grabación. Pongan todos ellos al máximo, y tendremos una música que no sirve a nadie. Pero si la banda sonora está graduada y algunos mandos están más altos que otros, como la intrepidez, la concentración, la falta de empatía y la fortaleza mental, por ejemplo, podemos tener a un cirujano que destaque por encima de todos los demás.

Por supuesto, la cirugía es un caso en el cual los «talentos» de los psicópatas podrían resultar ventajosos. Pero existen otros. Los agentes de la ley, por ejemplo. En 2009, poco después de que Angela Book publicase los resultados de su estudio, decidí llevar a cabo mi propia aproximación al tema.[5] Si, como ella había averiguado, a los psicópatas realmente se les daba mejor decodificar la vulnerabilidad, entonces tenía que haber aplicaciones para ese hecho. Tenía que haber alguna manera de que, en lugar de ser una carga para la sociedad, su talento les confiriese una cierta ventaja. Me vino la idea cuando me encontré con un amigo en el aeropuerto. Todos nos ponemos un poco paranoicos cuando pasamos por el control de aduanas, dije. Aunque seamos perfectamente inocentes. Pero imagina cómo nos sentiríamos si realmente tuviésemos algo que ocultar.

Treinta estudiantes universitarios tomaron parte en mi experimento, la mitad de los cuales habían puntuado alto en la Escala autocumplimentada de psicopatía, y la otra mitad, bajo. También había cinco «colegas». El trabajo de los estudiantes era fácil. Tenían que sentarse en una clase y observar los movimientos de los colegas, mientras éstos entraban por una puerta y salían por otra, atravesando, en el camino, un estrado algo elevado. Pero había una trampa. Los estudiantes tenían que deducir quién era «culpable»: cuál de los cinco ocultaba un pañuelo rojo.

Para elevar la apuesta y darles algo que les estimulase, el colega «culpable» había recibido 100 libras. Si el jurado identificaba correctamente al culpable (si, cuando se contasen los votos, salía la persona que tenía el pañuelo) tenía que devolver el dinero. Por otra parte, si lograba engañarles y el dedo de la sospecha señalaba a uno de los otros, el «colega culpable» era recompensado y podía quedarse las 100 libras.

Los nervios estaban a flor de piel cuando los colegas hicieron su aparición. Pero ¿cuál de los estudiantes sería el mejor «oficial de aduanas»? ¿Resultarían fiables los instintos depredadores de los psicópatas? ¿O les fallaría el olfato para la vulnerabilidad?

Los resultados fueron extraordinarios. Más del 70 por ciento de los que puntuaban muy alto en la Escala de Informe de psicopatía detectaron correctamente al colega que escondía el pañuelo, comparados con el 30 por ciento de los que puntuaron bajo.

Centrar la atención en la debilidad puede ser parte de las habilidades necesarias de un asesino en serie. Pero también puede resultar muy útil en un aeropuerto.

## Radar psicopático

En 2003, Reid Meloy, profesor de psiquiatría de la facultad de Medicina de la Universidad de San Diego en California llevó a cabo un experimento en el cual miraba la otra cara de la moneda de la ecuación del pañuelo escarlata.[6] Desde luego, los psicópatas tradicionales «hoyo en uno» pueden tener una cierta reputación de saber detectar la vulnerabilidad. Pero también son conocidos por dar dentera. La práctica clínica y la vida diaria están repletas de frases de aquellos que se han encontrado con esos depredadores sociales despiadados, sentencias misteriosas y viscerales como «se me pusieron los pelos de punta» o «me puso la carne de gallina». Pero ¿significa algo realmente todo eso? ¿Llevan bien el escrutinio nuestros instintos? ¿Se nos da tan bien reconocer a los psicópatas como a ellos se les da reconocernos a nosotros?

Para averiguarlo, Meloy preguntó a 450 profesionales de la justicia criminal y la salud mental si habían experimentado alguna vez esas extrañas reacciones físicas cuando entrevistaban a un sujeto psicopático, criminales violentos con todos los registros de la mesa de sonido al máximo.

Los resultados no dejan nada a la imaginación. Tres cuartas partes de ellos decían que sí, y las mujeres informaban de una incidencia del fenómeno mucho mayor que los hombres (84 por ciento, comparado con el 71 por ciento) y los clínicos con nivel de máster o licenciado informaban de una mayor incidencia que los de nivel doctoral, o, en el otro lado de la escala profesional, los agentes de policía (84 por ciento, 78 por ciento y 61 por ciento, respectivamente). Entre los ejemplos estaban: «me sentía como si me quisieran comer», «asco... repulsión... fascinación», y «una esencia maligna me atravesó».

Pero ¿qué es lo que notamos, exactamente?

Para responder a esta pregunta, Meloy retrocede en el tiempo, hasta la prehistoria y los dictados sombríos y espectrales de la evolución humana. Hay numerosas teorías de cómo pudo desarrollarse por primera vez la psicopatía, y nos ocuparemos de todas ellas un poco más adelante. Pero una cuestión general en el gran esquema etiológico de las cosas es desde qué perspectiva ontológica deberíamos contemplarlo en realidad: ¿desde un punto de vista clínico, como trastorno de la personalidad? ¿O desde un punto de vista de la teoría del juego, como apuesta biológica legítima: una estrategia de la historia vital, que confería significativas ventajas reproductivas en el entorno primigenio, ancestral?

Kent Bailey, profesor emérito de psicología clínica en la Universidad Commonwealth de Virginia, argumenta en favor de esta última,[7] y adelanta la teoría de que la violenta competencia entre grupos ancestrales próximos y dentro de ellos fue el precursor evolutivo primario de la psicopatía (o tal y como él lo expresa, el «guerrero halcón»).

«Se requería cierto grado de violencia depredatoria», indica Bailey, «para el proceso de buscar y matar a la hora de cazar grandes animales», y un contingente de élite de «guerreros halcones» presumiblemente habría resultado muy útil no solo como medio de rastrear y matar la pieza, sino también como defensa ya preparada para repeler intrusiones no deseadas de contingentes similares de otros grupos vecinos.

El problema, claro está, es qué demonios hacer con ellos en tiempos de paz. Robin Dunbar, profesor de psicología y antropología de la evolución de la Universidad de Oxford, apoya las afirmaciones de Bailey.[8] Volviendo al tiempo de los escandinavos antiguos, entre los siglos IX y XI, Dunbar cita a los «berserkers» como buen ejemplo, esos guerreros vikingos tan celebrados que, como atestiguan sagas, poemas y registros históricos, parece que luchaban inmersos en una furia brutal, como un trance. Pero ahondando un poco más en la literatura, emerge una imagen mucho más siniestra: una élite peligrosa que podía volverse contra los miembros de la comunidad a la que se les había encargado proteger, cometiendo salvajes actos de violencia contra sus campesinos.

Aquí, propone Meloy, se encuentra la solución al misterio, a los pelos que se ponen de punta y al pensamiento evolutivo a largo plazo detrás del «radar psicopático» que mora en nosotros. Porque, como argumenta Kent Bailey, si tales individuos predadores y ancestrales eran en realidad psicópatas, resultaría, por lo que sabemos de la selección natural, que no era una calle de una sola dirección. Los miembros más pacíficos de la comunidad inmediata y más amplia con toda probabilidad habrían desarrollado un mecanismo, tecnología neural encubierta de vigilancia, para identificar y señalar el peligro cuando entrase en su espacio cognitivo... un sistema de advertencia temprano y clandestino que podía permitirles retirarse.

A la luz del trabajo de Angela Book con víctimas de ataques, y mis propias investigaciones con los que ocultaban el pañuelo rojo, tal mecanismo podría explicar de una manera bastante plausible tanto las diferencias de género como de estatus que señalaba el experimento de Meloy. Dada la reputación de los psicópatas como diabólicos *sommeliers* emocionales, su olfato especializado para las inescrutables notas de bajo de la debilidad, no está fuera de toda posibilidad que las mujeres, como taimada recompensa darwiniana por una mayor vulnerabilidad física, puedan exhibir unas reacciones más intensas y frecuentes en su presencia... igual que, por el mismo motivo, les ocurría a los profesionales de salud mental de menor estatus.

Ciertamente, es una hipótesis de trabajo. Cuanto más amenazado se siente uno, cuanto más riesgo hay de un robo, más importante es estrechar la seguridad.

Por supuesto que en los días de penumbra de nuestros antepasados existían cazadores despiadados y sin remordimientos que llevaban a cabo brutalmente en la oscuridad sus artes predatorias, eso es algo que está fuera de duda. Pero que tales cazadores, con su capacidad de anticiparse a la naturaleza, eran psicópatas tal y como los conocemos hoy en día es algo un poco más abierto a interrogaciones. El obstáculo, diagnósticamente, es la empatía.

En tiempos ancestrales, los cazadores más prolíficos y efectivos no eran, como se podría esperar, los más sedientos de sangre e incansables. Por el contrario, eran los más fríos y empáticos. Eran aquellos capaces de asimilar la forma de pensar de su presa, meterse en su piel y por tanto predecir de una manera fiable sus trayectorias de evasión diestras e innatas: sus rutas y maquinaciones de huida.

Para comprender por qué, solo hay que observar a un bebé aprendiendo a andar. El desarrollo gradual de la locomoción erguida, de una postura cada vez más bípeda, anunciaba y facilitaba al mismo tiempo una nueva era para la compra de comestibles de los homínidos tempranos. La postura vertical prefiguraba una movilidad más aerodinámica y eficiente, permitiendo a nuestros antepasados en la sabana africana recolectar y cazar durante unos periodos considerablemente más largos de los que habría permitido la locomoción cuadrúpeda.

Pero la «caza de persistencia», como se conoce en antropología, tiene también sus problemas. Los ñus y los antílopes pueden superar en velocidad fácilmente a un humano. Pueden desaparecer más allá del horizonte. Si se puede predecir con precisión dónde se acabarán parando, ya sea buscando pistas que han dejado atrás en su huida, o bien leyendo sus pensamientos, o ambas cosas, aumentan las posibilidades de supervivencia.

De modo que si los depredadores mostraban empatía, y en algunos casos incluso una empatía reforzada, ¿cómo podían ser psicópatas? Si hay algo en lo que coincide la mayoría de la gente es en que los psicópatas exhiben una marcada ausencia de sentimientos, una singular carencia de comprensión de los demás. ¿Cómo cuadrar el círculo?

La neurociencia cognitiva viene a asistirnos. Con un poco de ayuda de una cierta filosofía moral malévola.

## Vagonología

Joshua Greene, psicólogo de la Universidad de Harvard, pasó los últimos años observando cómo descifraban los psicópatas los dilemas morales, cómo respondían sus cerebros dentro de las diferentes cámaras de descompresión éticas.[9] Dio con algo interesante. Lejos de ser uniforme, la empatía es esquizofrénica. Hay dos variedades distintas: caliente y fría.

Consideremos, por ejemplo, el siguiente acertijo (caso 1), propuesto en primer lugar por la filósofa Philippa Foot:[10]

*Un vagón de ferrocarril corre por unas vías. En su camino se encuentran cinco personas atrapadas, que no pueden escapar. Afortunadamente, usted puede darle a un interruptor que desviará el vagón a una vía muerta, apartando así el vagón de las cinco personas... pero con un precio. Hay otra persona atrapada también en ese desvío, y el vagón matará a esa persona. ¿Debería usted darle al interruptor?*

La mayoría de nosotros experimenta pocas dificultades a la hora de decidir qué hacer en esa situación. Aunque la perspectiva de darle al interruptor no es agradable, la opción utilitaria (matar solo a una persona en lugar de cinco) representa «la opción menos mala». ¿No?

Ahora consideremos la siguiente variante (caso 2), propuesta por la filósofa Judith Jarvis Thomson:[11]

*Como antes, un vagón de ferrocarril va descontrolado por una vía hacia cinco personas. Pero esta vez, usted se encuentra de pie detrás de un desconocido muy corpulento en una pasarela peatonal por encima de las vías. La única forma de salvar a las cinco personas es arrojar al desconocido a las vías. Éste morirá al caer, desde luego. Pero su corpulencia considerable bloqueará el vagón, salvando así cinco vidas. ¿Debería usted empujarle?*

Aquí podríamos decir que nos encontramos ante un dilema «real». Aunque el recuento de vidas es exactamente el mismo que en el primer ejemplo (cinco a una), jugar de esta manera nos pone un poco más cautos y nerviosos. ¿Por qué?

Joshua Greene cree que tiene la respuesta. Lo que pasa es que afecta a regiones distintas del cerebro.

El caso 1, afirma, es lo que podríamos llamar un dilema moral «impersonal». Se aloja en esas zonas del cerebro, el córtex prefrontal y el córtex parietal posterior (en particular el córtex paracingulado anterior, el polo temporal y el surco temporal superior), principalmente implicados en nuestra experiencia objetiva de la empatía «fría»: el razonamiento y el pensamiento racional.

El caso 2, por otra parte, es lo que podríamos llamar un dilema moral «personal», y llama a la puerta del centro de emociones del cerebro, conocido como amígdala: el circuito de la empatía «caliente».

Como la mayoría de los miembros normales de la población, los psicópatas no tienen demasiado problema a la hora de resolver el dilema presentado en el caso 1. Dan al interruptor y el tren se desvía, matando a una sola persona en lugar de matar a cinco. Sin embargo (y aquí es donde la cosa se pone interesante), a diferencia de la gente normal tampoco tendrían demasiados problemas en el caso 2. Los psicópatas se quedarían muy tranquilos empujando al tipo gordo a las vías sin pestañear, si no queda más remedio.

Para complicar más aún las cosas, esta diferencia de conducta se refleja de una manera muy concreta en el cerebro. El patrón de activación neuronal, tanto en los psicópatas como en la gente normal, está muy bien relacionado con la presentación de dilemas morales impersonales, pero diverge espectacularmente cuando las cosas empiezan a ponerse un poco más personales.

Imaginemos que le introduzco en un aparato de resonancias magnéticas y luego le presento los dos dilemas. ¿Qué observaría yo mientras usted atraviesa sus problemáticos campos de minas morales? Bueno, más o menos en el momento en que la naturaleza del dilema cruzase la frontera de lo impersonal a lo personal, yo presenciaría cómo su amígdala y sus circuitos cerebrales relacionados (el córtex orbitofrontal medial, por ejemplo) se iluminaban como una máquina del millón. Eso sería, en otras palabras, en el momento en que la emoción pusiese una moneda en la ranura.

Pero en el psicópata solo vería oscuridad. El tenebroso casino neuronal estaría cerrado a cal y canto. Y el paso de lo impersonal a lo personal se llevaría a cabo sin incidentes.

Esta distinción entre la empatía caliente y fría, el tipo de empatía que «sentimos» cuando observamos a otros, y el cálculo emocionalmente acerado que nos permite sopesar, fría y desapasionadamente, qué puede estar pensando otra persona, deberían ser como la música a oídos de teóricos como Reid Meloy y Kent Bailey. Sí, claro, los psicópatas podrían ser deficientes en la variedad anterior, la del tipo susceptible. Pero en lo que respecta al último asunto, de ese tipo que se codifica como «comprender» en lugar de «sentir», el tipo que permite una predicción abstracta y nada nerviosa, opuesta a la identificación personal; ese tipo que se apoya en el proceso simbólico en lugar de la simbiosis afectiva (esa misma habilidad cognitiva que poseen los cazadores expertos y los que hacen «lectura en frío», no solo en el entorno natural sino también en la palestra humana), entonces los psicópatas están en su propia liga. Incluso vuelan mucho mejor con un solo motor de empatía que con dos... motivo por el cual son tan persuasivos, claro está. Si sabes dónde están los botones y no te acaloras cuando los aprietas, tienes muchas posibilidades de que te toque el gordo.

La división de la empatía ciertamente es como música para los oídos de Robin Dunbar, que, cuando no está investigando sobre los berserkers, puede encontrarse a veces en la Sala Común superior del Magdalen College. Una tarde, tomando té y pastelitos en una salita forrada de roble que daba a los claustros, le hablo de los vagones de ferrocarril y la diferencia entre el funcionamiento normal y psicopático del cerebro que revelan. No se sorprende en absoluto.

—Los vikingos tenían las cosas muy claras, ya en sus tiempos —señala—. Y los berserkers ciertamente no hacían nada para disipar su reputación de gente con la que no había que jugar. Pero ése era su trabajo. Su papel era ser más implacable, tener más sangre fría, ser más salvajes que el soldado vikingo medio, porque... ¡así eran ellos, exactamente! Eran más implacables, tenían más sangre fría y eran más salvajes que el soldado vikingo medio. Si se le hubiera podido hacer un escáner cerebral a un berserker y se le hubiese planteado el dilema del vagón, creo que ya sé lo que habríamos visto. Nada. Exactamente lo mismo que con los psicópatas. ¡Y el hombre gordo lo tendría crudo!

Yo me puse mantequilla en un bollito.

—Creo que toda sociedad necesita unos individuos particulares que hagan el trabajo sucio —continuó él—. Gente que no tenga miedo de tomar decisiones duras. De hacer preguntas incómodas. De exponerse y correr riesgos. Y muchas veces esos individuos, por la propia naturaleza del trabajo al que se dedican, no son necesariamente ese tipo de personas con las que te podrías sentar a tomar un té por la tarde. ¿Un bocadillo de pepino?

Daniel Bartels, de la Universidad de Columbia, y David Pizarro, de Cornell, no podrían estar más de acuerdo... y tienen pruebas que lo documentan.[12] Unos estudios han demostrado que aproximadamente el 90 por ciento de la gente se negaría a tirar de un empujón al desconocido desde el puente, aun sabiendo que, si consiguieran sobreponerse a sus remilgos morales naturales, el número de víctimas se reducirá a un quinto. Eso, por supuesto, nos deja a un 10 por ciento sin explicar: una minoría con una moral menos higiénica, que, cuando se trata literalmente de pegar empujones, muestran poco o ningún reparo a la hora de poner en la balanza la vida de otra persona. Pero ¿quién es esa minoría tan poco escrupulosa? ¿Quiénes son ese diez por ciento?

Para averiguarlo, Bartels y Pizarro expusieron el problema del vagón a 200 estudiantes e hicieron que indicaran, en una escala de cuatro puntos, hasta qué punto estaban a favor de empujar al tipo gordo a las vías... lo «utilitarios» que eran. Entonces, junto con la pregunta del vagón, los estudiantes también respondieron a una serie de cuestiones de personalidad designadas específicamente para medir los niveles de psicopatía que poseían. Estos incluían afirmaciones como «me gusta ver peleas a puñetazos» y «la mejor manera de tratar a la gente es decirles lo que quieren oír» (estar de acuerdo o en desacuerdo en una escala de 1 a 10).

¿Se podrían conectar los dos constructos, psicopatía y utilitarismo? Bartels y Pizarro se lo preguntaban. La respuesta fue un rotundo sí. Su análisis revelaba una significativa correlación entre un enfoque utilitario del problema del vagón (empujar al hombre gordo y tirarlo del puente) y un estilo de personalidad predominantemente psicopático. Que, por lo que respecta a la predicción de Robin Dunbar, es muy acertado... pero que en lo relativo al enfoque tradicional del utilitarismo, resulta un poco problemático. En el esquema general de las cosas, a Jeremy Bentham y John Stuart Mill, los dos filósofos del siglo XIX reconocidos por formular la teoría del utilitarismo, generalmente se los considera buena gente.

«La mayor felicidad del mayor número es el fundamento de la moral y la legislación», es la célebre frase que pronunció Bentham.

Sin embargo, si ahondamos un poco más, aparece un cuadro mucho más engañoso, estrafalario y oscuro, de selección despiadada y traicioneras corrientes morales. Construir esa legislación, por ejemplo, ahondando en esas maneras de proceder, requerirá necesariamente pisotear los intereses de alguien: algún grupo o causa, que, por la simple lotería de los números, tiene que morder el polvo en aras de un «bien mayor».

Pero ¿quién tiene narices de apretar el gatillo? Bartels y Pizarro puede que hayan encontrado un modelo en el laboratorio. Pero ¿y en la vida diaria? ¿Es ahí donde el psicópata realmente triunfa por derecho propio?

## El lado oscuro del alunizaje

El asunto de lo que cuesta tener éxito en una profesión dada, hacer lo que toca, digamos, no es tan difícil cuando llega el momento de la verdad. Junto a las habilidades especiales necesarias para realizar las tareas específicas de cada uno, existe en la ley, en los negocios o en cualquier campo que podamos citar, una selección de rasgos que producen un buen rendimiento.

En 2005, Belinda Board y Katarina Fritzon de la Universidad de Surrey llevaron a cabo una investigación para averiguar con toda precisión qué era lo que hacía triunfar a los líderes de los negocios.[13] Querían saber cuáles eran las facetas de la personalidad que separaban a aquellos que giran a la izquierda cuando se meten en un avión de los que giran a la derecha.

Board y Fritzon tomaron tres grupos, gerentes de empresas, pacientes psiquiátricos y criminales hospitalizados (estos dos últimos eran todos psicópatas que sufrían además de otras enfermedades psiquiátricas) y compararon cómo se les daba en un test de perfil psicológico.

Sus análisis revelaron que un cierto número de los atributos psicopáticos eran más comunes en los líderes de los negocios que en los llamados criminales «perturbados», atributos como encanto superficial, egocentrismo, capacidad de persuasión, falta de empatía, independencia y concentración, y que la principal diferencia entre los grupos se encontraba en los aspectos más «antisociales» del síndrome: los diales (para volver a la analogía anterior) de ruptura de la ley, agresión física e impulsividad por parte de los criminales estaban mucho más altos.

Otros estudios parecen confirmar la imagen de la «mesa de sonido»: que la zona limítrofe entre la psicopatía funcional y la disfuncional dependen no de la presencia de atributos psicopáticos per se, sino más bien de sus niveles y de la forma en que se combinan. Mehmet Mahmut y sus colegas de la Universidad Macquarie han mostrado recientemente que los patrones de disfunción cerebral (específicamente en relación con el córtex orbitofrontal, la zona del cerebro que regula la aportación de las emociones en la toma de decisiones) observados en ambos psicópatas, criminales y no criminales, exhiben diferencias de dimensión más que discretas.[14] Esto, sugiere, significa que los dos grupos no deberían ser contemplados como poblaciones cualitativamente distintas, sino más bien ocupando distintas posiciones en el mismo continuo neuropsicológico.

En una forma similar (aunque menos high-tech), les pedí a los estudiantes universitarios de una clase de primer curso que se imaginaran que eran gerentes de una empresa de búsqueda de empleo.[15] «Despiadado, intrépido, encantador, amoral y centrado», les dije. «Suponed que tenéis un cliente con ese tipo de perfil. ¿Para qué tipo de trabajo pensáis que podría ser adecuado?» Sus respuestas, como veremos un poco más adelante en el libro, no podrían haber sido más significativas. Ejecutivo, espía, cirujano, político, militar... Todo esto apareció. Junto con asesino en serie, criminal y ladrón de bancos.

«La capacidad intelectual sola es una forma elegante de quedar segundo», me dijo un ejecutivo de éxito. «Recuerde que no lo llaman "cucaña" por nada. El camino hacia la cima es duro. Pero es más fácil trepar si te apoyas en otros. Y mucho más fácil si los demás piensan que son "ellos" los que están sacando algo.»

Jon Moulton, uno de los inversores de más éxito de Londres, está de acuerdo.[16] En una entrevista reciente con el *Financial Times* hace una lista en la que incluye decisión, curiosidad e insensibilidad como sus tres rasgos característicos más valiosos. Los dos primeros ya se veían venir. Pero ¿insensibilidad? «Lo mejor de la insensibilidad», explica Moulton, «es que te deja dormir mientras otros no pueden.»

Si la idea de que los rasgos psicopáticos ayudan en los negocios no es una gran sorpresa, entonces, ¿qué les parece en el espacio? No inspira demasiada confianza la idea de lanzar psicópatas al cosmos, me atrevería a decir, dada su reputación terrestre... y las cualidades psicopáticas, podríamos pensar, no deben de estar exactamente entre las primeras de los exclusivos criterios de selección de la NASA para los astronautas. Pero una vez oí contar una historia que nos proporciona una ilustración gráfica de que la neurología refrigerada que aparecía en los escáneres cerebrales de Robert Hare en ciertas situaciones puede conferir beneficios reales: la concentración reptiliana y el desapego cristalino del neurocirujano James Geraghty a veces pueden significar grandeza, no solo en la sala de juntas, el tribunal y el quirófano, sino en otro mundo.[17]

La historia es la siguiente. El 20 de julio de 1969, mientras Neil Armstrong y su compañero Buzz Aldrin atravesaban el paisaje lunar buscando un sitio donde alunizar, estuvieron a segundos de estrellarse. El problema era la geología. Había demasiada. Y demasiado poco combustible. Había rocas y piedras esparcidas por todas partes, haciendo imposible un acercamiento seguro. Aldrin se secó la frente. Con un ojo en el indicador del gas y el otro en el terreno, le dio un severo últimátum a Armstrong: ¡haz bajar esta cosa... y rápido!

Armstrong sin embargo, era mucho más flemático. Quizá (¿quién sabe?) no le hubiesen gustado nunca los copilotos nerviosos. Pero a medida que el tiempo iba pasando, el combustible se terminaba y la perspectiva de morir por la gravedad era una posibilidad cada vez más grande, fríamente dio con un plan. Dio instrucciones a Aldrin de que convirtiera en segundos la cantidad de combustible que le quedaba. Y que empezara una cuenta atrás. En voz alta.

Aldrin hizo lo que le decían.

Setenta... sesenta... cincuenta...

Mientras contaba, Armstrong iba examinando la implacable topografía de la luna.

Cuarenta... treinta... veinte...

El paisaje todavía se negaba a dar nada.

Entonces, cuando faltaban apenas diez segundos, Armstrong vio una oportunidad: un oasis plateado sin nada justo por debajo del horizonte. De repente, imperceptiblemente, como un depredador que se acercaba a su presa, su cerebro se fue estrechando. Como si estuviera en unas prácticas, maniobró la nave con destreza hacia la zona de descenso, y realizó, en el único claro que había en kilómetros a la redonda, un alunizaje perfecto, de manual. Un paso gigante para la humanidad. Pero casi casi un gigantesco desastre cosmológico.

**Expertos en desactivación de bombas. ¿Qué es lo que les mueve?**

Este extraordinario relato de una increíble sangre fría interplanetaria ejemplifica la vida en el horizonte de todas las posibilidades, donde el triunfo y el desastre comparten una frontera problemática y frágil, y el tráfico que cruza de un lado a otro fluye libremente. Esta vez, sin embargo, la carretera al desastre estaba cerrada. Y la frialdad de Neil Armstrong bajo el fuego rescató de la calamidad cosmológica a una de las mayores hazañas en la historia de los logros humanos.

Pero hay más. Su pulso, según se informó más adelante, apenas se vio alterado. Igual podía haber estado poniendo gasolina en una gasolinera que haciendo alunizar una nave espacial. ¿Alguna variedad rara de genio cardiovascular? La ciencia sugiere que no.

Allá por los ochenta, el investigador de Harvard Stanley Rachman encontró algo similar en los expertos en desactivación de bombas.[18] ¿Qué es lo que caracteriza a los hombres más aptos, quiso saber Rachman, en esta profesión de alto riesgo y cuerda floja? Todos los desactivadores de bombas son buenos. Si no, estarían muertos. Pero ¿qué tenían las estrellas de la profesión que no tuvieran las luminarias menores?

Para averiguarlo, cogió a un grupo de expertos en desactivación de bombas que llevaban diez años o más en el oficio y los dividió en dos grupos: los que habían sido condecorados por su trabajo y los que no. Luego comparó su ritmo cardíaco en el campo, en trabajos que exigían niveles de concentración particularmente elevado.

Lo que averiguó fue sorprendente. Mientras el ritmo cardíaco de todos los agentes permanecía estable, ocurría algo bastante increíble con el de aquellos que habían sido condecorados. De hecho, su ritmo cardíaco bajaba. En cuanto entraban en la zona de peligro (o la «rampa de lanzamiento», como decía un hombre con el que hablé), asumían un estado de concentración fría y meditativa, un nivel de conciencia medio en el cual se hacían uno con el dispositivo en el que estaban trabajando.

Los análisis de seguimiento ahondaron aún más y revelaron la causa de esa disparidad: la confianza. Los agentes condecorados obtenían una mayor puntuación en las pruebas de confianza propia que sus colegas no condecorados.

Era la convicción lo que les movía.

Stanley Rachman sabe todo lo que hay que saber de la neurología intrépida y ártica del psicópata. Y los resultados que obtuvo ciertamente fueron explosivos. Tanto que él mismo se hizo una pregunta: ¿deberíamos vigilar de cerca a nuestros agentes desactivadores de bombas? Su conclusión parece bastante clara: «...los agentes que reciben recompensas por su conducta valerosa e intrépida», informa, «estaban libres de toda anormalidad psicológica o conducta antisocial». Por el contrario, señala, «la mayoría de las descripciones de la psicopatía incluyen adjetivos como "irresponsable" e "impulsivo"». Adjetivos que, según su experiencia, no cuadraban con ninguno de los casos que había estudiado.

Pero a la luz de la investigación de Belinda Board y Katarina Fritzon en 2005 que, según recordarán, demostraba que un cierto número de rasgos psicopáticos eran más prevalentes entre los líderes de los negocios que entre criminales psicopáticos diagnosticados, los comentarios de Rachman suscitan la cuestión de qué es lo que queremos decir exactamente cuando usamos la palabra «psicópata». No todos los psicópatas son tan salvajes y antisociales como se nos podría haber hecho creer. De hecho, la conclusión más destacada del estudio de Board y Fritzon es que precisamente el aspecto «antisocial» del trastorno, comprendiendo los elementos de impulsividad e irresponsabilidad, es lo que «hace o deshace» al psicópata, aquello que lo codifica, dependiendo de lo altos que estén los diales de esa personalidad particular, para la disfunción o el éxito.

Para complicar más las cosas metodológicamente, resulta que los agentes desactivadores de bombas no son los únicos que experimentan una bajada del ritmo cardíaco cuando se ponen a trabajar. Los expertos en relaciones Neil Jacobson y John Gottman, autores del popular libro *Hombres que agreden a sus mujeres*, han observado unos perfiles cardiovasculares idénticos en determinados tipos de maltratador que, como ha demostrado la investigación, en realidad se relaja más cuando pega a sus parejas que cuando está sentado en un sillón con los ojos cerrados.[19]

En su tipología de los maltratadores, ampliamente citada, Jacobson y Gottman se refieren a individuos con ese tipo de perfil como «Cobras». Los cobras, a diferencia de sus opuestos, «pitbulls», atacan rápida y ferozmente y siempre controlan. Tienen la convicción absoluta de que están en su derecho de hacer lo que les parece y cuando les parece. Además, como sugiere su nombre, se calman y concentran mucho antes de lanzar su ofensiva. Los pitbulls, por otra parte, son mucho más volátiles emocionalmente, más propensos a dejar que las cosas se pudran... y entonces pierden los estribos. Otras comparaciones entre esos dos grupos resultan muy interesantes:

| *Cobras* | *Pitbulls* |
|---|---|
| Muestran violencia hacia otros | Normalmente solo son violentos con la pareja |
| Sienten pocos remordimientos | Muestran una cierta culpabilidad |
| Motivados por el deseo de gratificación inmediata | Motivados por el temor al abandono |
| Capaces de dejar ir y seguir adelante | Obsesivos; a menudo acosan a la víctima |
| Se sienten superiores | Adoptan el papel de «víctima» |
| Hablan rápido, capaces de tramar una historia para las autoridades | Mayor responsabilidad emocional |
| Encantadores y carismáticos | Deprimidos e introvertidos |
| El control significa que no les digan qué hacer | El control significa seguir constantemente a la pareja |
| Una educación traumática con violencia prevalente en la familia | Algún grado de violencia en el entorno familiar |
| Impermeables a la intervención terapéutica | A veces se benefician de programas de tratamiento |

Tabla 1.1. *Diferencias entre cobras y pitbulls.*

La audacia abrumadora puede proceder del valor, como propone Rachman en la desactivación de bombas. Pueden también habituarse a través de la exposición repetida al peligro. Pero hay algunos individuos que la reclaman como un derecho de nacimiento, y cuya biología básica es tan distinta a la de los demás que permanecen, consciente e inconscientemente, impermeables por completo al rastro más diminuto de antígenos de ansiedad.

Lo sé porque los he examinado.

## El olor del miedo

Si alguna vez se han asustado por una turbulencia al ir en avión, o se han quedado ligeramente intranquilos cuando un tren se ha detenido en un túnel, o sencillamente, han experimentado esa indefinible sensación de temor, de que «algo no va bien», quizá estén respondiendo a los temores de aquellos que están a su alrededor, tanto como a cualquier otro elemento. En 2009, Lilianne Mujica-Parodi, una neurocientífica cognitiva de la Universidad Stony Brook, de Nueva York, recogió sudor de las axilas de paracaidistas que se tiraban por primera vez, mientras se precipitaban hacia el suelo a velocidad terminal.[20] Ya en el laboratorio, transfirió el sudor (recogido en unas almohadillas absorbentes colocadas bajo los brazos de los voluntarios) así como muestras de sudor normal «sin miedo» de una cinta de andar a una «caja nebulizadora» especialmente calibrada, y la agitó bajo la nariz de un segundo grupo de voluntarios, sentados en un escáner fMRI (resonancia magnética funcional).[21]

¿Y a que no lo adivinan? Aunque ninguno de los voluntarios tenía ni idea de lo que estaban inhalando, aquellos que se expusieron al sudor de miedo mostraron una actividad considerablemente mayor en las zonas que procesan el miedo en el cerebro (su amígdala e hipotálamo) que aquellos que habían respirado el sudor de ejercicio. Además, en una tarea de reconocimiento emocional, los voluntarios que habían inhalado el sudor del miedo fueron un 43 por ciento más precisos a la hora de juzgar si una cara tenía una expresión amenazadora o neutra que aquellos que habían olido el sudor de ejercicio.

Todo lo cual suscita una cuestión muy interesante: ¿podemos «coger» el miedo igual que cogemos un resfriado? Mujica-Parodi y su equipo ciertamente parecen creerlo... y a la luz de sus resultados, aludir a la posibilidad de que «haya un componente biológico oculto en la dinámica social humana, en la cual el estrés emocional es, literalmente, "contagioso"».

Y todo esto suscita otra cuestión mucho más interesante aún: ¿qué pasa con la inmunidad? ¿Somos algunos de nosotros más propensos a caer víctimas del contagio del miedo que otros? ¿Tenemos algunos de nosotros más «olfato» que otros?

Para averiguarlo llevé a cabo una variante del estudio de Mujica-Parodi.[22] Primero, hice que un grupo de voluntarios viese una película de miedo (*Candyman*), y puse a un segundo grupo en una cinta de andar. A continuación recogí su sudor. Luego lo embotellé, por decirlo de alguna manera. Finalmente lo pulvericé bajo la nariz de un tercer grupo de voluntarios mientras jugaban a un juego de simulación.

El juego en cuestión era el Cambridge Gamble Task, una prueba computarizada de toma de decisiones bajo riesgo. La prueba comprende una secuencia de jugadas en la cual a los participantes se les presentan diez cajas (rojas o azules) y deben adivinar, en cada jugada, cuál de ellas esconde una ficha amarilla. La proporción de colores de las cajas varía según la jugada (p. ej., 6 rojas y 4 azules; 1 azul y 9 rojas) y los participantes empiezan con un total de 100 puntos, una proporción fija de los cuales (5 %, 25 %, 50 %, 75 %, 95 %) deben apostarla al resultado de la primera jugada. Lo que ocurre entonces depende del resultado. Depende de si ganan o pierden, la cantidad apostada o bien se añade o se resta a su cuenta inicial, y el protocolo se repite hasta el final, en todas las pruebas subsiguientes. Las apuestas más elevadas están asociadas con un mayor riesgo.

Si la teoría de Mujica-Parodi tenía alguna consistencia, entonces la predicción estaba bastante clara. Los voluntarios que inhalasen el sudor de *Candyman* tendrían mucha mayor precaución y jugarían de una manera mucho más conservadora que aquellos que inhalasen el sudor del ejercicio.

Pero había una trampa. La mitad de los voluntarios eran psicópatas.

¿Serían los psicópatas, notorios por su frialdad bajo presión, inmunes al estrés ajeno? Como cazadores y rastreadores expertos, ¿estarían hipervigilantes a los indicios visuales de la vulnerabilidad, como descubrió Angela Book, pero químicamente inmunes a los olfativos?

Los resultados del experimento no pudieron ser más claros. Exactamente tal y como había predicho Mujica-Parodi, los voluntarios no psicópatas jugaron con mucha mayor precaución cuando se expusieron al sudor del miedo, jugándose unos porcentajes más bajos sobre los resultados.

Pero los psicópatas ni se inmutaron. No solo fueron más atrevidos ya de entrada, sino también al final, y continuaron adoptando riesgos incluso cuando se les llenó de «miedo». Su sistema inmunitario neurológico parecía tomar medidas enérgicas e inmediatas contra el «virus», adoptando sobre la ansiedad una política de tolerancia cero, mientras que el resto de nosotros simplemente dejábamos que se extendiera.

## Espada de doble filo

Entrevista al pasar ante el escaparate de una tienda o, más probable hoy en día, en Amazon, *La sabiduría de los psicópatas* puede parecer una extraña combinación de palabras en la cubierta de un libro. Quizá atraiga la vista. Pero resulta raro, desde luego. La yuxtaposición discordante de esos dos monolitos existenciales, «sabiduría» y «psicópatas», condensa, se podría pensar, poco compromiso semántico, poco diálogo constructivo y significativo en torno a la mesa de negociaciones lógica y científica.

Y, sin embargo, la tesis fundamental y subyacente de que los psicópatas están en posesión de sabiduría es seria. No, quizá, una sabiduría en el sentido tradicional de la palabra: como propiedad emergente de los años que pasan y la experiencia vital acumulada. Pero sí como función innata e inefable de su ser.

Consideremos, por ejemplo, la siguiente analogía de alguien con quien nos encontraremos más tarde.

Un psicópata.

Dentro, debería añadir, de los raros y enclaustrados confines de un módulo de máxima seguridad de trastorno de personalidad:

«Un coche deportivo muy potente, de la mejor calidad, no es ni bueno ni malo en sí mismo, sino que depende de la persona que esté sentada detrás del volante. Por ejemplo, puede permitir a un conductor experto y hábil llevar a su mujer a tiempo para que dé a luz a su hijo. O bien, en un universo paralelo, hacer que un chico de dieciocho años y su novia se despeñen por un barranco.

»En esencia, se trata de cómo se maneje. Sencillamente, de la habilidad del conductor...»

Y tiene razón. Quizá la característica principal y autónoma del psicópata, la diferencia última y «mortal» que distingue a la personalidad psicopática de las personalidades de la mayoría de los miembros «normales» de la población, es que a los psicópatas les importa un comino lo que sus conciudadanos piensen de ellos. Sencillamente, no podría importarles menos cómo contempla sus actos la sociedad, como conjunto. Esto, en un mundo en el cual la imagen, la marca y la reputación son más sacrosantas que nunca —¿cuántos somos ahora, 500 millones en Facebook?, ¿200 millones de vídeos en YouTube?, ¿una cámara de circuito cerrado para cada veinte personas en Gran Bretaña?—, constituye, sin duda, una de las razones fundamentales por las cuales se meten en tantos problemas.

Y el motivo de que los encontremos tan seductores, claro.

Sin embargo, también puede predisponer al heroísmo y a la fortaleza mental. Y a cualidades apreciables, como el valor, la integridad y la virtud: la capacidad, por ejemplo, de meterse corriendo en un edificio en llamas para salvar la vida de los que están dentro. O de empujar a un tío gordo desde un puente para detener a un tren sin control.

La psicopatía realmente es como un coche deportivo muy potente. Es una espada de doble filo, que sin duda corta por ambos lados.

En los siguientes capítulos haré la crónica, con detalle científico, sociológico y filosófico, de la historia de esa espada de doble filo y el especial perfil psicológico de los individuos que la empuñan. Empezaremos viendo quién es en realidad el psicópata (si no es el monstruo que habitualmente pensamos). Viajaremos por las zonas interiores y exteriores de la metrópolis psicopática, patrullando por los guetos ultraviolentos de los barrios céntricos y por los barrios residenciales más ligeros, más ajardinados y más amistosos con los visitantes.

Como en cualquier espectro, ambos extremos tienen sus famosos. En un lado tenemos a los Sutcliffe, Lecter, Bundy (destripadores, apuñaladores y estranguladores). En el otro lado tendremos a los antipsicópatas: atletas espirituales de élite como los monjes budistas tibetanos que, mediante años de meditación de cinturón negro en remotos monasterios del Himalaya, no sienten otra cosa que compasión. De hecho, la última investigación en el campo de la neurociencia cognitiva sugiere que el espectro podría ser circular... que al otro lado de la línea de cambio de fecha neurológica de la cordura y la locura, los psicópatas y los antipsicópatas se sientan a corta distancia unos de otros. Tan cerca, y sin embargo tan lejos.

A partir de remotas líneas fronterizas neurales, centraremos nuestro objetivo en la arqueología cognitiva, y habiendo esbozado las coordenadas de la psicopatía en tiempos modernos, iremos en busca de sus orígenes. Mediante la teoría del juego, la lógica y la psicología evolutiva de vanguardia, reconstruiremos las condiciones que se hallan en lo más profundo de nuestro pasado ancestral, en las cuales podrían haber evolucionado los psicópatas. Y exploraremos la posibilidad (profunda y al mismo tiempo perturbadora) de que en la sociedad del siglo XXI continúen evolucionando, y que la afección se vuelva adaptativa.

Consideraremos con profundidad las ventajas de ser un psicópata... o más bien, en algunas situaciones al menos, de tener los diales un poco más altos de lo normal. Examinaremos a los intrépidos. A los despiadados. La «presencia» (los psicópatas tienden a parpadear un poco menos que los demás, una aberración fisiológica que a menudo ayuda a conferirles su aire desconcertante, hipnótico).[23]

Apabullante, deslumbrante, de una confianza suprema, son los epítetos que se suelen oír sobre ellos. No, como se podría esperar, por parte de ellos mismos, ¡sino de sus víctimas! La ironía está tan clara como la luz. Los psicópatas parecen poseer, por culpa de alguna broma darwiniana, la personalidad que muchos de nosotros daríamos la vida por tener. En realidad, muchos han dado su vida... Ése es el motivo por el cual a nuestro viejo amigo Fabrizio Rossi le ha costado tanto creer que pueda salir algo bueno del espacio que tenemos debajo de nuestra casa.

Nos meteremos entre bambalinas y nos codearemos con una de las unidades de psicopatía más famosas del mundo, y veremos el enfoque psicopático de problemas, dilemas y desafíos a los que cada uno de nosotros se enfrenta durante su vida cotidiana. Charlaremos con el neurocientífico y cazador de psicópatas Kent Kiehl, mientras él va conduciendo un camión de dieciocho ruedas que contiene un escáner de resonancia magnética hecho a medida, y lo lleva por todas las penitenciarías estatales de Estados Unidos.

Y finalmente, en un experimento innovador, yo mismo experimentaré una «transformación psicopática» cuando un renombrado experto mundial en simulaciones transcraneales magnéticas provoque, con la ayuda de una neurocirugía remota y no invasiva, un estado cerebral psicopático dentro de mi propia cabeza (ya se me ha pasado, por cierto).

A medida que se desarrolle *La sabiduría de los psicópatas*, la verdad empezará a abrirse camino, como un depredador sin remordimientos. Desde luego, puede que esos chicos nos hagan daño, pero también es posible que nos salven la vida. Sea como sea, ciertamente tienen algo que enseñarnos.

# 2
# ¿Quiere ponerse en pie el auténtico psicópata, por favor?

> ¿Quién puede trazar en el arcoíris la línea entre el lugar donde acaba el color violeta y empieza el naranja? Vemos claramente la diferencia entre los colores, pero ¿dónde empieza exactamente a mezclarse el uno con el otro? Pues lo mismo ocurre con la cordura y la locura.
>
> HERMAN MELVILLE

## ¿Por qué lo hicieron?

Circula una historia por internet que dice más o menos lo siguiente. Mientras asistía al funeral de su madre, una mujer conoce a un hombre a quien nunca antes había visto. Se siente misteriosamente atraída hacia él. Cree que es su alma gemela y se enamora de él al instante. Pero no le pregunta su número de teléfono, y cuando se acaba el funeral, no puede localizarle. Pocos días después, ella mata a su hermana. ¿Por qué?

Piénsenlo un poco antes de contestar. Al parecer, este sencillo juego puede determinar si piensa usted o no como un psicópata. ¿Qué motivo podía tener la mujer para quitarle la vida a su hermana? ¿Celos? ¿Ha encontrado a su hermana en la cama con el hombre? ¿Venganza? Ambas posibilidades son plausibles. Pero erróneas. La respuesta, suponiendo que piense usted como un psicópata, es ésta: porque esperaba volver a ver al hombre cuando asistiera al funeral de su hermana...

Si es ésta la solución que usted ha encontrado... no se asuste. En realidad, he mentido. Por supuesto, eso no significa que piense usted como un psicópata. Como muchas cosas que se encuentran en internet, este relato es tan verdadero como la cuenta de ganancias y pérdidas de Bernie Madoff. Desde luego, la estrategia que la mujer adopta en él es psicopática, de eso no cabe duda alguna: fría, despiadada, sin emoción alguna, miope y egocéntrica. Pero desgraciadamente, hay un problema. Cuando les pasé esta prueba a algunos psicópatas auténticos (violadores, asesinos, pedófilos y atracadores), que habían sido adecuadamente diagnosticados usando procedimientos clínicos estándar, ¿saben lo que ocurrió? Que ninguno de ellos dio con el motivo de la «asistencia al funeral». Por el contrario, casi todos ellos optaron por las razones de «rivalidad romántica».

«Estaré loco», me dijo uno de ellos, «pero desde luego no soy idiota.»

Scott Lilienfeld es profesor de psicología en la Universidad Emory, en Atlanta, y uno de los mayores expertos mundiales en psicópatas. O, como dice él mismo, psicópatas de éxito, es decir, aquellos que es más probable que se dediquen a la bolsa que a matar en un callejón oscuro lleno de cubos de basura. Mientras almorzamos tacos de caimán en una típica freiduría sureña, más o menos a un kilómetro y medio de su despacho, le pregunto por el acertijo del funeral. ¿Qué pasa con esa historia? ¿Por qué nos gustan tanto ese tipo de relatos? La pregunta da en el clavo.

—Creo que el atractivo de cosas como ésta radica en su limpieza —dice—. Hay algo tranquilizador en la idea de que haciendo solo una pregunta se pueda desenmascarar a los psicópatas que tenemos a nuestro alrededor, y así protegernos de ellos. Por desgracia, sin embargo, la cosa no es tan sencilla. Desde luego, podemos llegar a averiguar quiénes son. Pero no basta con una sola pregunta. Hay que hacer unas cuantas preguntas.

Él tiene razón. Las preguntas tipo «bala de plata», que a través de un endemoniado acertijo pueden revelar de alguna manera nuestros verdaderos colores psicológicos, no existen en el mundo real. La personalidad es un constructo demasiado complejo para revelar sus secretos basándose puramente en un juego de salón de una sola respuesta. De hecho, expertos en este terreno se han dedicado a la tarea de disparar unas cuantas balas a lo largo de los años. Y solo hace relativamente poco que han pensado en pedir una tregua.

## Los cazadores de personalidades

La personalidad tiene una larga historia. O más bien su medición. Empezó en la antigua Grecia, con Hipócrates (460-377 a.C.), el padre de la medicina occidental. Bebiendo de la sabiduría de tradiciones anteriores (los cálculos celestiales de la astrología babilónica, por ejemplo) que habían ido recorriendo Oriente Medio procedentes de los sabios del Antiguo Egipto y los místicos de Mesopotamia, Hipócrates distinguía cuatro temperamentos diferentes en el canon de las emociones humanas: sanguíneo, colérico, melancólico y flemático.

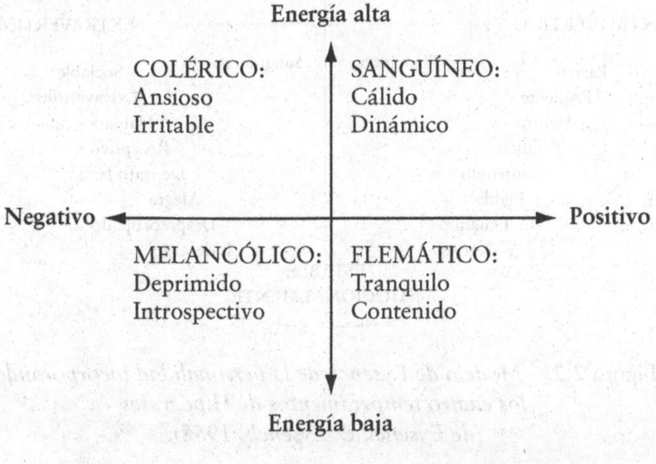


Figura 2.1. *Cuatro temperamentos de Hipócrates.*

Después de Hipócrates, no ocurrió casi nada durante dos milenios y medio. Luego, en 1952, el psicólogo británico Hans Eysenck dio una nueva vida a la antigua taxonomía dual de la medicina occidental.[1] Tras exhaustivos análisis de cuestionarios y entrevistas clínicas en profundidad, Eysenck aventuraba que la personalidad humana comprendía dos dimensiones fundamentales: *introversión/extraversión* y *neurosis/estabilidad* (posteriormente añadió una tercera, *psicosis*, caracterizada por agresión, impulsividad y egocentrismo). Esas dos dimensiones, cuando se sitúan ortogonalmente, incluyen a la perfección los cuatro temperamentos clásicos identificados originalmente por Hipócrates:

Figura 2.2. *Modelo de Eysenck de la personalidad incorporando los cuatro temperamentos de Hipócrates (de Eysenck & Eysenck, 1958).*

La personalidad colérica (ansioso, irritable) se incluía en la extraversión neurótica de Eysenck; la melancólica (depresivo, introspectivo) en la introversión neurótica; la sanguínea (cálido, dinámico) en la extraversión emocional estable; y la flemática (tranquilo, contenido) en la introversión emocional estable. Al parecer, Hipócrates no fue solo el padre de la medicina moderna, sino también el de la naturaleza humana.

El modelo de personalidad de solo dos trazos de Eysenck es claramente anoréxico comparado con el gigantesco corpus de rasgos que sacó a la luz el psicólogo americano Gordon Allport unos veinte años antes.[2] Siguiendo la llamada hipótesis «léxica» de la personalidad, que estipulaba que todos los términos significativos relacionados con el carácter, por definición, podían ser codificados por el lenguaje, Allport fue de pesca y se adentró en las profundas y verbosas aguas de *Webster's New International Dictionary*. ¿Cuántos adjetivos relacionados con la personalidad se encuentran ahí?, se preguntó. La respuesta es que unos cuantos... y salió de nuevo a tierra firme con una buena captura de casi 18.000. Después de eliminar las descripciones relativas a rasgos temporales, no duraderos (por ejemplo: eufórico, avergonzado), Allport redujo la lista a una cantidad más manejable de 4.500.

Pero hasta que el psicólogo de la Universidad de Illinois Raymond Cattell no se hizo cargo de la lista de Allport en 1946, al mismo tiempo que Eysenck estaba trasteando con su modelo, los teóricos de la personalidad no tuvieron algo con que jugar.[3] Eliminando sinónimos e introduciendo algunos artículos adicionales recogidos de la investigación en laboratorio, Cattell llegó a un recuento de 171 palabras. Y entonces se puso a trabajar. Usando esas descripciones para generar escalas de clasificación, se las enseñó a unos voluntarios. Su tarea era muy sencilla: evaluar a sus conocidos basándose en las etiquetas proporcionadas.

El análisis reveló una estructura de personalidad muy intrincada compuesta de treinta y cinco grupos de rasgos importantes a los que Cattell se refirió, algo esotéricamente, como la «esfera de la personalidad». A lo largo de la década siguiente fue afinando mucho más, con la ayuda de los ordenadores de primera generación y la brujería embrionaria del análisis factorial,[4] y fue más allá todavía, hasta dieciséis factores primarios. Ahí lo dejó Cattell.

| Puntuación baja | Factor | Puntuaciones altas |
|---|---|---|
| Reservado | *Calidez* | Extravertido |
| Menos inteligente | *Razonamiento* | Más inteligente |
| Reacción emotiva | *Estabilidad emocional* | Estable emocionalmente |
| Sumiso | *Dominio* | Enérgico |
| Serio | *Vivacidad* | Despreocupado |
| No conforme | *Conciencia de las normas* | Concienzudo |
| Tímido | *Atrevimiento social* | Desinhibido |
| Insensible | *Sensibilidad* | Sensible |
| Fiable | *Vigilancia* | Suspicaz |
| Práctico | *Abstracción* | Imaginativo |
| Franco | *Confidencialidad* | Discreto |
| Seguro de sí | *Aprensión* | Aprensivo |
| Conservador | *Apertura a los cambios* | Experimentador |
| Orientado hacia el grupo | *Confianza en sí* | Autosuficiente |
| Conforme | *Perfeccionismo* | Preciso |
| Relajado | *Tensión* | Tenso |

Tabla 2.1. *Dieciséis factores primordiales de la personalidad de Cattell (adaptados de Cattell, 1957).*

Afortunadamente para los psicólogos del trabajo, sin embargo, y para aquellos que operan ahora en el campo de los recursos humanos, los teóricos subsiguientes siguieron adelante. En 1961, dos investigadores de las Fuerzas Aéreas de Estados Unidos, Ernest Tupes y Raymond Christal, consiguieron condensar los rasgos de Cattell en cinco factores recurrentes.[5] Estos los etiquetaron como extraversión, amabilidad, formalidad, estabilidad emocional y cultura. Más recientemente, en los últimos veinte años, el trabajo de Paul Costa y Robert McCrae, en el Instituto Nacional de Salud de Estados Unidos, ha llevado al desarrollo de una prueba de personalidad estándar llamada Inventario de Personalidad NEO.[6]

Los psicólogos en realidad no se ponen de acuerdo, si les es posible, pero en este caso es difícil evitarlo.[7] Apertura a nuevas experiencias, responsabilidad, extraversión, amabilidad e inestabilidad emocional o neuroticismo constituyen el genoma de la personalidad humana. Y todos somos una suma de nuestras partes. No somos números, como afirmaba Patrick McGoohan una vez en *El prisionero*. Más bien somos una constelación de números. Cada uno de nosotros, en el firmamento infinito algorítmico del espacio de la personalidad, tiene sus propias coordenadas personales, dependiendo de la precisión con la que caigamos en cada uno de estos cinco factores o rasgos.[8] O, como se suelen llamar habitualmente, los «Cinco Grandes».[9]

## Choca esos cinco

Al observador casual, claro está, la personalidad se le presenta como continua y uniforme. Solo cuando se tamiza a través del prisma del escrutinio matemático, se disgrega formalmente en sus cinco componentes constitutivos. Los Cinco Grandes, se podría decir, corresponden a esos «colores primarios» indivisibles psicológicos de la personalidad, anclados en cada extremo por los polos opuestos de los rasgos del carácter: un espectro de identidad que nos condiciona a todos.

Esos rasgos, junto con una breve descripción del conjunto de atributos personales asociados con cada dimensión, se incluyen en la tabla 2.2 a continuación:

| *Factor* | *Descriptores* |
|---|---|
| Apertura a la experiencia | Imaginativo . . . Práctico<br>Le gusta la variedad . . . Le gusta la rutina<br>Independiente . . . Conformista |

| | |
|---|---|
| Responsabilidad | Organizado . . . Desorganizado<br>Cuidadoso . . . Descuidado<br>Autodisciplinado . . . Impulsivo |
| Extraversión | Sociable . . . Retraído<br>Amante de la diversión . . . Serio<br>Afectuoso . . . Reservado |
| Amabilidad | Bondadoso . . . Despiadado<br>Confiado . . . Suspicaz<br>Servicial . . . Poco dispuesto a colaborar |
| Neuroticismo | Preocupado . . . Tranquilo<br>Inseguro . . . Seguro<br>Autocompasivo . . . Satisfecho de sí mismo |

Tabla 2.2. *Modelo de personalidad de los cinco grandes factores (McCrae y Costa, 1999, 1990).*

No resulta sorprendente, quizá, que los psicólogos ocupacionales hayan dado muchas vueltas en torno al NEO (y otras pruebas de los cinco factores de personalidad como éste). Se lo han pasado a empleados de casi cualquier profesión que se pueda imaginar para sondear la relación precisa entre el carácter psicológico y el éxito en el trabajo. Al hacerlo, han encontrado una conexión sorprendente entre temperamento y tipo de trabajo.[10] Entre lo neuronal y lo laboral.

La apertura a la experiencia ha resultado tener un importante papel en profesiones en las cuales el pensamiento original o la inteligencia emocional están a la orden del día (profesiones como la consultoría, el arbitraje y la publicidad), mientras que los individuos que puntúan bajo en esta dimensión tienden a realizar trabajos manuales o mecánicos. Los empleados que obtienen puntuaciones de media a alta en responsabilidad (si es demasiado alta, caes al otro lado de la frontera en la obsesión, la compulsión y el perfeccionismo) tienden a sobresalir en todo, y ocurre lo contrario con aquellos que obtienen puntuaciones más bajas. Los extravertidos hacen bien trabajos que requieren interacción social, mientras que a los introvertidos les va mejor en profesiones más «solitarias» o «reflexivas», como el diseño gráfico o la contabilidad. De forma similar a la responsabilidad, la amabilidad es un facilitador universal de cualquier actuación, pero resulta especialmente importante en ocupaciones en las cuales el énfasis se encuentra en el equipo de trabajo o en la atención al cliente, como la enfermería y las fuerzas armadas, por ejemplo. Pero a diferencia de la responsabilidad, tener bajos niveles de amabilidad puede ser también útil en entornos feroces y salvajes como los medios de comunicación, por ejemplo, donde el choque y competición entre egos por los recursos (ideas, artículos, comisiones...) suele ser brutal.

Por último tenemos el neuroticismo, que se puede considerar la dimensión más precaria de las cinco NEO. Aunque, por una parte, resulta indudable que la estabilidad emocional y la frialdad bajo presión a veces pueden inclinar la balanza hacia profesiones en que la concentración y el equilibrio tienen algo que hacer (la cabina de mando y el quirófano son dos de estos casos, por ejemplo), deberíamos recordar también que el matrimonio entre el neuroticismo y la creatividad es muy duradero. Algunas de las creaciones más importantes del arte y la literatura a lo largo de los siglos han encontrado su fuente no en las aguas poco profundas de los perímetros costeros del cerebro, sino en los laberintos más profundos y sin cartografiar del alma.

Pero si los psicólogos ocupacionales han encontrado diferencias individuales en temperamento basadas en modelos de desempeño de trabajos (ejes de personalidad que se codifican según el éxito en el puesto de trabajo), ¿qué tal les va a los psicópatas? En 2001, Donald Lynam y sus colegas de la Universidad de Kentucky llevaron a cabo un estudio para averiguarlo y descubrieron que su estructura de personalidad especial oculta una configuración de rasgos reveladora, tan despiadada como cautivadora.[11]

Lynam pidió a un grupo de los mejores expertos en psicopatía del mundo (académicos con una trayectoria probada en ese campo) que puntuaran en una escala de 1 a 5 (siendo 1 extremadamente bajo y 5 extremadamente alto) cómo pensaban que puntuarían los psicópatas en una serie de treinta subrasgos, cada una de las partes constitutivas de las dimensiones primarias que constituyen los Cinco Grandes. Los resultados se muestran a continuación:

| *Apertura a la experiencia* | *Escrupulosidad* | *Extraversión* |
|---|---|---|
| Fantasía 3.1 | Competencia 4.2 | Calidez 1.7 |
| Estética 2.3 | Orden 2.6 | Gregarismo 3.7 |
| Sentimientos 1.8 | Conciencia de sus deberes 1.2 | Seguridad en sí mismo 4.5 |
| Acciones 4.3 | Esfuerzo por los logros 3.1 | Actividad 3.7 |
| Ideas 3.5 | Autodisciplina 1.9 | Búsqueda de la emoción 4.7 |
| Valores 2.9 | Reflexión 1.6 | Emociones positivas 2.5 |

| *Amabilidad* | *Neuroticismo* |
|---|---|
| Confianza 1.7 | Ansiedad 1.5 |
| Franqueza 1.1 | Hostilidad e ira 3.9 |
| Altruismo 1.3 | Depresión 1.4 |
| Docilidad 1.3 | Conciencia de sí mismo 1.1 |
| Modestia 1.0 | Impulsividad 4.5 |
| Delicadeza 1.3 | Vulnerabilidad 1.5 |

Tabla 2.3. *Tasas de los expertos del perfil de personalidad psicopática tal y como se revelan por la puntuación obtenida en los Cinco Grandes (Miller et al., 2001).*

Tal y como podemos ver, los expertos dejan a los psicópatas casi a cero en lo que respecta a la amabilidad, cosa no sorprendente dado que la mentira, la manipulación, la insensibilidad y la arrogancia están consideradas la regla de oro de los rasgos psicopáticos por la mayoría de los clínicos. Las tasas de escrupulosidad no son para echar cohetes tampoco: la impulsividad, la falta de objetivos a largo plazo y la incapacidad de adoptar responsabilidades son muy altas, tal y como podríamos esperar... pero observemos que la competencia se resiste a la tendencia (señal de la inquebrantable confianza en sí mismo del psicópata y su indiferente desprecio de la adversidad) y que ese modelo continúa con el neuroticismo: ansiedad, depresión, conciencia de sí mismo y vulnerabilidad apenas aparecen en el radar, cosa que, combinada con elevados resultados en extraversión (seguridad en sí mismo y búsqueda de emociones) y estar abierto a la experiencia (acciones) genera ese aire de carisma crudo y elemental.

El retrato que emerge es el de una personalidad profundamente potente, aunque oscura e inquietante. Deslumbrante y carente de remordimientos por un lado. Glacial e impredecible por otro.

¿La imagen de un presidente de Estados Unidos?[12] Al principio se podría pensar que quizá no. Pero en 2010, Scott Lilienfeld se unió al psicólogo forense Steven Rubenzer y a Thomas Faschingbauer, profesor de psicología en la Fundación para el Estudio de la Personalidad en la Historia, en Houston, Texas, y les ayudó a analizar unos datos interesantes. Allá por el año 2000, Rubenzer y Faschingbauer habían enviado el Inventario de Personalidad NEO a los biógrafos de todos los presidentes de Estados Unidos de la historia.[13] Incluía preguntas como: «Tienes que aprovecharte de otros antes de que otros se aprovechen de ti», y «Nunca me siento culpable por herir a la gente». En total, había 240 preguntas de este tipo. Y un truco. No era a los biógrafos a quienes se estaba analizando, sino a sus sujetos. Los biógrafos, basándose en sus conocimientos, tenían que responder en nombre de sus sujetos.

Los resultados son muy interesantes. Un cierto número de presidentes de Estados Unidos ofrecían claros rasgos psicopáticos, entre ellos nada menos que John F. Kennedy y Bill Clinton liderando la marcha (para ver la tabla completa, véase www.wisdomofpsychopaths.co.uk). No solo eso; observen qué puntuación adquieren los Roosevelt. Algunos de los héroes de la historia están en el grupo.

¿Deberíamos estar preocupados, por tanto? ¿Sería causa de preocupación que el jefe de la nación más poderosa de la tierra compartiese, como observó Jim Kouri, una proporción significativa de los rasgos de su personalidad con un asesino en serie?

Quizás.

Pero para ver adónde van a parar Lilienfeld, Rubenzer y Faschingbauer con sus perfiles de personalidad política, necesitamos ahondar mucho más en qué significa exactamente ser un psicópata.

## Cuando la personalidad se tuerce

Hay que tener mucho cuidado a la hora de hablar de problemas de personalidad. Porque todo el mundo tiene alguno, ¿no? Así que dejémoslo bien claro desde un principio: los trastornos de personalidad no son exclusivos de los que le cabrean a usted (un error común entre los narcisistas). Por el contrario, como define el *Manual diagnóstico y estadístico de trastornos mentales*[14] (DSM por sus siglas en inglés), son «un modelo duradero de experiencia interior y conducta que se aparta acusadamente de las expectativas de la cultura del individuo que los exhibe».

La palabra clave aquí es «duradero». Un trastorno de la personalidad no es solo para Navidad (aunque hay que reconocer que la Navidad saca a la luz lo mejor de ellos). No, los trastornos de personalidad se caracterizan por ser patrones de pensamiento o sentimiento, o de relación con los otros, inflexibles y profundamente arraigados, o por la incapacidad de controlar o regular impulsos que pueden causar daño o un funcionamiento problemático. Puede que no sean exclusivos de aquellos que le cabrean a usted. Pero si alguien lo tiene, le cabreará.

El DSM clasifica los trastornos de personalidad en tres grupos distintos.[15] Están los raros/excéntricos, los dramáticos/erráticos y los ansiosos/inhibidos. Y, créame, todos están incluidos. La tía que vive con muchos gatos y predice el futuro, que lleva un cubretetera por sombrero y unos pendientes enormes, y que piensa que su dormitorio está atestado de «presencias» y que los vecinos de enfrente son alienígenas (tipo esquizoide); el adicto a la piscina cargado de joyas y siempre bronceado, que lleva tanto botox que a su lado hasta Mickey Rourke parece normal (narcisista), y la señora de la limpieza que contraté una vez y que, después de tres horas extenuantes, todavía estaba en el maldito baño, por el amor de Dios (obsesivo-compulsivo). (Le pagaba por horas, así que me pregunto, ¿quién era el loco?)

Pero los trastornos de personalidad no solo causan problemas en la vida cotidiana. También provocan muchos enfrentamientos en la psicología clínica. Un motivo de disensión es la palabra «trastorno». Con un 14 por ciento estimado de la población diagnosticado con uno de ellos, la cuestión es si deberíamos llamarlos «trastornos». ¿No sería mejor, en realidad, llamarlo «personalidades»? Bueno, quizá. Pero a lo mejor deberíamos preguntarnos qué son exactamente los trastornos de personalidad. ¿Constituyen, por ejemplo, un archipiélago separado de patología, a la deriva epidemiológicamente, desprendidos de la costa de la personalidad principal? ¿O bien, por el contrario, forman parte de la península de los Cinco Grandes, avanzadillas remotas de temperamento en sus márgenes más oscuros y más batidos por las tormentas?

El apoyo a esta última imagen antiseparatista[16] viene de una amplia investigación llevada a cabo por Lisa Saulsman y Andrew Page en 2004. Saulsman y Page examinaron la literatura clínica (estudios que examinaban, a su vez, la relación entre cada uno de los diez trastornos de personalidad de la lista del DSM por una parte, y cada una de las dimensiones de los Cinco Grandes de la personalidad por otra) y reunieron lo que encontraron en un enorme crisol de datos. Los análisis revelaron que los diez trastornos de personalidad se pueden situar dentro del marco del modelo de los Cinco Grandes... pero que eran «Dos Grandes» primordiales los que hacían gran parte del trabajo pesado: el neuroticismo y la amabilidad.[17]

Para ilustrarlo, Saulsman y Page vieron que trastornos caracterizados particularmente por problemas emocionales (por ejemplo, paranoide, esquizotípico, borderline, elusivo y dependiente) muestran fuertes asociaciones con el neuroticismo, mientras que aquellos más tipificados por dificultades interpersonales (por ejemplo, paranoide, esquizotípico, antisocial, borderline y narcisista) caen, cosa que quizá no sea ninguna sorpresa, en la amabilidad. También implicadas, pero hasta un grado algo menor, se encontraban las dimensiones de la extraversión y la responsabilidad. Los trastornos a cada lado de lo que podríamos llamar la división sociable/eremita (histriónico y narcisista por un lado; esquizoide, esquizotípico y elusivo por el otro) obtenían, respectivamente, puntuación alta y baja en extraversión, mientras que los del lado de la frontera del despreocupado/maniático del control (antisocial y borderline por un lado, contra obsesivo-compulsivo en el otro) eran igual de bipolares en lo que respecta a la responsabilidad.

El caso parece bastante claro. Si los omnipotentes Cinco Grandes constituyen nuestro sistema solar de la personalidad, entonces la maligna constelación de trastornos, ciertamente, forma parte de nuestro firmamento.

Pero, una vez más, ¿dónde deja todo esto a los psicópatas?

## La máscara de la cordura

La psicopatía (como la propia personalidad) aparece por primera vez en el radar, de una forma exquisitamente traviesa aunque inconfundible, entre las cavilaciones de los antiguos griegos. El filósofo Teofrasto (c. 371-287 a.C.), sucesor de Aristóteles como jefe de la escuela peripatética de Atenas, delinea, en su libro *Los caracteres*, un deslumbrante conjunto de casos con treinta temperamentos morales.[18] Uno de los convocados nos suena bastante.

«El hombre poco escrupuloso», lamenta Teofrasto, «irá y pedirá prestado más dinero a un acreedor al que nunca ha pagado... Cuando compra, le recuerda al carnicero algún servicio que le ha prestado, y de pie junto a la balanza, echa un poco de carne, si puede, y un hueso para la sopa. Si lo consigue, mejor; si no, coge un trozo de tripa y se va riendo.»

Y allá va, riendo.

Pero adelantemos un par de miles de años, hasta principios del siglo XIX, y el hombre poco escrupuloso vuelve, esta vez como uno de los participantes metafísicos clave en el debate sobre el libre albedrío. ¿Podría darse el caso, conjeturaban filósofos y físicos, de que determinados transgresores morales, de esos que lo hacen todo mal inconscientemente, no fueran «malos», sino que, de hecho, a diferencia de otros bellacos, poseyeran poca o ninguna comprensión de las consecuencias de sus actos? Uno de ellos ciertamente lo pensaba.

En 1801, un médico francés de nombre Philippe Pinel escribió en su cuaderno las palabras *manie sans delire* tras ver horrorizado a un hombre que, con toda frialdad, tranquila y serenamente, pateaba a un perro hasta matarlo delante de él.[19] Al cabo de unos meses, Pinel compiló un informe meticuloso y exhaustivo (y altamente preciso hasta el día de hoy) del síndrome. El hombre en cuestión no solo no había mostrado el menor remordimiento por sus actos, sino que también parecía perfectamente cuerdo en la mayoría de los demás aspectos. Parecía, acuñando una frase con la que muchos de los que han estado en contacto con la psicología desde entonces están de acuerdo, «loco sin estar loco». *Manie sans delire.*

El francés no fue el único que se dio cuenta. El médico Benjamin Rush, que ejercía en América a principios de 1800, proporciona un informe similar al de Pinel, de conductas igualmente aberrantes y un proceso de pensamiento también impecable.[20] A los perpetradores de tales actos Rush les otorga una «depravación moral innata prodigiosa», en la cual «probablemente se encuentre una organización original defectuosa de aquellas partes del cuerpo que se hallan ocupadas por las facultades morales de la mente».

«La voluntad», continúa, podría estar desquiciada incluso en «muchos casos de personas de claro entendimiento... convirtiéndose la voluntad en involuntario vehículo de acciones malvadas, a través de la instrumentalidad de las pasiones».

Anticipaba la moderna neurociencia unos doscientos años. El tsunami neural de la locura, en otras palabras, no tenía por qué romper apocalípticamente en las costas cristalinas de la lógica. Se puede estar perfectamente cuerdo y nada cuerdo, a la vez.

Adelantemos un siglo y medio más, y al otro lado del Atlántico, en el Colegio Médico de Georgia, el médico americano Hervey Cleckley proporciona un inventario mucho más detallado de *la folie raisonnante*. En su libro *La máscara de la cordura*, publicado en 1941, Cleckley recoge el siguiente retrato robot del psicópata, algo ecléctico.[21] El psicópata, observa, es una persona inteligente, caracterizada por pobreza de emociones, ausencia de sentido de la vergüenza, egocentrismo, encanto superficial, ausencia de culpa, ausencia de ansiedad, inmunidad al castigo, impredecibilidad, irresponsabilidad, capacidad de manipulación y un estilo de vida transeúnte en lo interpersonal: en gran medida, la imagen del trastorno que tienen los médicos de hoy en día (aunque con la ayuda de programas basados en investigaciones de laboratorio y el desarrollo de técnicas como EEG y MRI, ahora estamos empezando a comprender un poco mejor por qué).

Pero intercaladas en el retrato de Cleckley se hallan las pinceladas de lo que nos parece un genio. Se describe al psicópata como alguien que tiene «ingenio y agilidad... mental», que «entretiene al hablar», y que posee «un encanto extraordinario».

En un fragmento memorable, Cleckley describe el funcionamiento más íntimo de las mentes de esos camaleones sociales, de la vida del día a día detrás de la helada cortina de la ausencia de sentimientos:

> El [psicópata] está poco familiarizado con los hechos o datos que podrían llamarse valores personales, y es completamente incapaz de entender esos asuntos. Resulta imposible para él poner el menor interés en la tragedia o la alegría o la lucha de la humanidad tal y como se presenta en la literatura o el arte serios. También es indiferente a todos esos asuntos en la propia vida. La belleza y la fealdad, excepto en un sentido muy superficial, bondad, maldad, amor, horror y humor no tienen sentido auténtico para él, ni poder para conmoverle.
>
> Además, carece de la habilidad para ver lo que conmueve a los demás. Es como si fuera ciego a los colores, a pesar de su aguda inteligencia, a ese aspecto de la existencia humana. No se le puede explicar, porque no hay nada en su órbita de conciencia que pueda saltar el abismo de la comparación. Puede repetir las palabras y decir con mucha labia que sí lo entiende, y no hay forma de que se dé cuenta de que no lo entiende.

El psicópata, como se ha dicho, conoce la letra de las emociones, pero no la música.

Vi un claro ejemplo de lo que decía Cleckley en uno de mis primeros encuentros con un psicópata. Joe tenía veintiocho años, más guapo que Brad Pitt y con un coeficiente intelectual de 160. No se puede comprender por qué sintió la necesidad de golpear a aquella chica y dejarla sin sentido en un aparcamiento, llevarla en coche en medio de la oscuridad hasta las afueras de una ciudad del norte, violarla repetidamente a punta de cuchillo, luego cortarle la garganta y arrojarla boca abajo a un contenedor en un polígono industrial desierto. Más tarde se encontraron trozos del cuerpo en su guantera.

En una sala de interrogatorios aséptica y sin ventilación, que olía vagamente a desinfectante, me senté frente a Joe, a un millón de kilómetros y cinco años de su campo de la muerte municipal y obrero. Me interesaba saber cómo tomó las decisiones, la posición aleatoria de la brújula moral de su cerebro. Y tenía un arma secreta, un truco psicológico en la manga, para averiguarlo. Le planteé el siguiente dilema:

Un brillante cirujano de trasplantes tiene cinco pacientes. Cada uno de los pacientes necesita un órgano distinto, y cada uno de ellos morirá si no tiene ese órgano. Desgraciadamente, no hay órganos disponibles para realizar los trasplantes. Un transeúnte joven y sano, que pasaba por allí, acude a la consulta del cirujano para un chequeo rutinario. Mientras realiza el chequeo, el médico descubre que sus órganos son compatibles con los cinco pacientes moribundos que tiene. Supongamos además que si el joven desaparece, nadie podría sospechar del médico. ¿Tendría derecho ese cirujano a matar al joven para salvar a sus cinco pacientes?

Este dilema moral fue planteado por primera vez por Judith Jarvis Thomson, autora del experimento del hombre gordo y el vagón descontrolado del que habíamos hablado en el capítulo 1.[22] Aunque puede dar pie a muchas conversaciones, es un dilema muy fácil de resolver para la mayoría de la gente. Sería moralmente reprensible que el médico le quitara la vida al joven. Ningún médico tiene derecho a matar a un paciente, por muy humana o compasiva que pueda parecer la justificación en el momento. Sería un asesinato, sencillamente. ¿Pero qué opinaría Joe del asunto?

«Ya veo dónde está el problema», me comentó, con naturalidad, cuando se lo pregunté. «Si se trata sencillamente de hacer las cuentas, la cosa está muy clara, ¿verdad? Matas al tipo y salvas a los otros cinco. Es puro utilitarismo... El truco es no pensárselo demasiado. Si yo fuera el médico, no me lo pensaría ni un segundo. Cinco por el precio de uno, ¿no? Cinco buenas noticias... quiero decir, ¿qué pasa con las familias de esa gente? Y en cambio una sola cosa mala. Es un buen trato. ¿Verdad?»

«Calculan las emociones mediante números», me dijo un psiquiatra forense muy experto, mientras hablábamos de psicópatas en su consulta.

En el caso de Joe parecía que era así, literalmente.

### Crisis de identidad

Los poderes de persuasión de un psicópata son incomparables; sus habilidades psicológicas para reventar cajas fuertes, legendarias. Y Joe, el asesino, el violador, con su mirada azul celeste y su coeficiente a nivel de genio, no era ninguna excepción a la regla. De hecho, curiosamente, cuando se habla con un psicópata en una entrevista, puede resultar difícil de creer que haya algo malo en ellos... si no lo tienes bien claro. Y ése es uno de los motivos por los cuales dar con una clasificación precisa del trastorno, en la cual todo el mundo esté de acuerdo, ha resultado tan difícil a lo largo de los años.

Llevamos tres décadas desde que la psicopatía obtuvo su carta de naturaleza. En 1980, Robert Hare (a quien ya conocimos en el capítulo 1) desveló la Lista de Control del Psicópata, la prueba inaugural (y para muchos, todavía la mejor) para detectar la presencia del trastorno.[23] La Lista de Control (que en 1991 sufrió una reforma, y desde entonces recibió el nuevo nombre de Lista de Control de Psicopatía Revisada (PCL-R)[24] comprende un cuestionario con veinte preguntas y una puntuación máxima de 40 puntos (en cada paso, un individuo puede anotar 0 puntos, «no se identifica», 1, «se identifica un poco», o 2 «se identifica plenamente»), y fue desarrollada por Hare sobre la base de sus propias observaciones clínicas y las observaciones hechas previamente por Hervey Cleckley en Georgia.

La mayoría de nosotros obtenemos en torno a un 2. El nivel de entrada para los psicópatas es 27.[25]

Quizá no resulte sorprendente, dada la forma en que les gusta hacer las cosas a los teóricos de la personalidad, que las 20 preguntas que forman el PCL-R, igual que las 240 que forman el NEO, se hayan sometido en numerosas ocasiones a esa barajada estadística que es el análisis factorial. El resultado del juego ha variado a lo largo de los años, pero la actividad reciente de un cierto número de psicólogos clínicos sugiere que, exactamente igual que existen cinco dimensiones principales del espacio de la personalidad en general, en la nebulosa espectral de los psicópatas, alojada mercurialmente en su interior, acechan cuatro dimensiones fundamentales (véase la tabla 2.4).[26]

| *Preguntas interpersonales* | *Preguntas afectivas* | *Preguntas estilo de vida* | *Preguntas antisociales* |
|---|---|---|---|
| Labia, encanto superficial | Falta de remordimientos o culpa | Necesidad de estímulos/ propenso al aburrimiento | Escaso control de la conducta |
| Sentido exagerado de la valía propia | Afecto poco profundo | Estilo de vida parasitario | Problemas de conducta tempranos |
| Mentira patológica | Insensible/ carece de empatía | Falta de objetivos realistas, a largo plazo | Delincuencia juvenil |
| Astuto/ manipulador | Incapacidad de aceptar la responsabilidad por los actos propios | Impulsividad | Revocación de la libertad condicional |
| | | Irresponsabilidad | Versatilidad criminal |

*Tabla 2.4. Modelo de cuatro factores del PCL-R (de Hare, 2003).*

La psicopatía, en otras palabras, es un trastorno con múltiples componentes interrelacionados que oscilan discreta e independientemente entre un cierto número de gamas distintas: interpersonal, emocional, estilo de vida y antisocial... un buen brebaje de restos de personalidad.

Pero ¿cuál de esas gamas es la más importante? Alguien que obtiene una puntuación elevada en elementos antisociales de la lista, por ejemplo, y más baja digamos en la dimensión interpersonal, ¿es más o menos psicópata que alguno cuyo perfil es justo el contrario?

Preguntas como ésta salen a la superficie regularmente en la batalla por la psique del psicópata, en las zonas de combate empíricas y diagnósticas de la definición clínica. Tomemos por ejemplo la lista del DSM de trastornos de personalidad antisocial (ASPD), una zona de importancia estratégica particular en los asuntos epidemiológicos. La línea oficial, establecida por la Asociación Psiquiátrica Americana, es que el ASPD y la psicopatía son sinónimos, de hecho. El ASPD se define como un «modelo dominante de falta de atención y violación de los derechos de los demás que empieza en la niñez o adolescencia temprana, y continúa en la edad adulta». El individuo debe tener dieciocho años o más, mostrar pruebas de trastorno de conducta[27] antes de los quince años, y presentar al menos tres de los criterios siguientes:

1. Incapacidad de adaptarse a las normas sociales con respeto a conductas legales, como indica la realización repetida de actos que son susceptibles de arresto.
2. Engaño, como indican las mentiras repetidas, el uso de alias o engañar a otras personas para su beneficio o placer personal.
3. Impulsividad o incapacidad de planear.
4. Irritabilidad y agresividad, indicada por repetidas peleas o ataques físicos.
5. Desprecio imprudente por la seguridad propia o la de otros.
6. Irresponsabilidad continuada, indicada por la incapacidad reiterada de mantener una conducta de trabajo coherente o hacer honor a sus obligaciones financieras.

7. Falta de remordimientos, indicada por indiferencia o racionalización tras haber herido, maltratado o robado a otros.

Pero ¿es todo esto en realidad lo mismo que psicopatía? Muchos teóricos alegan que no es así... y que aunque ambas cosas se solapan, ciertamente, la diferencia fundamental reside en caprichos insidiosos en el énfasis: en el desequilibrio manifiesto entre el maremágnum de temas «conductuales» o criterios «socialmente anormales» que caracterizan al ASPD, y la discapacidad «afectiva» fundamental, esa penumbra emocional que huele a psicópata.

Las ramificaciones, ya sean estadísticas o de otro tipo, no carecen de consecuencias. En poblaciones carcelarias, el ASPD es el equivalente psiquiátrico del resfriado común,[28] con nada menos que un 80 a 85 por ciento de criminales encarcelados, según Robert Hare, que responden a los requisitos de este trastorno. Contrastemos esto con una tasa de solo un 20 por ciento de psicópatas. Además, esa minoría del 20 por ciento pega muy bien por encima de su peso.[29] En torno al 50 por ciento de los crímenes más graves que se tienen registrados, como el asesinato y la violación en serie, por ejemplo, los cometen psicópatas. Y siguen cometiéndolos psicópatas.

Estudios que comparan las tasas de reincidencia entre prisioneros psicópatas y no psicópatas revelan que la probabilidad de que vuelvan a delinquir es tres veces mayor entre los primeros que entre los segundos, al cabo de un periodo de solo un año.[30] Si introducimos el factor violencia en la ecuación, la curva se eleva mucho más aún. Es hasta cinco veces más probable que el psicópata golpee, viole, mate o mutile y acabe de nuevo entre rejas. Sería más preciso decir que la relación entre el ASPD y la psicopatía es asimétrica. Por cada cuatro personas que tienen diagnosticado el ASPD, podemos tener un psicópata entre manos. Pero cada individuo que presenta psicopatía también presenta ASPD por defecto.

**Una diferencia mortal**

Para aclarar un poco mejor, quizá, la diferencia entre ambos síndromes, consideremos los dos casos siguientes:

Caso 1

Jimmy tiene treinta y cuatro años y ha sido sentenciado a cadena perpetua por asesinato.[31] Siempre ha tenido muy mal genio, y se metió en una pelea en un bar que acabó con una herida mortal en la cabeza. En general, Jimmy es popular en la cárcel, se mantiene apartado de los conflictos y con la cabeza baja. La primera impresión que da es la de una persona inmadura y despreocupada, que se lleva bien tanto con los guardianes como con sus compañeros presos.

El expediente criminal de Jimmy (que consiste en una media docena de delitos) empezó a los diecisiete años, cuando le arrestaron por robar en una tienda, aunque antes, según sus padres, las cosas ya iban de mal en peor. Un par de años antes, cuando Jimmy tenía quince, empezó a meterse en problemas tanto en casa como en el colegio. Llegaba tarde por la noche, se unió a una conocida banda local, mentía habitualmente, se metía en peleas, robaba coches y cometía actos vandálicos.

Cuando cumplió los dieciséis, Jimmy dejó el colegio y empezó a trabajar en unos conocidos grandes almacenes, cargando camiones. También empezó a beber mucho y robaba de vez en cuando en el almacén para «ir tirando». Tenía problemas para administrar el dinero, y llegar a fin de mes a menudo suponía un gran esfuerzo, de modo que empezó a traficar con marihuana. Un par de años más tarde, tres meses después de cumplir los dieciocho, salió en libertad provisional y se trasladó a vivir con su novia.

Después de perder el empleo y algunos otros que tuvo posteriormente, Jimmy empezó a trabajar en un garaje. A pesar de las peleas constantes por la bebida, el tráfico de drogas y sus hábitos de gasto, la relación con su novia siguió más o menos durante un tiempo. Tuvo un par de aventuras, pero Jimmy puso fin a ambas. Decía que se sentía culpable. Y también le preocupaba que su novia se enterase y le abandonara.

Luego, el asunto de la bebida se le empezó a ir de las manos. Una noche, en el pub local, Jimmy se metió en una pelea. El personal del bar intervino rápidamente y echaron a Jimmy. Normalmente se habría ido sin armar escándalo. Pero aquella vez, sin saber por qué motivo, no fue capaz de «dejarlo correr». De modo que cogió un taco de billar y lo estampó en la cabeza de otro hombre, por detrás, con tanta fuerza que el taco se rompió. Un golpe que, desgraciadamente, causó una hemorragia cerebral masiva.

Llegó la policía y Jimmy confesó en el acto. En el juicio se declaró culpable.

Caso 2

Ian tiene treinta y ocho años y cumple una sentencia de cadena perpetua por asesinato. Una noche paró ante un motel para comer algo, y acabó disparando a la recepcionista a quemarropa para robarle el dinero de la caja registradora. En prisión es conocido por estar muy implicado tanto en el consumo como en el tráfico de drogas, y también en otras formas de crimen organizado. Es encantador y optimista cuando hablas con él, o al menos al principio. Pero a menudo las conversaciones con él acaban adoptando un giro violento o sexual, un hecho que han observado los miembros femeninos del personal de la prisión. Ha tenido muchos empleos en su sala desde que entró, pero su falta de fiabilidad, combinada con su agresividad explosiva (a menudo cuando no consigue salirse con la suya), han conducido a un historial laboral bastante accidentado. Si se les pregunta a sus compañeros de prisión qué piensan de él, la mayoría admiten sentir una mezcla de temor y respeto. Es una reputación de la que él disfruta.

El expediente criminal de Ian empezó a los nueve años, cuando robó algo de equipo informático para su club juvenil local. Rápidamente pasó al intento de asesinato de un compañero de clase cuando tenía once. Cuando Ian se enfrentó a él en los lavabos del colegio, el chico se negó a darle el dinero que llevaba para la comida, de modo que Ian le puso una bolsa de plástico tapándole la cabeza e intentó asfixiarle en uno de los cubículos. De no haber sido por la intervención de un profesor, dice Ian, se habría «asegurado de que aquel hijo de puta no volviera a necesitar más dinero». Recordando aquel incidente menea la cabeza y sonríe.

Al dejar el colegio, Ian pasó la mayor parte del tiempo entrando y saliendo de diversas prisiones de seguridad. Su proclividad al crimen era versátil: estafas, hurto en tiendas, robo, atraco en la calle, lesiones graves, incendio provocado, tráfico de drogas, proxenetismo. Incapaz de mantener un trabajo durante más de un par de semanas seguidas, o bien exprimía a los amigos o vivía del fruto de sus delitos. Disfrutaba de una existencia transeúnte, trasladándose de sofá en sofá y de hostal en hostal. Prefería moverse en lugar de echar raíces. Mostrando una personalidad confiada, encantadora y segura de sí misma, siempre había alguien dispuesto a poner un techo encima de su cabeza, normalmente «alguna mujer» a la que engatusaba en un bar. Pero inevitablemente la cosa acababa en lágrimas.

Ian no se había casado nunca, pero había tenido una serie inacabable de novias. Su relación más larga duró seis meses, y como todas las demás, estuvo salpicada de peleas violentas. En cada ocasión, era Ian quien se trasladaba a la casa de su pareja, en lugar de ser al revés. Y en cada ocasión se «enamoraban perdidamente» de él. Las aventuras eran habituales. De hecho, Ian tenía problemas para recordar un tiempo en que no hubiera tenido, como él decía, «más de una chica por ahí», aunque aseguraba que nunca había sido infiel. «La mayor parte de las veces vuelvo con ellas por la noche», dice. «¿Qué más quieren?».

En su juicio, las pruebas contra Ian eran abrumadoras. Sin embargo, alegó no culpabilidad, y hasta el día de hoy sigue manteniendo su inocencia. Cuando se leyó el veredicto ante el tribunal, él sonrió en dirección a la familia de la víctima e hizo un gesto obsceno hacia el juez mientras se lo llevaban del banquillo.

Desde que está en prisión, Ian ha presentado dos apelaciones contra su sentencia. Tiene una confianza absoluta, a pesar de las repetidas protestas en sentido contrario de su abogado, en que su caso será revisado y en que acabarán por revocar el veredicto.

Repite: el champán está en hielo.

Así que usted es el clínico, e Ian y Jimmy son compañeros de celda. Están sentados en el pasillo esperando la consulta. ¿Cree usted que podría identificar al psicópata entre los dos? Aparentemente podría parecer difícil. Pero echemos un vistazo de nuevo a los criterios del ASPD. Ambos muestran una incapacidad de adaptarse a las normas sociales. Y ambos tienen tendencia hacia un mal control de su conducta, hacia la impulsividad, la agresividad y la irresponsabilidad. Un diagnóstico claro, diría.

Pero ahora examinemos el historial psicopático. ¿Necesidad de estímulos y estilo de vida parasitario? Más Ian que Jimmy, diría yo. Sin embargo, cuando llegamos a la emoción, o más específicamente a su carencia, es cuando la «máscara de cordura» de Ian empieza a caer. Encantador, grandilocuente, manipulador, carente de empatía y de culpabilidad... A Ian se le da muy bien la psicopatía, es casi como si hubiera estado practicando. Como si acabara de salir de una escuela de graduados en psicopatía superior.

Con honores.

El ASPD es la psicopatía con emoción añadida. La psicopatía es un vacío emocional.

### Omisión criminal

Que la psicopatía no pase el examen de los custodios del DSM es un acto de omisión intrigante. El motivo más citado para esa exclusión curiosa y llamativa es que supuestamente no se puede detectar... eso y una supuesta sinonimia con el ASPD. La culpa, el remordimiento y la empatía no son, quizá, los constructos más fáciles de medir. De modo que mejor adherirse a una conducta observable si no queremos que el espectro de la subjetividad levante la cabeza.

Eso es problemático, en el mejor de los casos... a todos los niveles. Para empezar, hay estudios que revelan que las tasas de concordancia entre clínicos son bastante elevadas, en lo que respecta al PCL-R.[32] La escala, para usar la terminología adecuada, tiene una buena «fiabilidad interobservador». Y además, como me han dicho algunos psiquiatras expertos, «se puede oler a un maldito psicópata nada más entrar por la puerta».

Pero no es éste el único punto conflictivo. El enigma de la identidad psicopática, de la que oculta precisamente la máscara de cordura, ha dado otro pequeño giro fenomenológico mediante una incómoda observación que da un poco mejor en el blanco. No todos los psicópatas están entre rejas. La mayoría, parece ser, están fuera, en sus centros de trabajo. Y a algunos de ellos en realidad les va bastante bien. Los llamados psicópatas «de éxito», como los que estudia Scott Lilienfeld, suponen un problema para el ASPD y también para los que proponen el PCL-R. Un estudio reciente llevado a cabo por Stephanie Mullins-Sweatt en la Universidad Estatal de Oklahoma[33] presentaba a abogados y psicólogos clínicos una descripción prototípica de un psicópata. Después de leer el perfil, pusieron en un compromiso a los dos grupos de profesionales. Mullins-Sweatt quería saber si eran capaces de recordar a alguien que conociesen, pasado o presente, que según su opinión personal cuadrase con esa descripción (y que, ni que decir tiene, tuviera éxito en su carrera). Si era así, ¿podían evaluar la personalidad de ese sujeto con una prueba de los Cinco Grandes?

Los resultados fueron muy interesantes. Haciendo honor a las expectativas, los psicópatas de éxito —convocados, entre otros, en el mundo de los negocios, el mundo académico y la policía—[34] surgieron más nefandos y ruines que nunca. Igual que a sus homólogos, los que no habían tenido éxito, se los describía en términos generales como «deshonestos, explotadores, sin remordimientos, con mínima culpabilidad, arrogantes y vacíos».

Ninguna sorpresa.

Pero cuando llegaron a los Cinco Grandes, la similitud continuó. Igual que en el estudio de Donald Lynam, en el cual los expertos asumieron el papel de clasificadores, los psicópatas de éxito, como sus prototípicos alter egos, quedaban retratados (hipotéticamente) con elevadas puntuaciones en las dimensiones de seguridad en sí mismo, búsqueda de emoción y actividad... y bajas en las dimensiones de afabilidad, como altruismo, docilidad y modestia. Además, con la excepción de la autodisciplina (en la cual los psicópatas sin éxito se estrellaban, y sobresalían en cambio los psicópatas de éxito), los perfiles de responsabilidad también convergían en ambos grupos obteniendo el máximo en competencia, orden y esfuerzo por lograr los objetivos.

Todo esto nos plantea la pregunta: ¿dónde reside la diferencia crucial? ¿Gira acaso el eje de la disparidad entre psicópatas sin éxito y con éxito, entre presidentes y pedófilos, única y exclusivamente en torno a la autodisciplina? Como todo lo demás es igual, tal posibilidad quizá aportase algo de luz. La capacidad de posponer la gratificación, de reprimir el deseo de salir corriendo (y desde luego también el hecho de salir corriendo), podría inclinar la balanza alejándola de la actividad criminal hacia un estilo de vida más estructurado, menos impulsivo y antisocial.

Pero la cuestión de la actividad criminal surge por sí misma. En ambos casos, el PCL-R y los criterios para el ASPD establecidos en el DSM, la «versatilidad criminal» y la «realización repetida de actos que son susceptibles de arresto», constituyen, respectivamente, factores diagnósticos clave para determinar la psicopatía. Síntomas, en otras palabras. Y sin embargo, como ilustra el estudio de Mullins-Sweatt, ninguno de esos dos artículos se aplica necesariamente a la rama de la especie que tiene éxito. Es perfectamente posible ser un psicópata y no ser un criminal.

De modo que a los psicópatas de éxito, ¿les falta algo? ¿Les falta una sinapsis neuronal, comparados con sus homólogos más famosos y nefastos? Es difícil saberlo. Pero hace quince años, intentando hacer justamente eso, un hombre se enfrentó a esa ardua tarea. Y juntos nos enfrentamos a una montaña de tacos de caimán en una taberna del centro de Atlanta.

### La carretera que conduce a la psicopatía

En 1996, Scott Lilienfeld y su colaborador Brian Andrews estaban en proceso de encarar exactamente ese mismo acertijo. Como investigador experimentado en el terreno, con unos cuantos psicópatas ya en su haber, Lilienfeld había dado con una conclusión definitiva, aunque sorprendente. En lo concerniente a la constitución original del trastorno —el concepto tradicional de lo que significa en realidad ser un psicópata, que estableció el padre fundador, Hervey Cleckey—, el PCL-R y otras medidas clínicas se comportaban de una manera bastante extraña. A lo largo de los años, se dio cuenta Lilienfeld, el espectro del diagnóstico se había ido ampliando. Centrado al principio en los rasgos de personalidad que sustentan el trastorno, el énfasis ahora parecía encontrarse igual, o incluso más, en los actos antisociales. El circo del psicópata se ha atascado en el barro de la medicina forense.

Como ejemplo adecuado, Lilienfeld y Andrews citaban la intrepidez. En su estudio original, allá por 1941, Cleckley mantenía que los bajos niveles de ansiedad constituían uno de los rasgos más auténticos del psicópata, un rasgo fundamental del síndrome. Sin embargo, ¿dónde encajaba con precisión ese aspecto en el tejido del PCL-R? Además de tales omisiones, Lilienfeld detectó una diferencia teórica importante entre las formas en que diversos sectores de la comunidad clínica y de investigación veían la psicopatía: una división al estilo de la vieja escuela entre dos tradiciones analíticas, entre los medios cualitativos y psicológicos y los cuantitativos y conductuales.

Parecía que habían surgido dos campos distintos de la armazón epistemológica. En uno de ellos estaban los partidarios de Cleckley, cuya principal zona de interés se encontraba en la primera capa de la personalidad, mientras que en el otro se encontraban instalados los behavioristas, en deuda con el DSM y el evangelio del ASPD, que tendían a centrarse, por el contrario, en el formulario criminal. Tal cisma, ni que decir tiene, no era propicio para ninguna investigación empírica coherente ni consenso diagnóstico alguno. Un individuo que, por una parte, poseyera todos los requisitos necesarios de la personalidad psicopática, pero que por la otra no participase en recurrentes conductas antisociales (uno de la variedad «subclínica» de Mulllins-Sweatt, por ejemplo) sería declarado psicópata por los defensores del enfoque basado en la personalidad, pero según establecían Lilienfeld y Andrews, sería rechazado y puesto de patitas en la calle por sus opuestos behavioristas, creyendo que los actos son los que hablan, y no las palabras.

Y la dinámica funcionaba en ambos sentidos. Como vimos con Ian y Jimmy, no todo el mundo que se dedica a actividades criminales es un psicópata. De hecho, solo es una pequeña minoría. Había que hacer algo para asimilar esos marcos rivales, para alinear esas perspectivas tan enormemente distintas.

Y Lilienfeld y Andrews encontraron la respuesta.

El *Inventario de Personalidades Psicopáticas* (PPI, por sus siglas en inglés)[35] consta de 187 preguntas. No es exactamente el cuestionario más ágil del mundo. Pero la naturaleza de su asunto tampoco es ágil. Ocho dimensiones distintas de la personalidad convergen en ese mamotreto psicométrico, que se convierte por tanto en una de las pruebas de psicopatía más exhaustivas que se han creado jamás. Resulta interesante que nuestro viejo amigo, el análisis factorial, nos descubra un modelo familiar. Esos ocho estados satélite independientes de la personalidad psicopática: egocentrismo maquiavélico (ME); inconformismo impulsivo (IN); externalización de la culpa (BE); despreocupación y falta de planificación (CN); audacia (F); potencia social (SOP); inmunidad al estrés (STI), y frialdad (C) se dividen y reformulan de nuevo a lo largo de tres ejes superiores:

1. Impulsividad centrada en el yo (ME + IN + BE + CN)
2. Dominación y audacia (SOP + F + STI)
3. Frialdad (C)

y revelan, en el residuo estadístico, en cuanto se han posado las nubes de polvo matemático, el ADN estructural de una psicopatía pura y sin adulterar. Ése era el genoma que Cleckley había secuenciado originalmente, sin empañar por el tiempo, sin manchar por transgresión alguna. Y prácticamente cualquiera podía demostrar que un resultado era positivo.

Fluye el tequila. Y mientras vamos degustando los tacos, Lilienfeld me explica qué significa realmente, en términos del núcleo de la personalidad, ser considerado psicópata.

Hace referencia la base empírica que hay detrás del desarrollo del PPI: «El problema que existía entonces con las medidas existentes para el síndrome era que la mayoría de las poblaciones se consideraban criminales o delincuentes. Sin embargo, sabemos que las personas con rasgos psicopáticos funcionan perfectamente bien en el "exterior", y que algunos de ellos incluso obtienen un éxito extraordinario. La intrepidez, la fortaleza mental, el carisma, la concentración, la capacidad de persuasión y la frialdad bajo presión son cualidades, por así decir, que distinguen a los hombres triunfadores, en general. De modo que de alguna manera teníamos que saltar ese abismo que existía entre los psicópatas encarcelados, "forenses", y sus homólogos de élite y alto rendimiento. La carretera general hacia la psicopatía estaba ya bien establecida. Pero ¿y las secundarias?

»Razonamos que la psicopatía en realidad era un espectro. Y no hace falta decir que algunos de nosotros damos una puntuación alta en algunos rasgos, pero no en otros. Usted y yo podemos sacar la misma puntuación global en el PPI. Sin embargo, nuestros perfiles con respecto a las ocho dimensiones constituyentes pueden ser completamente distintos. Usted podría dar muy alto en despreocupación y falta de planificación, pero también muy bajo en frialdad. Yo en cambio podría ser todo lo contrario.»

La idea de Lilienfeld de que la psicopatía es un espectro parece muy interesante. Si la psicopatía se conceptualiza como una extensión de la personalidad normal, se sigue lógicamente que la psicopatía misma debe ser medible. Y que más o menos cantidad de ella en un contexto dado podría conferir considerables ventajas. Tal premisa no carece de precedentes en los anales de la disfunción mental (si es que la psicopatía *es* realmente disfuncional, dados sus beneficios en determinadas condiciones). El espectro autista, por ejemplo,[36] se refiere a un continuo de anormalidad en la interacción social y la comunicación que varía desde graves discapacidades en el extremo más «hondo» (los silenciosos, mentalmente discapacitados y encerrados en conductas estereotípicas como mover la cabeza o balancear el cuerpo, por ejemplo) hasta una leve interferencia en el extremo más «superficial»: individuos de alto rendimiento con estrategias personales activas aunque claramente extrañas, intereses centrados de una manera muy reducida y una excesiva preocupación por la «uniformidad», las reglas y los rituales.

Menos familiar, quizás, pero igualmente pertinente es el espectro esquizofrénico.[37] La investigación sobre el constructo de la esquizotipia sugiere que las experiencias psicóticas de una forma u otra (normalmente, de la variedad más inofensiva y menos angustiosa) son relativamente comunes entre la población como conjunto, y que más que verse como padecimiento unitario (o lo tienes o no lo tienes), la esquizofrenia debería ser contemplada como un trastorno dimensional, con cortes arbitrarios entre lo normal, lo raro y lo enfermo. Dentro de ese marco, los síntomas del trastorno de personalidad esquizotípico (creencias extrañas, modelos de habla raros, estilo interpersonal excéntrico) se interpretan en gran medida como las pendientes iniciales del macizo central de la esquizofrenia. Exactamente igual que con la psicopatía, en las alturas medias y bajas, el «trastorno» es perfectamente manejable. Benéfico incluso, en algunos contextos (el nexo entre esquizotipia y creatividad está bien establecido). Pero por encima y más allá del límite, la situación se vuelve cada vez más peligrosa.

Tal aproximación al enigma de los trastornos mentales tiene un atractivo intuitivo, de sentido común. La suposición inquietante de que todos estamos un poquito chiflados es difícil de ignorar. Sin embargo, en lo que se refiere a la psicopatía y el desenlace dimensional de un espectro psicopático, Scott Lilienfeld ciertamente no ha conseguido salirse con la suya del todo. Hay algunos que discrepan de su solución de la escala móvil, y tienen pruebas a su vez que la invalidan. El más importante de todos ellos es un hombre llamado Joseph Newman.

## Lo que no sabes, no puede hacerte daño

Joe Newman es profesor de psicología en la Universidad de Madison en Wisconsin, y una hora en su despacho es como sentarse en un túnel de viento psicológico, como bajar con una balsa por los rápidos de la ciencia cognitiva. Durante casi treinta años, Newman ha ido entrando y saliendo de algunas de las prisiones más duras del Medio Oeste. No como preso, por supuesto, sino como uno de los investigadores más intrépidos del mundo, trabajando con psicópatas muy por encima del límite de la disfunción. Aunque se ha aclimatado desde hace mucho tiempo a esas patologías duras e implacables, hay veces, reconoce, incluso hoy en día, que todo le resulta demasiado difícil.

Recuerda, por ejemplo, un incidente que ocurrió hace unos pocos años, con un hombre que marcaba 40 en el PCL-R. Que como recordarán, es lo máximo que se puede obtener. Y es muy raro. Aquel hombre era un psicópata «puro».

—Normalmente, hay un momento en la entrevista en el que nos gusta presionar un poco a la gente —me dice Newman—. Ya sabe: desafiarles. Comprobar su reacción. Pero cuando lo hicimos con este hombre (que hasta entonces había sido una persona muy agradable: encantador, divertido, con mucha personalidad) en sus ojos se reflejó esa mirada fría, como desoladora, difícil de describir, pero que reconoces cuando la ves, que parece decir: «¡Retiraos!» ¿Y sabe una cosa? ¡Lo hicimos! Nos asustó a muerte.

Newman reconocía que él mismo a veces tenía esa misma mirada. Estuvo casi a punto de decirme que para reconocerla tienes que ser un poco así. Pero al criarse en las malas calles de Nueva York, le habían atacado con cuchillos, pistolas y todo tipo de armas. Sin rastro alguno de ironía, él dice que agradece todo eso. Fue una preparación para las cosas que encontraría luego en el mundo académico.

Newman es mucho más sobrio que la mayoría en lo que respecta a los criterios de selección para un psicópata. «Mi preocupación fundamental es que la etiqueta [de psicópata] se aplica con demasiada liberalidad, y sin una comprensión suficiente de los elementos clave —susurra con tono suave, casi como disculpándose—. Como resultado, las puertas están abiertas prácticamente a cualquiera, y el término se aplica a menudo a criminales normales y corrientes y delincuentes sexuales cuya conducta puede reflejar sobre todo factores sociales, o bien otros problemas emocionales, que responden mucho mejor al tratamiento que la psicopatía.»

De manera similar, se muestra muy de acuerdo con la idea de que los psicópatas existen fuera del firmamento criminal, a menudo desenvolviéndose muy bien en profesiones que podrían resultar sorprendentes para aquellos menos versados en los entresijos de la personalidad psicopática, como cirujanos, abogados y mandamases de las empresas, por ejemplo. «La combinación de baja aversión al riesgo y falta de culpabilidad o remordimientos, los dos pilares fundamentales de la psicopatía —aclara—, pueden conducir, dependiendo de las circunstancias, a una carrera de éxito ya sea en el delito o en los negocios. A veces, en ambas cosas.»

De modo que en ese sentido no hay problema. Pero Newman se muestra en desacuerdo cuando llega al tema de la causa subyacente o etiología del trastorno. La sabiduría tradicional sostiene que los psicópatas son incapaces de experimentar el miedo, la empatía y otras muchas emociones, cosa que anestesia su cognición social y que, a su vez, les hace absolutamente incapaces de aceptar tales sentimientos en aquellos con los que están en contacto. Esa postura, adoptada entre otros por el pope de la psicopatía James Blair, en el Instituto Nacional de Salud Mental de Bethesda, implica una disfunción neural, específicamente en relación con la amígdala, el ejecutivo de las emociones del cerebro, más un cierto número de estructuras conectadas estrechamente con ella: el hipocampo, el surco temporal superior, el córtex fusiforme, el córtex cingulado anterior y orbitofrontal, por ejemplo... como causa primaria del síndrome, como base biológica fundamental detrás de ese dúo psicopático estándar: acompañamientos conductuales de una profunda discapacidad emocional y acciones antisociales repetidas.

Pero Newman tiene otras ideas. Lejos de creer que los psicópatas son incapaces de sentir miedo, y que son esos seres vacíos de emociones que pinta tradicionalmente la literatura, propone, por el contrario, que en realidad sencillamente no lo notan. Imaginemos, por ejemplo, que usted es aracnófobo y que la simple idea de algo con ocho patas le da sudores fríos. En tal caso podría haber una tarántula colgando a pocos centímetros por encima de su cabeza en este preciso momento. Pero si usted no supiera que está ahí, no tendría miedo, ¿verdad? En su cerebro, sencillamente no existiría.

En un ingenioso experimento, Newman demostró que esto podría ser lo que les ocurre a los psicópatas.[38] No con las arañas, sino con la mayoría de las cosas. No sienten angustia, ni notan tal emoción en los demás, porque cuando se concentran en una tarea que les promete una recompensa inmediata, eliminan automáticamente todo lo que es «irrelevante». Tienen una «visión de túnel» emocional.

Newman y sus colegas presentaron a un grupo de psicópatas y no psicópatas una serie de imágenes mal etiquetadas, como las que se ven aquí debajo:

Figura 2.3. *Prueba de Stroop de las figuras-palabras (adaptada de Rosinski, Golinkoff & Kukish, 1975).*

La prueba, que gusta mucho a los psicólogos cognitivos, especialmente los interesados en los mecanismos subyacentes de la atención, parece bastante sencilla. Hay que nombrar la imagen, ignorando la palabra incongruente. A contrarreloj. A lo largo de una serie de pruebas consecutivas.

La mayoría de la gente, de hecho, encuentra esta prueba un poco difícil. La instrucción explícita de nombrar la imagen entra en conflicto con la necesidad de leer la palabra discrepante, una alteración de los mecanismos que conduce a la duda. Esa duda, o «interferencia de Stroop», como se la conoce (por J. R.

Stroop, el hombre que dio con este original paradigma en 1935), es una medida de la capacidad de concentración. Cuanto más rápido sea uno, más estrecho es su foco de atención. Cuanto más lento, más amplio el arco.

Si la teoría de Newman tenía algún fundamento y los psicópatas realmente sufrían del déficit (o talento) de procesamiento de la información que él mencionaba, entonces no hace falta ser una lumbrera para averiguar lo que debía ocurrir. Serían mucho más rápidos nombrando las imágenes que los no-psicópatas. Se concentrarían exclusivamente en la tarea particular que tenían ante ellos.

Los resultados del estudio no podrían haber resultado mejor. Una vez más, Newman vio que mientras los voluntarios no-psicópatas se veían completamente desbordados por las parejas discrepantes de imagen-palabra, tardando mucho más tiempo en nombrar las imágenes, los psicópatas, por el contrario, se ocupaban de la tarea con facilidad, olvidándose por completo de las molestas incoherencias.

Lo que es más, y aquí es donde las cosas empezaron a ponerse algo peliagudas para Scott Lilienfeld y el espectro psicopático: Newman ha detectado una anomalía en los datos. Un salto significativo en los patrones de respuesta una vez se alcanza un umbral crítico. Todo el mundo lo realiza más o menos igual, encuentra el mismo grado de dificultad en estas tareas, en los escalones más bajos del PCL-R. Pero en cuanto se llega al campamento base clínico psicopático, una puntuación de 28-30, la dinámica cambia espectacularmente. La población indígena de esa altitud mayor de repente lo encuentra mucho más fácil. Sencillamente, parece que no procesan los impulsos secundarios flagrantes, que para todos los demás parecen obvios.

Y no es que sean inmunes a ellos. Muy al contrario. En un estudio separado, Newman y sus colegas presentaron a psicópatas y no psicópatas una sucesión de letras en la pantalla de un ordenador.[39] Algunas eran rojas. Otras eran verdes. Y algunas eran absolutamente desagradables: a los voluntarios se les dijo que, siguiendo la disposición al azar de un número arbitrario de rojos, recibirían una descarga eléctrica. Tal y como se esperaba, cuando su atención se distraía de la perspectiva de la descarga (es decir, cuando se les pedía que establecieran si las letras aparecían en mayúscula o minúscula), los psicópatas mostraban mucha menos ansiedad que los no-psicópatas. Pero cosa increíble: cuando la perspectiva de la descarga se destacaba más (es decir, cuando a los voluntarios se les pedía explícitamente que establecieran qué color tenían las letras, rojo o verde), la tendencia, como predecían Newman y sus coautores, se invirtió. Esta vez fueron los psicópatas los que se pusieron más nerviosos.

«La gente piensa que [los psicópatas] simplemente son insensibles y no tienen miedo —dice—. Pero definitivamente, hay algo más. Cuando las emociones son su foco primario, hemos visto que individuos psicopáticos muestran una respuesta [emocional] normal. Pero cuando se concentran en cualquier otra cosa, se vuelven completamente insensibles a las emociones.»

Con una desconexión en las respuestas que aparecía precisamente en el punto del PCL-R en que las cosas adquieren una categoría clínica, el misterio de lo que es precisamente la psicopatía (si reside en un continuo o es un trastorno completamente separado) de pronto se vuelve más profundo.

¿Es la psicopatía solo una cuestión de grado? ¿O los campeones están en una liga aparte?

## Un paso pequeño, un salto de gigante

Resulta razonable asumir que la respuesta a tal pregunta debería ser blanco o negro, por su propia naturaleza. Es decir, si la psicopatía está en un continuo, entonces la trayectoria de lo bajo a lo alto, de la madre Teresa a John Wayne Gacy, debe ser lineal, y la carretera a la falta de peso moral debe ser fluida. Y si no es así, pues no: se obtienen entonces esos movimientos en picado en los modelos de datos observados por Joe Newman.

Pero la realidad, como le dirá cualquiera que haya jugado alguna vez a la loto, no es tan sencilla. Los seis números ganadores ciertamente son un continuo: un continuo que va de 1 a 6. Pero el tamaño de sus ganancias, desde un billete de diez a un bote, es una historia completamente distinta. La función es exponencial, y la relación entre los números de un continuo por un lado, y cómo se convierten (literalmente en este caso) en moneda «real» por el otro, es una cuestión de probabilidades. La posibilidad de acertar los seis números, una entre 13.983.816, no diverge de la posibilidad de acertar cinco (una entre 55.492), en el mismo grado en que cinco diverge de cuatro (una entre 1.033). No exageradamente. No demasiado. Y así, mientras en un nivel las cosas progresan predeciblemente, en resumidas cuentas, en un universo matemático paralelo, no. Lo que planifican acaba teniendo vida propia

De vuelta en el restaurante, planteé mi teoría a Scott Lilienfeld: que en realidad tanto él como Joe Newman podrían tener razón. La psicopatía podría estar dentro de un espectro. Pero en el extremo más agudo y psicopático, parece que ocurre algo indescriptible y crudo. Parece que hay un interruptor que salta.

—Ciertamente, creo que hay una manera de reconciliar las dos perspectivas —reflexiona—. El caso, indudablemente, es que los que están en el extremo de muchas clasificaciones parecen funcionar con un combustible distinto de todos los demás. Pero también depende de tu punto de partida, de si contemplas la psicopatía predominantemente como una predisposición de la personalidad o como un trastorno de procesamiento de la información. Si quieres ocuparte de las deficiencias cognitivas o de las variaciones en el temperamento. Puedes verlo en el lenguaje, en la terminología usada: trastorno, deficiencia, predisposición, variación... sería interesante oír lo que tiene que decir Joe. ¿Se lo ha planteado a él?

No lo había hecho. Pero un tiempo después lo hice.

—¿Es posible —le pregunté a Newman—, que cuanto más se aleja uno en el espectro de lo psicopático, suponiendo que exista tal cosa, más se empiecen a ver, hablando neurológicamente, los cambios graduales que ocurren? Por ejemplo, diferencias en los mecanismos de atención o los sistemas de recompensa del cerebro, que, cuanto más psicopático es un individuo, se vuelven más parecidos a un láser en su concentración, y están más preparados para la gratificación inmediata. Y aunque los resultados obtenidos en el PPI o PCL-R pueden ser lineales, la forma en que se manifiesten esos resultados en una actividad cerebral de bajo nivel, especialmente en las puntuaciones muy altas, ¿podría ser bastante distinta? ¿Podría ser, de hecho, espectacularmente exponencial?»

Entrecerró los ojos. El astuto y viejo pistolero no estaba de humor para bromas.

—Claro —afirmó—, es posible. Pero el corte clínico [del PCL-R] es de 30. Y ése, en el laboratorio, casualmente o no, es también el punto en el cual la mayor parte de la mierda empírica se topa con el ventilador cognitivo de nivel bajo.

Me sonrió y se puso un poco más de café.

—En cualquier caso —siguió—, no importa demasiado cómo lo tome. Un psicópata clínico es un espécimen muy definido. De cualquier forma son diferentes. ¿No?

# 3
# *Carpe noctem*

Yo he dado el pecho y sé
lo dulce que es amar al niño que amamantas;
cuando estaba sonriendo, habría podido
arrancarle mi pezón de sus encías
y estrellarle los sesos si lo hubiese
jurado como tú has jurado esto.

LADY MACBETH (al oír que su marido planea no seguir adelante con el asesinato del rey Duncan).

## Lo que sea de la mar, todo es azar

El 13 de marzo de 1841, el buque *William Brown* zarpó de Liverpool con destino a Filadelfia. Tras cinco semanas de viaje, la noche del 19 de abril, el buque chocó con un iceberg a 250 millas de la costa de Terranova y empezó a hundirse rápidamente. Más de treinta pasajeros y tripulantes, todavía vestidos con camisa de dormir, se subieron a un bote que podía llevar solo a siete. Con una tormenta que se avecinaba y la helada lluvia del Atlántico empezando a caer ya, pronto quedó bien claro para el segundo de a bordo, Francis Rhodes, que el bote debería ser aligerado si querían que alguien sobreviviera. La misma idea se le ocurrió al capitán, George L. Harris, que se había alojado en un esquife anexo junto con otros más. Pero rezaba para que hubiese otra forma más aceptable de solucionarlo.

—Ya sé lo que va a tener que hacer —le confió a Rhodes—. Pero no lo diga ahora. Que sea el último recurso —a la mañana siguiente partió hacia Nueva Escocia, dejando al indefenso y medio zozobrado bote librado a su destino.

El día 20, en medio de la noche, las condiciones atmosféricas empeoraron y las olas empezaron a ser más altas. Se abrió una grieta en el bote y a pesar de que achicaban frenéticamente, empezó a entrar el agua. La situación era desesperada. De modo que a las diez en punto, la noche del 20 de abril, se tomó una decisión trascendental: algunos individuos tendrían que ser pasados a cuchillo. Tal acción, razonaba Rhodes, no sería injusta con aquellos que fueran arrojados por la borda, porque seguramente habrían perecido de todos modos. Pero si, por otra parte, no osaba emprender ninguna acción, sería responsable de la muerte de aquellos a los que podía haber salvado.

Lógicamente, no todos los presentes estuvieron de acuerdo con las conclusiones de Rhodes. Los disidentes afirmaban que si no se emprendía acción alguna y todo el mundo se ahogaba como resultado de ello, entonces nadie sería responsable de las muertes. Por el contrario, afirmaban, si se proponía salvar a algunos del grupo a expensas de otros, solo podía hacerlo quitando alguna vida de modo activo, y acabaría siendo un asesino, igual que todos los demás, posiblemente. Eso constituiría un mal mucho mayor, con diferencia.

Sin dejarse conmover por estas razones, Rhodes se mantuvo en sus trece. Como su única esperanza de supervivencia residía en mantenerse a flote, sin mencionar también un titánico esfuerzo a los remos, la situación tal y como estaba resultaba insostenible, replicó. Algo, o *alguien* más bien, tenía que ceder.

—¡Que Dios me ayude! ¡Hombres, al trabajo! —exclamó Rhodes a los marineros, mientras él y un compañero de la tripulación, Alexander Holmes, se dedicaban a la espeluznante tarea de arrojar personas hacia las tumultuosas y oscuras aguas del Atlántico Norte.

Al principio los otros marineros no hicieron nada, esperando una segunda exhortación de Rhodes:

—¡Hombres! ¡Debéis emprender la tarea, o todos pereceremos!

La cuenta de los muertos empezó a elevarse. Los catorce pasajeros varones fueron sacrificados, incluidos dos que se hallaban escondidos. Solo quedaron dos hombres casados y un muchacho, más todas las mujeres excepto dos, que eran hermanas de un hombre a quien ya habían arrojado por la borda y que decidieron voluntariamente unirse a él.

Al final llegó la salvación, y los supervivientes fueron rescatados por un barco de pesca con destino a Le Havre. Y cuando llegaron a Filadelfia, presentaron una demanda ante el fiscal del distrito. El 13 de abril de 1842, casi un año después del día en que consiguió burlar al helado Atlántico, el marinero de primera Alexander Holmes fue sometido a juicio acusado de asesinato. Fue el único miembro de la tripulación a quien pudieron encontrar en Filadelfia. Y también fue el único juzgado por sus actos.

Pregunta: si *usted* hubiese estado en el jurado, ¿cómo habría evaluado este caso?

Antes de responder, déjeme que le explique por qué se lo pregunto. Hace un par de años presenté este dilema a un grupo de estudiantes universitarios varones, la mitad de los cuales daban un resultado alto en el PPI, y la mitad, bajo. A cada uno se le dio un tiempo de deliberación de tres minutos para que rumiaran el problema, y luego cada estudiante emitió su veredicto, anónimamente, en un sobre cerrado. Yo quería saber si la diferencia en la puntuación del PPI tenía alguna influencia en lo que decidían.

No me costó demasiado averiguarlo.

De los veinte voluntarios que dieron una puntuación baja en el PPI, solo uno llegó a un veredicto dentro del tiempo concedido. Los demás siguieron deliberando. Pero los veinte voluntarios que estaban en el otro extremo de la escala ofrecieron un resultado totalmente distinto. Todos se decidieron al momento, sin excepción. Y el resultado era unánime. Holmes quedaba libre.

### Pensar fuera del grupo

Si está usted intentando orientarse en el interior de este laberinto ético, no se asuste. La buena noticia es que, obviamente, no es usted un psicópata. En el juicio real, el 23 de abril de 1842, diez días después de iniciarse el proceso, al jurado le costó dieciséis horas emitir su veredicto, casi tanto tiempo como había pasado Holmes en el agua. Quizá fuera culpable de homicidio, es decir, no de asesinato. Pero bajo una tensión psicológica tal que lo bueno y lo malo habían estallado debido a la presión, volviéndose moralmente indistinguibles uno del otro. El juez condenó a Holmes a una sentencia mínima de seis meses, más una multa de 20 dólares.[1]

Como contraste, consideremos el siguiente caso del que informaba el *Daily Telegraph* en 2007:

> Dos oficiales de policía de servicio a la comunidad no intervinieron para impedir que se ahogase un niño de diez años porque «no estaban entrenados» para encargarse del incidente, según dijo hoy un oficial de policía superior. Los policías se quedaron en el borde de un estanque en un lugar pintoresco en Wigan mientras Jordon Lyon se ahogaba por intentar rescatar a su hermanastra de ocho años. Dos pescadores de 60 años saltaron al agua y consiguieron salvar a la niña, pero los policías, que llegaron al escenario poco después, no intentaron el rescate y decidieron esperar a que llegasen otros oficiales entrenados. En la investigación policial de hoy por esta muerte, los consternados padres quisieron saber por qué no se había hecho nada para salvar a su hijo. Su padrastro dijo: «No hay que estar entrenado para saltar al agua e intentar salvar a un niño que se está ahogando».[2]

A primera vista, este caso y el del marinero de primera Alexander Holmes tienen poco en común. De hecho, parecen el polo opuesto. El primero se refiere a una extraordinaria renuencia a conservar la vida; el último, a una curiosa ambivalencia hacia el hecho de salvarla. Sin embargo, si los examinamos más de cerca, surgen similitudes sorprendentes. En ambos escenarios, por ejemplo, el problema es el hecho de romper las reglas. En el asunto de Jordon Lyon, los policías se quedaron paralizados por un código de conducta, un requerimiento abrumador de acatar la disciplina. Como las focas amaestradas, se les había entrenado hasta anular sus instintos. Entrenados, se podría decir, para evitar cualquier acción para la cual *no* habían sido entrenados. En la tragedia del *William Brown*, las «normas» estaban más profundamente codificadas: eran más funcionales y más «higiénicamente éticas». Sin embargo, no eran, se podría afirmar (y algunos lo hicieron con bastante vehemencia) menos perjudiciales para las exigencias del momento. Los marineros, por así decirlo, iban exactamente en la misma barca que los policías. Atrapados en el inhóspito filo de una navaja humanitaria, tenían que actuar con rapidez y decisión, y con manifiesta indiferencia a las consecuencias de sus actos. Algunos lo hicieron mejor que otros.

Sin embargo estos dos relatos, que nos provocan incomodidad existencial, también ocultan, en su trágico fondo, una paradoja extraña. El hecho de que la conformidad está impresa en nuestros cerebros es una certeza evolutiva, desde luego. Cuando un animal gregario se ve amenazado por un depredador, ¿qué hace? Se arrima aún más al grupo. A medida que el individuo sobresale menos, las oportunidades de sobrevivir aumentan. Esto es así tanto en humanos como en otras especies. Humeando por detrás de nuestros cerebros acelerados y rebosantes de combustible se encuentran antiguas estelas darwinianas que vuelven sin cesar a los campos de la muerte de la prehistoria, brutales y sangrientos. En un experimento, por ejemplo, que ligaba lo último en redes sociales a sus orígenes primigenios y biológicos,[3] el psicólogo social Vladas Griskevicius, entonces en la Universidad Estatal de Arizona, y sus colegas comprobaron que cuando los usuarios de una sala de chat de internet se sentían amenazados, daban señales de querer «agruparse». Sus opiniones mostraban convergencia y era más probable que se amoldaran a las actitudes y opiniones de otros en el foro.

Pero está claro que hay veces en que también es cierto lo contrario: ocasiones en que la capacidad de desligarnos de las convenciones sociales y «pensar fuera del grupo» puede salvarnos la vida también. Tanto literal como metafóricamente. En 1952, el sociólogo William H. Whyte acuñó el término «groupthink» (pensamiento grupal) para conceptualizar el mecanismo por el cual los grupos estrechamente unidos, apartados de cualquier influencia externa, convergen rápidamente en posturas normativamente «correctas», volviéndose al mismo tiempo impermeables institucionalmente a la crítica: indiferentes a la oposición externa al grupo, adversos a disensiones en el interior del grupo y más confiados en su propia rectitud irreprochable. El psicólogo Irving Janis, que llevó a cabo muchos trabajos empíricos sobre el fenómeno,[4] describe así el proceso: «Un modo de pensar en el que se embarca la gente cuando está profundamente implicada en un grupo cohesionado, donde los anhelos de unanimidad del grupo superan su motivación para apreciar con realismo maneras de actuar alternativas».

Esto no conduce precisamente a la toma de decisiones óptima.

Como ejemplo oportuno, tomemos el fracaso de la lanzadera espacial *Challenger*. Bajo considerable presión política para solucionar las cosas (el Congreso, en aquella época, quería dedicar una buena porción de ingresos al apoyo del programa espacial, y una serie de problemas ya habían retrasado el lanzamiento), los científicos e ingenieros de la NASA parecían sistemáticamente inmunes a las preocupaciones que les planteó un colega, solo veinticuatro horas antes del despegue, sobre las juntas tóricas de los cohetes propulsores. Se había convenido discutir el problema con detalle en una serie de teleconferencias, pero al final se tomó la decisión, incomprensible a posteriori, de seguir adelante. El objetivo, después de todo, era que el espectáculo continuase.

Al final ocurrió el desastre. Según reveló la investigación, los malos del asunto no fueron las juntas tóricas, sino otro culpable mucho más viral, más insidiosamente carcinógeno: una psicología anticuada y asfixiante. La Comisión Rogers, un grupo de trabajo nombrado por el presidente de entonces, Ronald Reagan, para que investigase el accidente, confirmó los temores ocultos que preocupaban a los psicólogos sociales del mundo entero: que la organización y proceso de toma de decisiones de la NASA había representado un papel significativo a la hora de desencadenar la tragedia. La presión para amoldarse, el menosprecio de las advertencias, la sensación de invulnerabilidad. Todo estaba allí, claro como la luz.[5]

Entonces, la capacidad de ser autónomo, de respetar solo

las propias normas fuera del refugio normativo de la sociedad, ¿está integrada también? Hay pruebas que sugieren que así es. Y que una minoría intrépida e imperturbable ha evolucionado entre nosotros.

## Las matemáticas de la locura

Cómo ha conseguido la psicopatía encontrar un punto de apoyo en el banco genético es una cuestión interesante. Si el «trastorno» es tan poco adaptativo, ¿por qué su incidencia ha seguido siendo estable a lo largo del tiempo, con un 1-2 por ciento estimado de la población calificado como psicopático? Andrew Colman, profesor de psicología en la Universidad de Leicester,[6] tiene una respuesta igual de intrigante, una que, sospecho, estará siempre en mi corazón después de un enredo reciente con el cruce de autopistas del aeropuerto de Newark.

En 1955 se estrenaba la película *Rebelde sin causa.* Nunca se había retratado antes a la juventud rebelde e incomprendida con tanta comprensión en la gran pantalla. Pero ya basta de críticas de salón. Al menos para los teóricos del juego, una escena sobresale enormemente de todas las demás: aquella en la que Jim Stark (interpretado por James Dean) y Buzz Gunderson (interpretado por Corey Allen) corren a toda velocidad en un par de coches robados hacia un acantilado, en un juego mortal.

Pensemos en esa escena durante un momento desde el punto de vista de los conductores, dice Colman. O más bien en una versión más familiar de ella en la cual los dos protagonistas aceleran directamente el uno contra el otro en una inminente colisión frontal. Los dos tienen elección. O bien adoptan la estrategia sensata, «no psicopática», de dar un giro para evitar el accidente, o bien eligen la opción arriesgada y «psicopática» de seguir manteniendo el pie en el acelerador. Esa elección, con sus diferentes «puntos de compensación», constituye una típica situación de «tú me rascas la espalda, yo te rasco la tuya, o a lo mejor no lo hago», que podemos moldear usando la teoría del juego, una rama de las matemáticas aplicadas que intenta cuantificar el proceso óptimo de toma de decisiones en situaciones en las que el resultado no depende de los actos de las partes individuales implicadas, sino más bien de su interacción:

| | (Buzz) No psicopático | (Buzz) Psicopático |
|---|---|---|
| (Jim) No psicopático | Jim obtiene 3 puntos<br>Buzz obtiene 3 puntos | Jim obtiene 2 puntos<br>Buzz obtiene 4 puntos |
| (Jim) Psicopático | Jim obtiene 4 puntos<br>Buzz obtiene 2 puntos | Jim obtiene 1 punto<br>Buzz obtiene 1 punto |

Tabla 3.1. *Un modelo de juego teórico de la evolución de la psicopatía.*

Si Jim y Buzz adoptan ambos la opción sensata y se apartan el uno del otro, el resultado que se obtiene es que los dos obtienen la compensación que queda en segundo lugar (3). Por el contrario, si ambos son psicópatas y deciden seguir adelante, ambos se arriesgan a la muerte o al menos a recibir heridas graves. Y reciben la peor compensación (1).

Como explica Colman, sin embargo, si uno de los conductores (digamos que es Jim) opta por la precaución, mientras que Buzz resulta un «loco», aparece súbitamente un diferencial. Jim pierde puntos y obtiene la compensación de ser un «gallina» (2). Mientras Buzz tiene suerte y obtiene el botín máximo (4).

Es un microcosmos matemático de cómo sería realmente codearse con psicópatas (y con el cruce de autopistas del aeropuerto de Newark). Y funciona biológicamente: cuando se juega repetidamente en el laboratorio, mediante programas de ordenador codificados específicamente con estrategias de respuesta predeterminadas, ocurre algo muy interesante. Cuando las recompensas se convierten en unidades de aptitud darwiniana, y se asume que los jugadores que reciben una recompensa mayor dan lugar a una progenie mucho más numerosa que luego adoptará exactamente la misma estrategia que sus progenitores, la población evoluciona hasta un equilibrio estable en el cual la proporción de individuos que se comportan sistemáticamente de una manera psicopática refleja en realidad la incidencia observada del trastorno en la vida real (en torno a un uno o dos por ciento).

Quien mantenga el pie en el acelerador (quien mantenga los nervios) siempre ganará; siempre y cuando, claro, su opuesto esté cuerdo. Comportarse «irracionalmente» puede resultar racional, a veces.

En 2010, Hideki Ohira, un psicólogo de la Universidad de Nagoya,[7] y su estudiante de doctorado Takahiro Osumi, validaron la teoría de Colman. Comprobaron que los psicópatas, bajo determinadas circunstancias extraordinarias, toman mejores decisiones financieras que el resto de la gente, precisamente por el motivo que había demostrado Colman con tanta elegancia. Se comportan de una manera que de otro modo parecería irracional.

Para demostrarlo, Ohira y Osumi desplegaron el «juego del ultimátum», un paradigma usado ampliamente en el campo de la neuroeconomía que explora, hablando de una manera general, la forma en la que evaluamos las ganancias, sobre todo monetarias, pero también de otros tipos. El juego consiste en que dos jugadores interactúen y decidan cómo se dividirá una cantidad de dinero que se les entrega. El primer jugador propone una solución. El segundo jugador decide si acepta o no la oferta. Si el segundo jugador decide rechazarla, ninguno de los dos se lleva nada. Pero si el segundo decide aceptar, la suma se divide según lo acordado.

Echen un vistazo a la figura 3.1, y observarán algo interesante del juego. La oferta que el jugador 1 pone encima de la mesa puede ser justa o injusta. Pueden proponer ambos repartirse el dinero, digamos, a un cincuenta por ciento. O bien pueden proponer un ochenta y un veinte. Normalmente lo que ocurre es lo siguiente. Si las propuestas empiezan aproximándose al setenta-treinta (en favor del jugador 1), el jugador 2 lo rechaza.[8] Después de todo, no se trata del dinero, sino de una cuestión de principios también.

Pero los psicópatas, según averiguaron Ohira y Osumi, juegan de una manera muy distinta. No solo muestran más disposición a aceptar ofertas injustas, favoreciendo la simple utilidad económica por encima de la exigencia de castigo y preservación del ego, sino que se sienten mucho menos molestos por la desigualdad. Al medir la actividad electrodérmica (un índice muy fiable de estrés basado en la respuesta automática de nuestras glándulas sudoríparas), la diferencia entre psicópatas y otros voluntarios era reveladora. Los psicópatas se sentían mucho menos perturbados que los controles cuando las cifras de su oponente les resultaban injustas. Y al concluir el estudio, sus ganancias eran mayores. Tener la piel más dura les había conseguido también una cartera más llena.

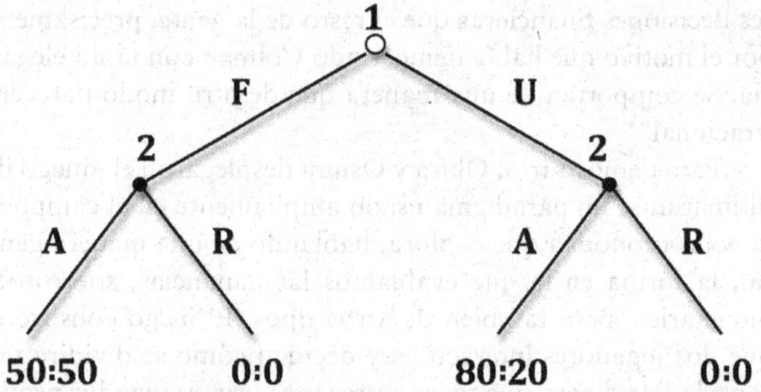


Figura 3.1. *El juego del ultimátum (1: jugador 1; 2: jugador 2; F: oferta justa; U: oferta injusta; A: oferta aceptada; R: oferta rechazada).*

A veces, concluían Ohira y Osumi, sale a cuenta ser un psicópata. Pero de una forma distinta a la que nos mostraba Andrew Colman. Mientras Colman había demostrado que era bueno «pisar a fondo», Ohira y Osumi habían descubierto justamente lo contrario.

Si necesitan que algo les convenza del valor de cada estrategia, pregúntenle a alguien que haya estado dentro.

**Para llegar a la cima, envíe su reputación por delante de usted**

«Como un rayo repentino y violento a través del cielo de la prisión», es como los describía un investigador privado. Y no hay demasiados, a ambos lados de los barrotes, que estén en desacuerdo con él. La Hermandad Aria, también conocida como «La Roca», es una de las bandas más temidas que hayan aparecido jamás en el sistema penitenciario federal de Estados Unidos. Responsables, según cifras del FBI, del 21 por ciento de los asesinatos dentro de las prisiones norteamericanas (aunque sus miembros no suponen más que un uno por ciento de los reclusos), resultan muy visibles. Sus miembros llevan bigotes de morsa que corresponderían mejor al Salvaje Oeste que a un fuera de la ley de la época moderna, y llevan tatuajes que representan un trébol de cuatro hojas fusionado con una esvástica, con el motivo «666» estampado en sus hojas. Si uno se lo tatúa sin permiso, le piden que se lo quite. Normalmente, con una navaja.

La Roca, que es una élite brutal, es la Fuerza Especial del mundo de la prisión. Fundada en las instalaciones de máxima seguridad de San Quintín, en California, en 1964, por un grupo de supremacistas blancos, la Hermandad era numéricamente mucho más reducida que otras bandas carcelarias, pero al cabo de solo unos pocos meses sangrientos se había disparado al estatus más elevado. ¿Cómo lo consiguieron? Bueno, les ayudó bastante ser espabilados, desde luego. A pesar del hecho de que muchos miembros de la banda estaban encarcelados en otras unidades Supermax, a menudo en condiciones de confinamiento en la celda veintitrés horas al día, consiguieron coordinar sus actividades mediante una serie de métodos ingeniosos: tinta invisible fabricada con orina, o un sistema de código binario que tiene 400 años de antigüedad, ideado por el filósofo renacentista sir Francis Bacon, nada menos, como ejemplos notorios.

Pero también eran gente sin ningún tipo de remordimientos y vivían (y todavía siguen viviendo hoy en día) ateniéndose a un sencillo y siniestro código: «sangre que entra, sangre que sale». Sangre que entra: cada posible miembro es admitido sobre la base de haber matado ya a un miembro de la banda rival, y se sobreentiende además que llevará a cabo otras ejecuciones que se le ordenen. Sangre que sale: la única posibilidad de salir es su propia muerte, a menudo prematura. O bien mediante un acontecimiento tan improbable como las causas naturales. O también, cosa infinitamente más probable (y en muchos casos preferible), por medios igualmente violentos.

Como admiten los miembros, es una filosofía implacable y minimalista. No hay medias tintas, no se cuestiona nada. «No temo a nada ni a nadie» es su mantra. Y lo que le falta a La Roca en cuanto a número, lo compensa con su ferocidad implacable. Para no mencionar, como es común en los psicópatas altamente motivados, una despiadada dedicación a la tarea.

Con acceso a las bibliotecas de la prisión (más materiales de lectura suplementarios de otras fuentes menos oficiales), los miembros tratan el asesinato como un módulo científico de carrera universitaria, y estudian minuciosamente textos de anatomía humana (junto con Nietzsche, Maquiavelo, Tolkien y Hitler) para encontrar las partes del cuerpo más vulnerables al trauma repentino. En el deformado continuo espacio-temporal que existe dentro de una prisión de máxima seguridad, una ventana de diez segundos es como un agujero de gusano hacia la eternidad... y una lucha de tal magnitud en el interior equivale a una pelea a puñetazos de doce asaltos en la órbita extendida y relativizada de la vida diaria. La velocidad es la esencia. En un parpadeo se pueden hacer muchas cosas: cortar una garganta, abrir una yugular. Perforar una espina dorsal. Punzar un bazo o un hígado. Es importante saber lo que se puede hacer si se presenta la oportunidad.

Sin embargo, como me dijo Barry, antiguo miembro de La Roca, tal estrategia, en las inescrutables rendijas morales que acechan, invisibles e ingobernables, en los rincones más oscuros y temidos de una penitenciaría federal, podría ser interpretada como adaptativa... como una manera de *apagar* un incendio, más que *provocarlo*. Y a largo plazo podrían contener los problemas en lugar de causarlos.

—La prisión —aclara Barry— es un entorno hostil. Tiene una serie de normas distintas del mundo exterior. Es una comunidad dentro de una comunidad. Si no te mantienes firme para que vean que cuentas, alguien puede echarse encima de ti en el momento en que le apetezca. De modo que hay que hacer algo. No tienes que ir cargándote gente todo el rato. No funciona así. Con una vez o dos, normalmente, basta. Lo haces un par de veces y pronto corre la voz: no les toquéis los huevos a esos tíos. Lo que digo es que prevenir es mejor que curar. *Carpe noctem*.

La explicación que da Barry de la resolución de conflictos es interesante, y se hizo eco de ella, aunque con menos palabras, el productor discográfico que estuvo en prisión, Phil Spector. «Es mejor tener un arma de fuego y no necesitarla», explicó una vez el excéntrico productor aficionado a la Magnum, «que necesitar un arma y no tenerla» (nadie sabe si sigue creyendo lo mismo hoy en día). Una postura con más matices es la que adoptó el estratega militar chino del siglo VI a.C., Sun Tzu. «Someter al enemigo sin luchar», escribió Sun, «es la habilidad suprema.»[9] Una habilidad que, como hemos visto hace un momento con Jim y Buzz, es difícil de fingir, y está inequívocamente enraizada en la confianza. No en una falsa confianza basada solo en las bravuconadas, sino en una confianza real, basada en la creencia.

Lo mismo afirma Dean Petersen, antiguo soldado de las Fuerzas Especiales que ahora es instructor de artes marciales: «A veces, cuando uno se encuentra en una situación hostil, la mejor opción es igualar las intenciones agresivas de un individuo potencialmente violento. Y luego ir un paso más allá que él. Subir la apuesta, en otras palabras, para usar una analogía del póquer. Solo entonces, en cuanto uno ha ganado ascendencia psicológica, se le puede enseñar o insinuar quién es el jefe, y se puede empezar a hacer callar».

¿Qué mejor forma de afirmar nuestra autoridad que convenciendo a los posibles rivales de que acabarán derrotados antes incluso de empezar?

El argumento de Barry tiene muchas repercusiones para la selección no solo de la crueldad, sino de otras características psicopáticas como la intrepidez y el encanto superficial. Resulta que el conflicto no es el único medio de establecer la dominación en el mundo natural. Volviendo a los días de nuestros antepasados, la supervivencia, igual que en prisión, no era barata. Aunque ser miembro del grupo constituía una buena parte del precio, las comunidades también daban una prima sorprendentemente elevada a los que corrían riesgos.

Se observa una dinámica similar en los monos hoy en día.[10]

Los chimpancés macho (nuestros parientes vivos más cercanos, con los cuales compartimos el 96 por ciento de nuestro ADN) competirán mediante su «magnanimidad», es decir, dirigiendo un altruismo no solicitado a sus subordinados. Tal magnanimidad normalmente es de naturaleza gastronómica, y consiste en soportar el peligro para proporcionar comida al grupo, compartiendo los resultados de la propia caza caritativamente y confiscando la de otros con el objetivo de redistribuirla.

Como señala el primatólogo Frans de Waal, «en lugar de ser dominantes destacando por lo que cogen, afirman su posición por lo que dan».[11]

Del mismo modo actúan los primates que compiten unos con otros por el estatus a través del «servicio público» o el «liderazgo», facilitando la cooperación dentro del grupo. O si lo prefieren, mediante el carisma, la persuasión y el encanto. Los chimpancés dominantes, los monos rabones y los gorilas compiten interviniendo en disputas entre subordinados. Sin embargo, contrariamente a lo que sería de esperar, tales intervenciones no favorecen por defecto y automáticamente a la familia y los amigos. Se llevan a cabo, observa De Waal, «sobre la base de cómo restablecer mejor la paz».[12]

Consecuentemente, sigue De Waal, en lugar de descentralizar la resolución de conflictos, «el grupo busca al árbitro más efectivo entre ellos, y luego apoyan con fervor a ese individuo para darle una amplia base de sustento que garantice la paz y el orden».

Ser implacable. Intrépido. Persuasivo. Encantador. Una combinación mortal... y sin embargo, a veces, una combinación que salva vidas. ¿Los asesinos de hoy en día han conseguido subirse astutamente al caballito evolutivo de las proezas de los pacificadores de ayer? No está fuera de los límites de la posibilidad... aunque la violencia, claro está, no es exactamente nueva.

**Los primeros psicópatas**

En 1979, en un lugar muy remoto junto al pueblo de Saint Césaire,[13] en el sudoeste de Francia, Christoph Zollikofer de la

Universidad de Zúrich y un contingente de investigadores franceses e italianos conjuntamente realizaron un descubrimiento curioso. Volviendo al «periodo de transición» en el cual los europeos de mandíbula prognata y arco superciliar pronunciado sufrían un desplazamiento por un influjo anatómico moderno de África, los restos de un esqueleto de unos 36.000 años de antigüedad se encontraban en un coma antropológico desde la Edad del Hielo. Los restos, según se confirmó, eran de un neandertal. Pero había algo muy raro en su cráneo. Tenía cicatrices. La cicatriz en cuestión era una sección de hueso de aproximadamente cuatro centímetros de longitud, y estaba situada en la parte superior derecha. No es inhabitual, por supuesto, que las excavaciones realizadas en el campo den como resultado unos especímenes que no sean totalmente perfectos. De hecho, es de esperar. Pero había algo un poquito distinto en aquel ejemplar. Tenía el tufillo de la premeditación, que sugería cierto juego sucio; aludía menos a las vicisitudes de la atrofia geofísica y más a la exigencia de un momento prehistórico perdido en lo más profundo de nuestro oscuro pasado ancestral. No se trataba de un percance corriente, sino de una lesión causada por la violencia. O, más específicamente, de un movimiento de corte o de hachazo indicativo de un instrumento con una hoja afilada.

Sumando dos y dos (la situación de la cicatriz, la forma de la herida, el hecho de que el resto del cráneo no apareciera fracturado ni dañado), Zollikofer llegó a una conclusión cruda y desagradable. La agresión personal entre humanos tenía un linaje mucho más largo de lo que se había sospechado previamente. Infligir daño a otros fue algo que surgió, al parecer, de una manera natural.

Es una idea interesante que un psicópata itinerante neandertal estuviese haciendo la ronda de la Europa prehistórica hace unos 40.000 años. Pero no resulta del todo sorprendente. En realidad, en contraste con el argumento «suplementario» que acabamos de introducir, la visión tradicional de la evolución de la psicopatía se centra, como ya vimos en el capítulo 1, predominantemente en los aspectos depredadores y agresivos del trastorno. En uno de los cuestionarios estándar para la evaluación de la psicopatía, la Escala Levenson Autocumplimentada, una pregunta típica del cuestionario dice lo siguiente:

> «El éxito se basa en la supervivencia del más apto. No me preocupan los perdedores». En una escala del 1 al 4, donde el 1 representa «estoy en absoluto desacuerdo» y el 4 representa «estoy completamente de acuerdo», puntúe lo que siente usted con respecto a esa información.

La mayoría de los psicópatas se inclinan a estar muy de acuerdo con ese sentimiento... cosa que, por cierto, no siempre es mala.

«Dos ratoncitos cayeron en un cubo lleno de crema», dice Leonardo DiCaprio en el papel de Frank Abagnale, uno de los timadores más celebrados, en la película *Atrápame si puedes*. «El primer ratón se rindió en seguida y se ahogó. El segundo no cejó. Luchó tanto y tan fuerte que al final batió la crema y la convirtió en mantequilla y pudo escapar... Yo soy ese segundo ratón.»[14]

Sin embargo, al otro lado del espectro, damos con unas exhortaciones totalmente distintas, como las que se propugnan en textos religiosos, espirituales y filosóficos. Encontramos en ellos alusiones a la templanza y la tolerancia y a que los mansos heredarán la tierra.

De modo que, ¿cuál de las dos cosas es usted, psicópata, santo, o algo entre los dos? Lo más probable es que esté usted entre los últimos, para lo cual resulta que también hay fundados motivos biológicos.

## Rogar o no rogar

Ya hemos visto en acción en este mismo capítulo la teoría de los juegos. Es una rama de las matemáticas aplicadas dedicada al estudio de situaciones estratégicas, a la selección de estrategias de conducta óptimas en circunstancias en las cuales los costos y beneficios de una elección o decisión en particular no están fijados de antemano, sino que, por el contrario, son variables. La teoría de los juegos presenta escenarios que son intrínsecamente dinámicos. No resulta sorprendente quizá, dado su énfasis inherente en la relación entre la acción individual y el grupo social más amplio, que sea común encontrar incrustaciones de matemáticas semipreciosas en las ramas de la selección natural, dentro de modelos y teorías de cómo pueden haber evolucionado las diversas conductas o estrategias de la vida. La psicopatía, como nos ha demostrado el trabajo de Andrew Colman, no es ninguna excepción.

Para tomar las cosas donde las dejó Colman y explorar más la dinámica de la personalidad psicopática, organicemos una situación similar a la que Jim y Buzz encontraron en los acantilados, solo que esta vez debemos hacer que la cosa sea un poco más personal. Imaginemos que usted y un cómplice son sospechosos de haber cometido un delito grave. La policía los ha detenido y se los ha llevado para interrogarlos.

En la comisaría, el oficial a cargo de la investigación los entrevista a los dos por separado, pero no tiene pruebas suficientes para acusarlos, de modo que recurre a la antigua táctica de intentar que declaren el uno contra el otro. Pone las cartas sobre la mesa y le propone un trato. Si usted confiesa, usará su confesión como prueba contra su compañero, y le encerrarán diez años. Por el contrario, no se presentarán cargos contra usted y se le dejará libre sin emprender ninguna acción legal más.

¿Demasiado bueno para ser verdad? Ciertamente, hay trampa. *El policía le informa de que también le está ofreciendo el mismo trato a su compañero.*

Le dejan solo para que piense en el arreglo. Pero durante ese tiempo, de repente a usted se le ocurre una idea. ¿Y si confiesan los dos?, se pregunta. ¿Qué ocurrirá entonces? ¿Irán los dos a prisión durante diez años? ¿O los soltarán a ambos? El oficial sonríe. Si ambos confiesan, replica, les enviará a cada uno de ustedes a prisión, pero con una sentencia reducida de cinco años. ¿Y si no confiesa ninguno de los dos? De nuevo prisión, pero esta vez, solo un año.

| | Su compañero no confiesa | Su compañero confiesa |
|---|---|---|
| Usted no confiesa | Su compañero va la cárcel 1 año<br>Usted va a la cárcel 1 año | Su compañero sale libre<br>Usted va a la cárcel 10 años |
| Usted confiesa | Su compañero va a la cárcel 10 años<br>Usted sale libre | Su compañero va a la cárcel 5 años<br>Usted va a la cárcel 5 años |

Tabla 3.2. *El dilema del prisionero.*

Ese oficial es listo. Piénselo. En efecto, le ha hecho a usted una oferta que no puede rechazar. En realidad, la cosa es sencilla. Decida lo que decida su compañero, a *usted* siempre le sale más a cuenta confesar. Si su compañero decide mantener la boca cerrada, entonces usted se enfrenta a un año en la cárcel si hace lo mismo. O sale libre como un pájaro delatándole a él. De la misma manera, si su compañero decide delatarle a usted, entonces usted cumple toda la condena por decidir callar, o bien parte la sentencia por la mitad si se hace eco de su traición. La realidad de ambas situaciones es estrafalariamente paradójica. Hablando con lógica, el sentido de conservación dicta que la única forma de actuar posible es confesar. Y sin embargo, esa misma lógica paralizante le hurta la oportunidad de minimizar su castigo conjunto permaneciendo en silencio.

Y observe que la cuestión de la probidad (cerrar la boca porque es lo «correcto») ni siquiera aparece. Aparte de la dudosa valía moral de colocarse uno mismo en una posición que, evidentemente, es favorable a la explotación, el objetivo general del dilema del prisionero es averiguar la estrategia de conducta óptima no dentro del marco de la moralidad, con unos gorilas filosóficos guardando las puertas, sino dentro de un vacío psicológico de gravedad moral cero... como el que comprende el mundo natural en su conjunto.[15]

De modo que, ¿podrían tener razón los psicópatas? ¿Podría tratarse realmente de la supervivencia del más adecuado? Tal estrategia tiene su lógica, ciertamente. En una situación excepcional, como el dilema del prisionero, se puede discutir que rendirse (o una estrategia de «deserción», para usar la terminología oficial) constituye una carta ganadora. Así que, ¿por qué no seguir adelante sin más, en este caso, y jugar?

El motivo es sencillo, claro. La vida, en su infinita complejidad, no funciona a base de situaciones excepcionales. Si lo hiciera, y la suma total de la existencia humana fuese una sucesión infinita de barcos que pasan en la noche, entonces sí, los psicópatas que están entre nosotros tendrían razón, desde luego. Y heredarían la tierra al momento.

Pero no es así. Y no la heredarán.

Por el contrario, la pantalla de la vida está densamente poblada con millones y millones de píxeles individuales;[16] la interacción repetida de ellos, la relación entre ellos, da origen a la imagen global. Tenemos historias, historias sociales, los unos con los otros. Y a diferencia de los personajes del dilema del prisionero, somos capaces de comunicarnos.

¡Qué diferencia habría supuesto ese hecho!

Pero no importa. Igual que somos capaces de jugar al dilema del prisionero una vez, podemos jugar infinidad de veces. Una y otra vez. Sustituir la pena de prisión por un sistema recompensas y castigos, en el cual se ganen o se pierdan puntos (véase la tabla 3.3), y entonces podremos, con la ayuda de simples operaciones matemáticas, simular la complejidad de la vida real, exactamente de la misma manera que hicimos con Jim y Buzz.

| | Su compañero coopera | Su compañero compite |
|---|---|---|
| Usted coopera | Su compañero gana 5 puntos<br>Usted gana 5 puntos | Su compañero gana 10 puntos<br>Usted gana 0 puntos |
| Usted compite | Su compañero gana 0 puntos<br>Usted gana 10 puntos | Su compañero gana 1 punto<br>Usted gana 1 punto |

Tabla 3.3. *Una muestra del juego del dilema del prisionero.*

¿Qué ocurre entonces? ¿Los psicópatas tienen éxito en un mundo de encuentros repetidos? ¿O su estrategia se ve desbancada por la simple «seguridad de los números»?

## Santos contra granujas

Para responder a esta pregunta, imaginemos una sociedad ligeramente distinta de ésta en la que vivimos actualmente: una sociedad como la de tiempos anteriores, en la cual se pagaba a los trabajadores en efectivo al final de cada semana, en unos pequeños sobres marrones personalizados. Ahora imaginemos que podemos dividir a esos asalariados en dos tipos de personas distintos. El primer tipo es honrado y trabajador, y cumple con su trabajo una semana entera. Los llamaremos «santos». El otro tipo es deshonesto y perezoso, y acecha siempre a sus diligentes compañeros, cuando van de camino a casa el viernes, los espera junto a las puertas de la fábrica y se apropia de su salario ganado honradamente. Los llamaremos «granujas».[17]

Al principio, parece que los granujas se han salido con la suya y que el delito sale a cuenta. Y en realidad, a corto plazo al menos, es así. Los santos trabajan todo el día para que la comunidad salga adelante, mientras los granujas reciben un beneficio doble. No solo disfrutan de las ventajas de vivir en una sociedad floreciente, sino que también, al robar el salario de los santos, «se les paga» por no hacer nada.

Buen trabajo, si somos capaces de hacerlo.

Pero observemos lo que sucede si el patrón de conducta continúa. Los santos empiezan a cansarse y se ponen enfermos. Al tener menos ingresos disponibles con los cuales cuidarse, empiezan a morir. Poco a poco, la proporción de población «trabajadora» empieza a cambiar a favor de los granujas.

¡Pero eso es precisamente lo que no quieren los granujas! Si disminuye el número de santos semana a semana, cada vez es más probable que los granujas se encuentren entre sí. Y más aún: aunque den con un santo, existe una probabilidad mayor de que llegue a ellos con las manos vacías. Otro granuja puede haberles quitado ya lo que tenían.

Al final, si se permite que esta situación insostenible termine de forma natural, el equilibrio de poder da una vuelta completa. El péndulo vuelve a oscilar a favor de los santos, y la sociedad vuelve a trabajar para vivir. Pero observemos que la historia está programada para repetirse. Los santos mandan solo el tiempo en que la economía está en recesión, y los granujas presiden solo mientras los santos puedan mantenerlos a flote. Es un carrusel funesto en el que se repite el proceso del *boom* a la quiebra.

Este breve esbozo de dos éticas de trabajo muy distintas es en realidad una representación simplificada de un conjunto de dinámicas infinitamente más complejo. Sin embargo, es precisamente esta simplificación, esta polarización conductual, la que presta su poder a tal modelo. La pura agresión incondicional y la pura capitulación incondicional están destinadas a fracasar como estrategias de intercambio social en una sociedad de múltiples interacciones y de dependencia mutua. En lo que esencialmente viene a ser un peripatético efecto de vaivén, cada estrategia es vulnerable a la explotación por parte de la otra, en cuanto se ha conseguido la supremacía: en cuanto los que proponen una estrategia son suficientes para ser parasitados por los de la estrategia que compite con ella. Tomando una frase del léxico de la sociobiología: como estrategias para la supervivencia, ni la cooperación no cualificada ni la competición no cualificada pueden ser consideradas «evolutivamente estables».[18] Ambas pueden ser derrotadas por contraestrategias invasoras o cambiantes.

Pero ¿podemos observar legítimamente este proceso iterativo en acción, ese desarrollo repetido de la dinámica del dilema del prisionero? Después de todo, nos hallamos firmemente establecidos en el reino de un experimento diseñado. ¿Resultan ciertas estas postulaciones abstractas en la vida real?

La respuesta depende de lo que entendamos por «real». Si en lo «real» estamos dispuestos a incluir lo «virtual», entonces quizá tengamos suerte.

**Moralidad virtual**

Supongamos que yo estuviese llevando a cabo un experimento sobre la respuesta de la gente a lo inesperado y que le ofreciera a usted la siguiente oportunidad. Por 500 libras, usted tendría que quitarse toda la ropa y entrar completamente desnudo en un bar para reunirse con un grupo de amigos. Usted tendría que sentarse a la mesa y hablar con ellos cinco minutos (¡cien libras el minuto!), y durante ese tiempo notaría toda la fuerza del insoportable bochorno social que indudablemente acompañaría el asunto. Sin embargo, cuando hubiesen pasado los cinco minutos, usted saldría del bar sin sufrir daño alguno, y yo me aseguraría de que ni usted ni nadie más de los que estuvieron presentes tuviera recuerdo alguno de ese acontecimiento. Lo borraría todo. Aparte de un montón de billetes llenándole a usted el bolsillo, sería como si nada hubiese ocurrido.

¿Lo haría? De hecho, ¿cómo sabe que no lo ha hecho ya?

Hay algunas personas, estoy seguro de ello, que se desnudarían de buena gana en beneficio del avance de la ciencia. Qué liberador sería si de alguna manera, en algún sitio, en los adosados y bloques de pisos del tiempo, pudiéramos entrar y salir de un mundo efímero, condensado, donde las experiencias se alquilaran por horas. Ése era el tema de *Matrix* en gran medida, claro está: humanos que viven en un mundo virtual, que parece compulsiva y convincentemente real. Pero ¿qué hay de la otra cara de la moneda? ¿De los ordenadores habitando un mundo que es humano?

A finales de los años 70, el científico político Robert Axelrod se hacía exactamente esa misma pregunta en relación con el dilema del prisionero,[19] y dio con un método de digitalizar el paradigma, de determinar una estrategia, a lo largo del tiempo y la interacción repetida, que marcaba todas las casillas de la estabilidad evolutiva. Que secuenciaba el genoma de todos los contactos sociales del día a día.

En primer lugar, Axelrod preguntó a muchos de los teóricos del juego más importantes del mundo si les parecería bien la idea de mantener un torneo de dilema del prisionero en el cual los únicos participantes fuesen programas de ordenador.

En segundo lugar, instó a cada teórico a que enviase un programa que participase en el torneo y que encarnase una estrategia dada, determinada de antemano, de respuestas cooperativas y competitivas.

En tercer lugar, una vez se recibieron todos los envíos (había catorce en total), estableció una ronda previa al inicio del acontecimiento principal de la competición, en el cual cada uno de los programas competía contra los otros para ganar puntos. Al concluir aquella ronda, añadió el número de puntos que cada programa había conseguido y luego empezó el torneo propiamente dicho, con la proporción de programas representados correspondiendo al número de puntos que cada uno había conseguido en la ronda anterior... precisamente, ateniéndose a los métodos estrictos de la selección natural. Luego se sentó a ver qué ocurría.

Lo que ocurrió fue bastante claro. El programa que tuvo más éxito de lejos fue también, de lejos, el más sencillo. TIT FOR TAT (ojo por ojo, o donde las dan, las toman), diseñado por el matemático y biólogo Anatol Rapoport, cuyo trabajo pionero en teoría de la interacción social y de los sistemas generales, que se ha aplicado a temas de resolución de conflictos y desarme, no solo en el laboratorio, sino también en la escena política en general, hacía exactamente lo que pregonaba. Empezaba cooperando, y luego copiaba exactamente la última respuesta de su competidor. Por ejemplo, si en la prueba 1 el competidor también cooperaba, TIT FOR TAT seguía la corriente. Si, por otra parte, el programa rival competía, entonces en pruebas subsiguientes, probaba su propia medicina... hasta el momento en que cambiaba a la cooperación.

Pronto resultó evidente lo práctico, elegante y adaptable que era el programa TIT FOR TAT. No hacía falta ser un genio para ver por qué era así. Encarnaba, en secreto, de una forma impersonal, en ausencia de tejidos y sinapsis, los atributos fundamentales que nos convierten a nosotros, los seres humanos, en lo que somos: gratitud, ira y perdón. Recompensaba la cooperación con cooperación, y luego recogía los beneficios colectivos. Imponía sanciones inmediatas contra la competición incipiente, evitando así la reputación de ser demasiado blando. Y después de tanto rencor, era capaz de volver, sin recriminación alguna, a un modelo de mutuo acuerdo, cortando de raíz cualquier posibilidad de críticas prolongadas, destructivas y retrospectivas. La selección de grupo, esa vetusta castaña evolutiva por la cual lo que es bueno para el grupo se preserva en el individuo, no aparecía por ninguna parte. Si el experimento de Axelrod nos muestra algo es esto: el altruismo, aunque indudablemente es un ingrediente de la cohesión básica del grupo, es perfectamente capaz de surgir no solo de algún diferencial de orden superior, como el bien de la especie o incluso el bien de la tribu, sino de un diferencial de supervivencia que existe puramente entre individuos.

La armonía macroscópica y el individualismo microscópico resultaron ser dos caras de la misma moneda evolutiva. Los místicos habían perdido el barco. Dar ya no era mejor que recibir. La verdad, según el nuevo evangelio radical de Robert Axelrod de la informática social, era que dar *es* recibir.

Y lo que es más: no había antídoto conocido.

A diferencia de nuestro anterior ejemplo de los santos y los granujas, en el cual aparecía un «punto de inflexión» en cuanto el extremo más elevado del vaivén de la población asumía un cierto nivel de supremacía, TIT FOR TAT sencillamente seguía funcionando. Era capaz, a lo largo del tiempo, de eliminar del terreno todas las estrategias de competición, permanentemente.

TIT FOR TAT no era solo un ganador. Lo de ganar era solo el principio. En cuanto se ponía en marcha, era prácticamente invencible.

### Lo mejor de ambos mundos

Las aventuras de Axelrod en el mundo de la «cibernética», ciertamente, despertaron algunas suspicacias. No solo entre los biólogos, sino también en los círculos filosóficos. Al demostrar con tanta convicción que la «bondad» era algo inherente al orden natural, que era una propiedad emergente de la interacción social, lo único que consiguió fue meter una cuña aún mayor entre aquellos que estaban del lado de Dios y los que ponían a Dios a un lado.

¿Y si nuestra naturaleza «mejor» no fuese tan buena, después de todo, sino que fuera simplemente... natural?

Tal abominación ya se le había ocurrido, una década o así antes del empeño de Axelrod, a un joven biólogo de Harvard llamado Robert Trivers,[20] que con mucha clarividencia había especulado que quizá precisamente por ese motivo habían evolucionado determinados atributos humanos: para pintar con spray a un lado de la conciencia una afirmación afectiva de un plano tan sencillo y deslumbrante, un mantra tan limpio y matemático como TIT FOR TAT, un mantra que sin duda había hecho su aprendizaje en las filas de los animales inferiores, antes de que nosotros pusiéramos las manos en él. Quizá, decía Trivers, fuera por ese mismo motivo por el que nosotros experimentamos por primera vez, en lo más profundo de nuestra historia evolutiva, los rubores iniciales de la amistad y la enemistad, del afecto o de la antipatía, la confianza y la traición, que ahora, millones de años más adelante, nos han convertido en lo que somos.

El filósofo británico del siglo XVII Thomas Hobbes lo habría aprobado, desde luego. Hace unos 300 años, en el *Leviatán* Hobbes anticipó precisamente una idea semejante con su concepto de «fuerza y fraude»:[21] la idea de que la violencia y la astucia constituyen los principales instigadores de resultados, y en realidad los únicos. Y que el único analgésico para «el miedo continuado, y el peligro de la muerte violenta, y la vida del hombre, solitaria, pobre, sucia, brutal y breve» debe encontrarse en el santuario del acuerdo, en la formación de alianzas con otros.

Desde luego, las condiciones del torneo de Axelrod reflejaban las de la evolución humana y prehumana. Varias docenas de «individuos» interactuando regularmente era el número adecuado, en lo que respecta a las primeras comunidades. De forma similar, cada programa estaba dotado de la capacidad no solo de recordar anteriores encuentros, sino también de adaptar su conducta de forma consecuente. Así que era una idea interesante, esa teoría de la evolución moral. De hecho, era más que eso. Dado lo que había entrado inicialmente en la máquina de salchichas matemática de Axelrod, y lo que había salido por el otro lado, era una posibilidad importante. La «supervivencia de los más aptos» no parece ahora que recompense la competición indiscriminadamente, como se había pensado antes. Más bien la recompensa con criterio. En determinadas circunstancias sí, la agresión puede abrir puertas (pensemos en Jim y Buzz). Pero en otras circunstancias, por el contrario, podría cerrarlas incluso, como vimos con los santos y los granujas.

De modo que parece que los psicópatas lo han hecho solo medio bien, después de todo. No negaremos la dureza de la existencia, la verdad brutal y desgarrada de que sí, es cierto, a veces solo sobrevive el más apto, por ahí fuera. Pero eso no significa que siempre tenga que ser de esa manera... Resulta que los mansos sí que heredarán la tierra. Lo único que pasa es que a lo largo del camino habrá bajas, inevitablemente. «No hagas a los demás» siempre ha sido un buen consejo. Pero ahora, dos mil años más tarde, gracias a Robert Axelrod y Anatol Rapoport, finalmente hemos averiguado las fórmulas matemáticas para demostrarlo.

Por supuesto que hay algo de psicópata en cada uno de nosotros, un fugitivo biológico espectral del álgebra de la paz y del amor, es algo que no admite duda alguna, igual que también es cierto que nuestros jefazos de la oficina de la selección natural han procurado dar asilo evolutivo a los psicópatas a lo largo de los años. Sí, la moral de los santos y los granujas podría estar tallada en piedra darwiniana: si todo el mundo aprieta el acelerador a fondo, al final no quedará nadie. Pero igualmente hay tiempos, durante el curso de nuestras vidas cotidianas, en que *todos* necesitamos meter un poco de caña. Momentos en que todos, racionalmente, legítimamente y en interés de la conservación propia, debemos «pisar a fondo».

Volvamos a la pelotera virtual de Axelrod por última vez. La razón de que TIT FOR TAT se elevase hasta el primer lugar de la fila de una manera tan imparable y sin remordimientos es que bajo el exterior sonriente se agazapaba un interior de acero. Cuando la situación lo exigía, no tenía el menor remordimiento a la hora de plantar su bota de silicio. Más bien al contrario, de hecho. Igualaba el marcador en cuanto se le presentaba la menor oportunidad. El secreto del éxito de TIT FOR TAT se encontraba en su lado oscuro implacable igual que en su lado sonriente por defecto; en el hecho de que cuando las cosas se ponían feas, era capaz de asumir el reto y mezclarse con los mejores.

Las conclusiones son muy claras, aunque nos pongan nerviosos. El modelo del éxito de TIT FOR TAT ciertamente tiene en su seno elementos psicopáticos. Existe el encanto superficial por una parte, y la búsqueda implacable de la venganza por otro. Y luego también está la seguridad y la capacidad de volver a la normalidad, como si nada hubiese ocurrido.

El programa no es una Hermandad Aria, eso desde luego. Pero entre los cambios y los impersonales tics sinápticos se esconden ecos de su credo. Hablar bajito armado con un palo muy gordo, sería lo propio. Buen consejo si uno quiere avanzar, tanto en el mundo virtual como en el real. Y por eso, volviendo a nuestra pregunta anterior, los psicópatas todavía caminan por la faz de la tierra. Y no se han hundido sin dejar huella en las corrientes mortales darwinianas que aterrorizan el patrimonio genético.

Siempre habrá necesidad de gente que se arriesgue en la sociedad, así como de gente que rompa las reglas y que rompa corazones. Si no los hubiera, los niños de diez años caerían en un estanque y se ahogarían por todas partes.

Y quién sabe lo que podría ocurrir en el mar.

Si el segundo de a bordo Francis Rhodes y el marinero de primera Alexander Holmes no hubiesen reunido el valor para hacer lo impensable, uno se pregunta si hubiese quedado algún superviviente de la tragedia del *William Brown*, aquella fatídica noche de 1841, a 250 millas de la costa ártica de Terranova, en el embravecido Atlántico Norte.

# 4
# La sabiduría de los psicópatas

> Que no me importe no significa
> que no lo entienda.
>
> HOMER SIMPSON

## Propósito de año nuevo

¿Saben una cosa? Mi amigo más antiguo es un psicópata. Fuimos juntos a la guardería. Recuerdo como si fuera ayer que una de las profesoras me llevó al cajón de arena y me presentó a aquel niño rubio y gordinflón que estaba jugando con uno de esos rompecabezas en los que se tiene que insertar la forma correcta en el agujero adecuado. El caso es que yo cogí una estrella e intenté meterla en un agujero que, mirándolo retrospectivamente, ahora veo con claridad que estaba destinado al lorito. Y no encajó. Peor aún: se quedó atascada. Johnny tardó solo veinte segundos (una eternidad en la vida de un niño de cinco años) en soltarla con toda calma. Y luego me metió la maldita pieza en el ojo. Ese ataque infantil cruel, no provocado y francamente descarado marcó el punto más elevado de nuestra amistad.

Avancemos diez años o así, y Johnny y yo nos encontramos juntos en el instituto. Es la hora del almuerzo, y él se acerca a mí y me pregunta si le puedo prestar los deberes de historia. Se los «ha dejado en casa»... y ¿a que no saben qué clase es la siguiente?

—No te preocupes —dice Johnny—. No se darán cuenta. Haré que quede totalmente distinto.

Yo le entrego los deberes y nos encontramos luego al empezar la clase.

—¿Tienes mis deberes, Johnny? —susurro.

Johnny niega con la cabeza.

—Lo siento —dice—. Imposible.

A mí me entra el pánico. Ese profesor en particular no se anda con tonterías. Si no haces los deberes, te pone mala nota. Y te castiga.

—¿Pero cómo que imposible? —susurro—. ¿Dónde están?

Completamente tranquilo, como si me estuviera contando un cuento antes de irme a dormir, Johnny descubre el pastel.

—Bueno, Kev, verás —me explica—. No he tenido tiempo de escribirlo de otra manera, como te había dicho. Así que he tenido que copiarlo al pie de la letra.

—Pero... —chillo, mientras el profesor, que no es conocido precisamente por llevarse bien con la gente, entra a toda velocidad en la clase—, eso no explica dónde están mis deberes, ¿no?

Johnny me mira como si yo estuviera completamente loco.

—Bueno, no podemos entregarle los dos el mismo trabajo, ¿verdad? —dice.

—¡No! —exclamo yo, todavía sin comprenderlo—. ¡No podemos! ¿Dónde demonios están mis deberes?

Johnny se encoge de hombros. Y saca «su» trabajo, para que se lo recojan.

—Están en la papelera —dice, con total indiferencia—. Detrás de la clase de música.

Instintivamente me pongo de pie. Quizá haya tiempo de recuperarlos, antes de que empiece la clase.

—¡Tú, idiota! —le digo entre dientes—. ¡Te voy a matar!

Johnny me coge el brazo y tirándome de la manga, me hace sentar otra vez.

—Mira —me dice, con una sonrisa preocupada, paternalista, haciendo gestos hacia la ventana—. Está lloviendo y te vas a empapar. No querrás estropear tu oportunidad de romper el récord de los mil metros de este colegio la semana que viene metiéndote en algún lío, ¿verdad?

No hay asomo de ironía en el tono de Johnny. Le conozco desde hace tanto tiempo que sé que de verdad cree que está preocupándose por mí. Realmente piensa que se ocupa de mi interés, de corazón. Aunque me saca de quicio, en este caso tengo que estar de acuerdo con él. El hijo de puta tiene razón. El récord lleva ahí desde el principio de los sesenta, y el entrenamiento ha ido bien. Sería una vergüenza estropear el duro trabajo haciendo alguna estupidez en el último minuto.

Me derrumbo en el asiento, resignado a mi destino.

—Buen chico —dice Johnny—. Al fin y al cabo, solo son los deberes. La vida es demasiado corta.

No le escucho. Ya estoy intentando buscar una explicación plausible de por qué no he hecho los deberes. Y pensando que, si el daño provocado por la lluvia no es demasiado grave, puedo secarlos (o si no soy capaz, al menos copiarlos) y entregarlos más tarde.

No tengo mucho tiempo para encontrar mi coartada. Voldemort ya está haciendo la ronda, y se encuentra un par de filas por delante de nosotros, con una pila de gilipolleces sentenciosas sobre la guerra franco-prusiana aumentando poco a poco, ardiente y obsequiosa, entre sus garras.

Johnny saca sus deberes y les arroja una mirada admirativa. Luego me da una palmadita en la espalda y mirando por la ventana, frunce el ceño al ver la lluvia.

—Además —añade—, habrías llegado demasiado tarde de todos modos, Kev. Supongo que tendría que haberte explicado un poco más lo que te he dicho antes. En la papelera está lo que queda de los deberes. En realidad los he quemado.

Se preguntarán por qué demonios he seguido siendo amigo de Johnny todos estos años. Y a veces, en mis momentos más reflexivos, yo mismo también me lo pregunto. Pero no olviden que Johnny es un psicópata.[1] Y como sabemos, a menudo tienen virtudes que los redimen. Una de las que tiene Johnny es su inaudita habilidad para dar un giro a la situación en su propia ventaja, algo muy común entre los miembros más inteligentes de su especie. Sin duda es una de las personas más persuasivas que jamás he conocido (e incluyo en esa hermandad a un cierto número de los mejores artistas del timo del mundo entero). No solo eso, sino que es, se podría decir, un prodigio de la persuasión.

Cuando teníamos cinco o seis años, la familia de Johnny tuvo que asistir a un funeral en Canadá. Johnny se quedó y pasó el Año Nuevo en mi casa. Eran ya las nueve de la noche, y mis padres empezaron a hacer insinuaciones de que ya era hora de que nos fuéramos a la cama. Insinuaciones como: «es hora de irse a la cama». Como cualquier niño de seis años que se precie, yo no quería.

—Pero mamá... —supliqué—. Johnny y yo queríamos estar despiertos hasta medianoche. Por favor...

Ella no quería hacerme caso. Pero, ni que decir tiene, eso no me impidió sacar un verdadero catálogo de circunstancias atenuantes, que iban desde el hecho de que a todos nuestros amigos les permitían quedarse despiertos hasta tarde en Nochevieja (qué original, ¿eh?), hasta la observación bastante profunda de que Año Nuevo solo ocurre una vez al año. Johnny, sin embargo, permanecía en silencio. Se limitaba a estar allí, recuerdo, escuchando cómo se desarrollaba el drama. Escuchándolo todo, como algún abogado defensor de categoría de la *city* esperando su momento para intervenir.

Al final mamá se cansó.

—¡Vamos! —dijo—. ¡Ya está bien! Sabes lo mal que te sienta cuando te quedas despierto hasta tarde. Te pones de mal humor, irritable, y al día siguiente no sales de la cama hasta mediodía.

De mala gana, desanimado, y con una creciente sensación de resignación, miré a Johnny. El juego había terminado. Era hora de dar las buenas noches. Pero nadie había imaginado lo que ocurriría a continuación. Con una perfecta oportunidad oratoria, justo cuando yo estaba a punto de tirar la toalla y empezar a subir las escaleras, Johnny rompió el silencio.

—Pero, señora Dutton —dijo—, no querrá usted que mañana por la mañana estemos corriendo por ahí desde que salga el sol, mientras usted está en la cama con dolor de cabeza, ¿verdad?

Nos fuimos a dormir a las tres.

## La tríada oscura y la psicología de James Bond

La capacidad de Johnny para trampear con los aspectos más condenados de la vida, para sacar todo el partido de cualquier situación en la que se encontrase, al final le fue muy útil. Entró en el servicio secreto.

—No es solo la flor y nata la que sube a la superficie, Kev —me dijo—. También es la escoria. ¿Y sabes? Yo soy las dos cosas. Depende de lo que me apetezca en cada momento.

Es difícil encontrar defectos a un argumento tan deslumbrante.

Ni que decir tiene que el hecho de que Johnny encontrase trabajo en el MI5 no nos sorprendió en absoluto. Y no sé lo que hará allí en Thames House, pero apuesto lo que quieran a que se le da muy bien. Es tal su frialdad, su carisma y su demoníaca capacidad de persuasión, que uno de sus colegas me dijo una vez en una fiesta que, aunque tuviese el cordón de un teléfono enrollado en torno a tu cuello, seguramente conseguiría seducirte y encandilarte.

—Te estrangularía con su propio halo —dijo aquel hombre—. Y luego se lo volvería a poner, como si nada hubiese ocurrido.

No necesitaba que me convencieran de ello.

Desde luego, si Johnny está empezando a recordarles un poco a James Bond, no es ninguna coincidencia. Resulta fácil imaginar que ese otro notable empleado del Servicio Secreto de Su Majestad podría ser también un psicópata; que ese mundo sombrío de agentes, contraespionaje y espionaje podría estar muy cerca de los asesinos en serie no detectables, con licencia para matar en lugar de una profunda e incomprensible compulsión. Y que si el agente secreto que suele llevar una pistola Walther PPK, al que todos conocemos y queremos, cambiase esa PPK por una copia del PPI, estaría bastante alto en el espectro.

Pero ¿existe alguna base para tal especulación? Quedarse con el estereotipo es una cosa, pero ver cómo la fantasía hace el juego a la realidad es otra muy distinta. Es una simple y pura casualidad que Johnny sea un psicópata... ¿y resulta que trabaja en el campo de la inteligencia militar?

Un hombre que se hizo tales preguntas y luego se propuso averiguar las respuestas fue el psicólogo Peter Jonason. En 2010, Jonason (entonces en la Universidad Estatal de Nuevo México) y sus colegas publicaron un artículo titulado «¿Quién es James Bond? La tríada oscura como estilo de actuación social»,[2] en la cual mostraban que hombres con una específica tríada de rasgos de personalidad (la estratosférica autoestima del narcisismo; la intrepidez, crueldad, impulsividad y búsqueda de emociones de la psicopatía, y la falsedad y capacidad de explotar a los demás del maquiavelismo) pueden arreglárselas muy bien en determinados ámbitos de la sociedad. Y no solo eso, sino que también es muy probable que tengan un mayor número de parejas sexuales, y una fuerte inclinación hacia las relaciones esporádicas y breves, que hombres que tienen esos rasgos más bajos. Lejos de constituir un inconveniente cuando se trata de relacionarse con el sexo opuesto, la tríada oscura, sostiene Jonason, puede, por el contrario, acelerar el pulso a las mujeres... y a través de la mejora de las posibilidades de propagación de los genes, en realidad puede representar una estrategia de reproducción muy afortunada.

Una mirada somera a los titulares de los periódicos sensacionalistas y las columnas de cotilleo les convencerá de que esa teoría puede ser acertada. Muy acertada, de hecho. Pero uno de los mejores ejemplos, según Jonason, es James Bond.

«Es un ser desagradable, muy extravertido, a quien le encanta probar cosas nuevas», señala. «Incluyendo matar a la gente. Y nuevas mujeres.»

El estudio de Jonason consistió en que doscientos estudiantes universitarios rellenaran unos cuestionarios de personalidad destinados específicamente a comprobar la presencia de los atributos de la tríada oscura.[3] También se preguntó a los estudiantes por sus relaciones sexuales, incluyendo su actitud hacia las aventuras ocasionales y a los rollos de una sola noche. Quién lo iba a decir: el resultado más destacado fue que aquellos estudiantes que puntuaban alto en la tríada tendían a tener más muescas en sus baqueteados y desgastados cabezales de cama que aquellos que puntuaban más bajo, sugiriendo así que algunos elementos de los tres estilos de personalidad (narcisismo, maquiavelismo y psicopatía) aceleran una estrategia de proceso doble de emparejamiento del macho alfa, destinada a maximizar el potencial reproductivo:

1. Fecundar al máximo número de mujeres posible
2. Salir corriendo antes de que alguien te llame «papá»

Y parece que ha funcionado bastante bien a lo largo de los años. De otra manera, tal y como señala Jonason, ¿por qué iban a seguir existiendo todavía tales atributos?[4]

**Entre psicópatas anda el juego**

Curiosamente, no es en el aspecto reproductivo donde los psicópatas ocupan los primeros lugares. Las hazañas de psicólogos evolutivos[5] como Peter Jonason apoyan las afirmaciones de los popes de la teoría del juego como Andrew Colman, a quien ya conocimos en el capítulo anterior, en el sentido de que hay otras esferas de la vida, otros campos de actuación, en los que vale la pena ser un psicópata. Una estrategia psicopática no nos garantiza un mayor éxito en el dormitorio, pero puede ser muy útil en la sala de juntas, por ejemplo.

Un estudio de 2005, dirigido por un equipo conjunto de psicólogos y neuroeconomistas de la Universidad de Stanford, la Universidad Carnegie Mellon y la Universidad de Iowa, demuestra todo esto de una manera muy bonita.[6] El estudio adoptó la forma de un juego que tenía veinte rondas. Los participantes se dividían en tres grupos: gente normal, pacientes con lesiones en las zonas emocionales del cerebro (la amígdala, el córtex orbito-frontal, el córtex derecho insular y el somatosensorial) y pacientes con lesiones cerebrales en zonas sin relación alguna con la emoción. Al principio del juego, a cada participante se le entregó la suma de veinte dólares, y al principio de cada nueva ronda se le preguntaba si estaba dispuesto a arriesgar un dólar arrojando una moneda al aire. Perder incluía la penalización de un dólar, pero si ganabas, tenías una ganancia nada menos que de 2,50 dólares.

No hace falta ser un genio para averiguar la fórmula ganadora. «Desde luego», observa Baba Shiv, profesor de marketing en la escuela universitaria de negocios de Stanford, «lo lógico es invertir en cada ronda.»

Pero la lógica, como dijo una vez la activista política Gloria Steinem, a menudo está en el ojo del lógico que mira. Especialmente en lo que respecta al dinero.

La predicción, ni que decir tiene, no podía ser más sencilla. Si, tal y como indicaba la teoría del juego, hay veces en que realmente sale a cuenta apretar el acelerador (y los psicópatas tienen unas botas que pesan más), entonces, según la dinámica del juego, aquellos participantes que presentasen patologías relevantes (deficiencias en el procesamiento emocional) debían barrer con todo. Debían sobrepasar mucho a aquellos sin patologías (es decir, los otros dos grupos).

Y así fue exactamente como resultó el estudio. A medida que se iba desarrollando el juego, los participantes con emociones que funcionaban normalmente empezaron a declinar la oportunidad de jugar, optando por la alternativa conservadora: aferrarse a sus ganancias. Por el contrario, aquellos cuyo cerebro no estaba equipado con los cinturones de seguridad emocionales cotidianos que la mayoría de nosotros mantenemos estrechamente abrochados, siguieron adelante, acabando el juego con un margen de beneficio significativamente mayor que los otros grupos.

«Éste puede ser el primer estudio», comenta George Loewenstein, profesor de economía y psicología de Carnegie Mellon, «que documenta una situación en la cual personas con daños cerebrales toman unas decisiones financieras mejores que la gente normal.»

Antoine Bechara, ahora profesor de psicología y neurociencia de la Universidad del Sur de California, va más allá. «La investigación debe determinar las circunstancias en las cuales las emociones pueden ser útiles o perjudiciales, [y en las cuales] pueden resultar una guía para la conducta humana», señala. «Los brókers de más éxito podrían ser tildados con bastante verosimilitud de "psicópatas funcionales", individuos que por una parte son más capaces de controlar sus emociones o que, por otra parte, no las experimentan en el mismo grado de intensidad que otros.»

Y Baba Shiv está de acuerdo. «Muchos altos ejecutivos», añade, inquietantemente, «y muchos abogados de élite podrían compartir también este rasgo.»

Un estudio llevado a cabo por el economista Cary Frydman y sus colegas del Instituto de Tecnología de California presta credibilidad a las observaciones de Shiv.[7] Frydman entregó a los voluntarios una suma de veinticinco dólares, y luego les presentó una serie de dilemas financieros peliagudos. En un breve periodo establecido, los voluntarios tenían que decidir si jugar a lo seguro y aceptar algo concreto (pongamos recibir dos dólares) o bien aceptar una opción más arriesgada, pero potencialmente más lucrativa: una oportunidad del cincuenta por ciento de ganar diez dólares o perder cinco, por ejemplo. ¿Quién arramblaría con todo y quién se quedaría sin blanca?

Lejos de ser una cuestión de azar, resultó que un grupo pequeño de voluntarios superó completamente a los demás, haciendo coherentes elecciones óptimas bajo riesgo. Estos individuos no eran prodigios de las finanzas ni tampoco eran economistas, ni matemáticos, ni campeones mundiales de póquer. Por el contrario, eran los que contaban con el «gen guerrero», un polimorfismo de la monoamino oxidasa llamado MAOA-L, previamente asociado (aunque de forma controvertida) con conductas peligrosas y «psicopáticas».

«Contrariamente a discusiones previas en el material publicado, nuestros resultados muestran que esos patrones de conducta no son necesariamente contraproducentes», escribía el equipo de Frydman, «ya que en caso de elección financiera, esos sujetos se embarcaban en conductas más arriesgadas solo cuando resultaba ventajoso hacerlo.»[8]

El propio Frydman iba más allá. «Si dos jugadores cuentan las cartas, y uno apuesta mucho», observó, «puede parecer que es más agresivo o más impulsivo. Pero no sabemos qué cartas ha contado. Igual puede estar respondiendo a las buenas oportunidades.»

El trabajo llevado a cabo por Bob Hare y sus colegas en 2010 proporciona más apoyo.[9] Hare distribuyó el PCL-R a más de 200 ejecutivos del más alto nivel en Estados Unidos, y comparó la prevalencia de los rasgos psicopáticos en el mundo de la empresa con el hallado en la población general en conjunto. No solo los ejecutivos de negocios quedaron por delante, sino que la psicopatía se asoció positivamente con las tasas internas de carisma y estilo de presentación: creatividad, buen pensamiento estratégico y excelentes habilidades de comunicación.

Luego, por supuesto, estaba también el estudio llevado a cabo por Belinda Board y Katarina Fritzon, del que ya hablamos en el capítulo 1. Board y Fritzon enfrentaron a ejecutivos de empresas con los internos del hospital Broadmoor, una institución forense de alta seguridad en el Reino Unido (al que volveremos —literalmente—, con más detalle más adelante), en un test de perfil psicológico. Una vez más, en lo tocante a los atributos psicopáticos, los ejecutivos salieron victoriosos... cosa que, considerando que Broadmoor alberga a algunos de los criminales más peligrosos de Gran Bretaña, resulta bastante impresionante.

Le dije a Hare que en años recientes, el entorno empresarial, con sus recortes, reestructuraciones, fusiones y adquisiciones, se ha convertido más aún en un campo de cultivo para psicópatas. Y que igual que la inestabilidad y la incertidumbre política pueden convertirse en una excelente placa de Petri en la cual cultivar la psicopatía, también pueden hacerlo la alta mar del comercio y la industria.

Él asintió.

—Siempre he mantenido que si no estuviera estudiando a los psicópatas en prisión, lo haría en la bolsa —se entusiasmó—. Sin duda, existe una mayor proporción de grandes bateadores psicopáticos en el mundo de la empresa que entre la población general. Se pueden encontrar en cualquier organización donde la posición y el estatus te otorgue poder y control sobre los demás, y la oportunidad de ganancias materiales.

Su coautor de la comunicación sobre la psicopatía en la empresa, el psicólogo industrial y de organización de Nueva York Paul Babiak, también está de acuerdo.

«El psicópata no tiene problema alguno a la hora de enfrentarse a las consecuencias del cambio rápido. De hecho, le va de maravilla», explica.[10] «El caos organizativo le proporciona el estímulo necesario para la búsqueda de emociones psicopática, y cobertura suficiente para la manipulación psicopática y la conducta abusiva.»

Curiosamente, esos individuos que vulneraban las normas, que corrían riesgos y que buscaban la emoción y que fueron los responsables de poner la economía mundial patas arriba son precisamente las mismas personalidades que saldrán adelante en el naufragio. Igual que Frank Abagnale, son los ratones que caen en el cubo de crema, luchan y luchan y acaban por convertir esa crema en mantequilla.

## Champán en hielo

Las declaraciones de Babiak y Hare, como las de Board y Fritzon, de naturaleza demográfica y sociológica, dan mucho que pensar. Y cuando se colocan junto a observaciones obtenidas de un modo más empírico, los rifirrafes financieros de neuroeconomistas como Baba Shiv y sus coautores, las correlaciones coitales del cazador de tríadas oscuras Peter Jonason y las maquinaciones matemáticas de teóricos del juego como Andrew Coleman, por ejemplo, muestran, sin duda alguna, que decididamente hay más de un lugar para los psicópatas en la sociedad.

Eso explica, en parte, por qué los psicópatas todavía siguen por aquí... la inexorable perseverancia de sus oscuras e inmutables corrientes genéticas. Y por qué el precio de las acciones en ese consorcio altamente especializado de la personalidad ha seguido tan estable y floreciente a lo largo del tiempo. Hay puestos en la sociedad, trabajos y papeles que cumplir que, por su naturaleza competitiva, agresiva o fríamente coercitiva, requieren acceso a un tipo de residencia psicológica del que los psicópatas tienen las llaves, y que tienen de oferta en sus llamativos folletos neurológicos. Dado que tales papeles (predominantemente, por virtud de su estrés y su peligro inherentes) a menudo llevan consigo grandes riquezas, estatus y prestigio para los individuos que los asumen, y que, tal y como nos ha mostrado

Peter Jonason, los chicos malos parece que siempre acaban teniendo éxito con determinadas chicas, no resulta sorprendente que esos genes sigan por aquí. Biológicamente se podría decir que pelean por encima de su peso.

Por supuesto, se puede encontrar un carisma y una frialdad bajo presión similares entre aquellos que se aprovechan de las ventajas de la sociedad, como los artistas mundiales del timo. Y cuando se combinan con una habilidad excepcional para el engaño, puede resultar demoledor.

Tomemos por ejemplo a Greg Morant. Morant es uno de los timadores más elusivos y de más éxito de Estados Unidos. Y en lo que respecta a los psicópatas, está entre los cinco más encantadores y más despiadados que jamás haya tenido el gusto de conocer. Me reuní con él en el bar de un hotel de cinco estrellas en Nueva Orleans.[11] Solo «después» de pagar las bebidas, una botella de champán Cristal de 400 dólares, me devolvió mi cartera.

—Una de las cosas más importantes que debe tener en su posesión un timador es un buen radar para la «vulnerabilidad» —me explicó Morant, un comentario que me recordó la obra de la psicóloga Angela Book. (Si recuerdan el capítulo 1, Book averiguó que a los psicópatas se les da mejor que a los no psicópatas distinguir a las víctimas de un ataque violento sencillamente por la forma que tienen de andar)—. La mayor parte de los tipos con los que usted se cruza no se fijan en lo que dicen cuando le están hablando. En cuanto se van, las palabras desaparecen. Pero un timador lo va analizando todo... Como si fuera una terapia, intentas penetrar en el interior de la persona. Imaginas quiénes son por pequeñas cosas. Siempre son cosas pequeñas. El quid de la cuestión está en los detalles... Haces que se abran contigo. Normalmente, diciéndoles algo de ti mismo primero: un buen timador siempre tiene una buena historia que contar. Y luego, inmediatamente, cambias de tema. Al azar. De repente. Puede ser cualquier cosa, algo que se te acaba de ocurrir sin más ni más, lo que sea... cualquier cosa que interrumpa el flujo de la conversación. Nueve de cada diez veces, la persona olvidará por completo lo que te acaba de decir.

»Entonces te pones a trabajar. No de inmediato, hay que ser paciente. Al cabo de un mes o dos. Modificas un poco lo que te han dicho, lo que sea (sueles saber al instante cuáles son los puntos flacos) y les vuelves a contar la historia como si fuera tuya. ¡Bam! A partir de ahí, puedes hacer prácticamente lo que quieras.

»Le daré un ejemplo. [Un hombre] es rico, tiene éxito, trabaja sin parar... Cuando era niño, llegó a casa del colegio y se encontró con que su colección de discos había desaparecido. Su papá era un vago y los había vendido para aprovisionar su mueble bar. Él llevaba años coleccionando esos discos.

»Así que espera, pienso. ¿Me estás contando esto cuando llevamos cuánto, tres, cuatro horas en un bar? Algo no acaba de funcionar. Me doy cuenta al momento. Por eso tú trabajas tan duro, pienso. Por tu papá. Tienes miedo. Tu vida ha permanecido en suspenso todos estos años. No eres un ejecutivo. Sigues siendo aquel niño asustado. Aquel que llegó a casa del colegio y se encontró con que su colección de discos ya no estaba.

»¡Dios mío!, pienso. ¡Qué gracioso! ¿Y sabes qué? Al cabo de un par de semanas le cuento que eso me ocurrió *a mí*. Que una noche volví del trabajo y me encontré a mi mujer en la cama con el jefe. Y que ella me pidió el divorcio. Y que me dejó en la ruina.

Morant hizo una pausa y se puso un poco más de champán.

—¡Todo mentira! —se ríe—. Pero ¿sabe qué? Le hice un favor a ese hombre. Acabé con su sufrimiento. ¿No dicen que la mejor manera de vencer tus miedos es enfrentarte a ellos? Bueno, pues alguien tenía que ser su papá.

Las palabras de Morant eran espeluznantes. Más aún cuando las oías de primera mano. De cerca. Recuerdo con toda claridad nuestro encuentro en Nueva Orleans, y cómo me sentía yo en aquel momento. Violado, pero seducido. Cautivado, pero horrorizado... en gran parte, como los clínicos y agentes de la ley a los que entrevistó Reid Meloy, allá por el capítulo 1. A pesar del estilo, y el rollo a lo millonario con yate, yo me hacía muy pocas ilusiones acerca del tipo de hombre con el que estaba tratando. Allí tenía a un psicópata en todo su esplendor. Un camaleón social depredador. A medida que fluía el champán, y el lento crepúsculo sureño se reflejaba en su Rolex, él iba colonizando tu cerebro sinapsis a sinapsis, sin despeinarse. Y sin que te dieras cuenta.

Y sin embargo, como psicólogo, vi que en lo que decía Morant había una genialidad sencilla y despiadada. Su modus operandi se atenía a estrictos principios científicos. Hay estudios que demuestran que la mejor manera de que alguien te hable de sí mismo es contarle algo de ti mismo.[12] La revelación de uno mismo requiere reciprocidad. También está demostrado que si quieres evitar que alguien recuerde algo, la clave está en la distracción.[13] Y por encima de todo, en usarla con rapidez.[14] Y en la psicología clínica, llega un momento prácticamente en todas las intervenciones terapéuticas en que el terapeuta da con una veta de oro puro: descubre una época, un momento definitorio o un incidente que o bien precipita el problema subyacente, o bien lo resume, o ambas cosas.[15] Y eso no se aplica solo a la disfunción. Las estructuras principales de la personalidad, el estilo interpersonal, los valores personales, todas esas cosas a menudo se revelan mucho mejor en la trama pequeña de las vidas de las personas.

—Cuando se entrevista a alguien, siempre se busca algo que parezca intrascendente —dice Stephen Joseph, profesor de psicología, salud y atención social en el Centro de Traumas, Resistencia y Crecimiento de la Universidad de Nottingham—. El altercado en la oficina hace diez años con Brian, de Contabilidad. Aquella vez que el profesor te dijo que llegabas tarde y que no podías entrar. O cuando tú hiciste todo el trabajo y Fulanito se llevó todo el mérito. Buscas agujas, no pajares. La metralla de la vida incrustada muy adentro, en el interior del cerebro.

¿Qué es eso de que tú hiciste todo el trabajo y otro se llevó el mérito? No puede ser.

## La verdad de la mentira

Artista del timo y agente secreto son dos caras de la misma moneda, si debemos creer a una de las principales figuras de la seguridad nacional del Reino Unido con quien mantuve una conversación. Ambos, me decía ella, se apoyan en la capacidad de hacerse pasar uno mismo por algo que no es, en la facilidad de meterse en la piel de otro y la capacidad de manejarse entre telarañas de engaños con toda presteza.

Me sorprendería que Eyal Aharoni no estuviera de acuerdo. En 2011 Aharoni, psicólogo posdoctoral en la Universidad de Nuevo México, hizo una pregunta que, aunque resulte difícil de creer, nadie había hecho antes. Si en determinadas circunstancias la psicopatía es realmente beneficiosa, entonces, ¿te convierte en un criminal mejor?[16]

Para averiguarlo emprendió un estudio sobre 300 presos en un puñado de prisiones de seguridad media de todo el estado. Calculando una puntuación de «competencia criminal» para cada preso, comparando el número de crímenes cometidos con el número total de no-condenas (p. ej.: 7 no condenas de un total de 10 delitos = 70 por ciento de tasa de éxito), Aharoni descubrió algo interesante: la psicopatía sí que predice el éxito criminal.

Pero también hay que decir que tiene un límite. Una dosis muy alta de psicopatía (todos los diales subidos al máximo) es tan mala como si se tiene muy baja. Los niveles moderados son los que obtienen mayores «logros».

Precisamente, está abierto a debate *cómo* te convierte la psicopatía en un mejor delincuente. Por una parte, los psicópatas son maestros a la hora de mantener la frialdad, cosa que puede darles ventaja en una fuga o en un interrogatorio. Por otra parte, también son despiadados, y pueden intimidar a los testigos para que no presenten declaración. Pero igualmente plausible, e igualmente pertinente para espías y timadores por igual, es que además de ser despiadados e intrépidos, los psicópatas estén en posesión de un talento personal mucho más refinado. Exactamente igual que los mejores jugadores de póquer del mundo, pueden controlar sus emociones mejor que otros, cuando las apuestas son altas y estás acorralado... cosa que les daría ventaja no solo fuera de los tribunales, cuando planean y llevan a cabo sus viles planes y actividades, sino también dentro.

Hasta 2011, las pruebas de todo esto eran circunstanciales, en gran medida. Helinä Häkkänen-Nyholm, una psicóloga de la Universidad de Helsinki,[17] había observado, junto con Bob Hare, que los delincuentes psicopáticos parecían más convincentes que los delincuentes no-psicopáticos, cuando se trataba de expresar remordimientos. Cosa extraña, cuando menos, porque es algo que son incapaces de sentir. Pero una mirada rápida al contexto de tales observaciones (ante el tribunal, justo antes de la sentencia; ante el tribunal, para apelar una sentencia, y ante los psicólogos y directores de la prisión y comités de libertad condicional) levantaron las sospechas del psicólogo Stephen Porter. Era un tema de «autenticidad afectiva». Hubiera o no hubiera remordimiento, se preguntaba Porter, ¿se les daba mejor a los psicópatas fingirlo?[18]

Porter y sus colegas idearon un experimento ingenioso. A unos voluntarios se les presentaron una serie de imágenes destinadas a evocar diversas emociones, y luego debían responder a cada una de ellas con una expresión genuina o engañosa. Pero había una trampa. Mientras los participantes veían las fotos con carga emocional, Porter les grabó en vídeo a una velocidad de treinta imágenes por segundo, y luego examinó los vídeos fotograma a fotograma. En el estado de «fingimiento», esto le permitió observar la presencia de pequeños relámpagos fisionómicos llamados «microexpresiones»: manifestaciones pasajeras de una emoción auténtica, sin alterar (invisibles a tiempo real para la mayor parte de la gente a simple vista) que relampaguean imperceptiblemente a través de los postigos cerrados del ocultamiento consciente (véase la imagen 4.1 a continuación)

Imagen A Imagen B Imagen C

Figura 4.1. La imagen A muestra una sonrisa auténtica, mientras la sonrisa C muestra una sonrisa falsa con tristeza entremezclada (bajada de las cejas, párpados y comisuras de los labios). La imagen B muestra una expresión neutra. Hasta unos cambios minúsculos (y fugaces) como éstos pueden alterar todo el rostro.

Porter quiso saber si los participantes que exhibían altos niveles de psicopatía serían más capaces de disfrazar la verdadera naturaleza de sus sentimientos que sus homólogos de baja puntuación.

La respuesta, inequívocamente, fue el sí. La presencia (o ausencia) de rasgos psicopáticos predecía significativamente el grado de emoción contradictoria observada en la condición de engaño. Los psicópatas eran mucho más convincentes a la hora de fingir tristeza cuando se les presentaba una imagen feliz, o felicidad cuando miraban una imagen triste, que los no-psicópatas.[19] No solo eso, sino que eran igual de buenos que los voluntarios que puntuaban alto en inteligencia emocional.

Si uno puede fingir sinceridad, como dijo alguien una vez..., bueno, pues realmente tienes el éxito asegurado, por lo que parece.

El neurocientífico cognitivo Ahmed Karim ha llevado las cosas un paso más allá, y con la ayuda de una magia electromagnética, puede mejorar significativamente las perspectivas de la carrera tanto de los artistas del timo como de los agentes secretos. Karim y su equipo de la universidad de Tubinga, en Alemania, pueden convertirle a uno en un mentiroso mejor.[20] En un experimento en el que unos voluntarios fingían que robaban dinero de una oficina, y luego eran interrogados por un investigador que fingía ser un detective de la policía (como incentivo para engañar al detective, a los supuestos «ladrones» se les permitía quedarse el dinero, si tenían éxito), Karim descubrió que la aplicación de la técnica conocida como estimulación transcraneal magnética (TMS por sus siglas en inglés)[21] a la parte del cerebro implicada en la toma de decisiones morales, el córtex anterior prefrontal, elevaba el cociente de mentira de los participantes. Les daba una mayor inteligencia mentirosa.

No resulta obvio a primera vista por qué son así las cosas, y los investigadores están considerando diversas opciones. Pero una posibilidad es que la inhibición del córtex anterior prefrontal inducida por el TMS mejora la restricción de una zona de «exclusión aérea» neural por encima de lo consciente, ahorrándole al mentiroso las distracciones del conflicto moral.

Tal hipótesis, si resulta correcta, sería coherente con la investigación sobre los psicópatas. Sabemos, por estudios anteriores, por ejemplo, que los psicópatas tienen la materia gris reducida en el córtex anterior prefrontal, y recientes análisis usando la imagen con tensor de difusión (DTI por sus siglas en inglés)[22], llevados a cabo por Michael Craig y sus colegas del Instituto de Psiquiatría de Londres, también han revelado una integridad reducida del fascículo uncinado: el tracto axonal (una especie de acueducto neural) conecta el córtex prefrontal y la amígdala.

Los psicópatas, en otras palabras, no solo tienen un talento natural para la duplicidad. También sienten el «pellizco moral» considerablemente menos que el resto de nosotros. No siempre es mala cosa a la hora de la verdad, cuando hay que tomar decisiones en la línea de fuego.

### Entre el héroe y el psicópata

Por supuesto, no son solo los ladrones los que se benefician de una escasez de moralidad. Los que sufren de ética dudosa se pueden encontrar en todos los aspectos de la vida, no solo en los casinos y los tribunales. Tomemos, por ejemplo, la siguiente conversación de la película de 1962 *El amante de la muerte*.

> *Teniente Lynch*. ¿Y qué hacemos con Rickson? Nunca sabemos qué acrobacia se le ocurrirá hacer. ¿Podemos permitirnos a un piloto semejante? ¿Podemos permitirnos prescindir de él? ¿Qué opina?
>
> *Capitán Woodman:* Rickson es un ejemplo de la fina línea que separa al héroe del psicópata.
>
> *Teniente Lynch:* ¿Y en qué lado de la línea coloca a Rickson?
>
> *Capitán Woodman:* El tiempo lo dirá. Supongo que estamos corriendo un riesgo... pero así es la guerra.

*El amante de la muerte*, ambientada en la Segunda Guerra Mundial, presenta a un personaje llamado Buzz Rickson, un arrogante e intrépido piloto de B-17, cuyo genio en el combate aéreo proporciona una salida perfecta para su faceta más despiadada y amoral. Cuando se aborta una misión de bombardeo debido a unas condiciones climatológicas adversas, Rickson, muy celebrado por su tripulación por sus temerarias habilidades de vuelo, desobedece la orden de dar media vuelta y baja en picado abandonando la cobertura de la nube para dejar caer su carga mortal. Otro de los bombarderos no consigue volver a la base.

Los instintos elementales y depredadores de Rickson se deleitan en el escenario de la guerra. Asignado por su oficial al mando a una misión de rutina de arrojar folletos de propaganda, atruena el aeródromo como protesta, preparando la escena para el diálogo que hemos citado antes entre su navegante y el cirujano de vuelo.

Existe una línea muy fina, como dice el capitán Woodman, entre el héroe y el psicópata. Y a menudo depende de quién la traza.

Personajes como Rickson no solo existen en las películas. De unos cuantos soldados de las Fuerzas Especiales que he examinado hasta el momento, todos ellos han puntuado bastante alto en el PPI. Cosa que no representa una sorpresa excesiva, dadas algunas de las cosas que hacen. Como dijo uno de ellos con un característico eufemismo: «los chicos que encontraron a Bin Laden no estaban jugando a las bolas de pintura...».

Tal frialdad y concentración bajo el fuego se ilustra en un estudio llevado a cabo por el psicólogo y neurocientífico Adrian Raine y sus colegas de la Universidad del Sur de California, en Los Ángeles. Raine comparaba la actuación de psicópatas y no psicópatas en una sencilla tarea de aprendizaje,[23] y observó que cuando los errores se castigaban mediante un choque eléctrico doloroso, los psicópatas detectaban de qué iban las cosas mucho más despacio que los no psicópatas. Pero eso no era todo. Cuando el éxito se veía recompensado por una ganancia económica, así como evitando el choque, los papeles se invertían. En esta ocasión eran los psicópatas los más rápidos a la hora de captar las cosas.

Las pruebas son claras. Si los psicópatas pueden «captar» una situación, si se les ofrece algún tipo de recompensa, se entregan a la tarea, sin tener en cuenta el riesgo ni las posibles consecuencias negativas. No solo mantienen la compostura en presencia de amenazas o adversidades, sino que se convierten, a la sombra de tal presentimiento, en similares a un láser, en su capacidad de «hacer lo que es necesario».

Unos investigadores de la Universidad Vanderbilt han ahondado un poco más[24] y han observado que la concentración impasible y depredadora que suelen desplegar habitualmente los psicópatas podría verse reflejada en realidad en su cerebro. Lo que han descubierto arroja una luz totalmente distinta sobre lo que podría suponer ser un psicópata, y por tanto abre una perspectiva totalmente nueva precisamente sobre lo que les hace vibrar. En la primera parte del estudio, los voluntarios se dividieron en dos grupos: los que exhibían altos niveles de rasgos psicopáticos y los de la gama baja. Los investigadores dieron a ambos grupos una dosis de *speed* (más conocida como anfetamina) y usando una tomografía por emisión de positrones (PET por sus siglas en inglés)[25], escudriñaron su cerebro para ver lo que pasaba.

«Nuestra hipótesis era que [algunos] rasgos psicopáticos [impulsividad, elevada atracción por las recompensas, toma de riesgos] están ligados a una disfunción en el circuito de recompensas de la dopamina —explica Joshua Buckholtz, el autor principal del estudio— ... [y que] debido a esas respuestas exageradas a la dopamina, en cuanto se concentran en la posibilidad de obtener una recompensa, los psicópatas son incapaces de alterar su atención hasta que tienen lo que andan buscando.»

No iba desencaminado. Coherentemente con tal hipótesis, los voluntarios que mostraban altos niveles de rasgos psicopáticos liberaban casi cuatro veces más dopamina como respuesta a los estimulantes que sus homólogos no psicopáticos.

Pero eso no era todo. Se observó un modelo similar de actividad cerebral en la segunda parte del experimento, cuando en lugar de darles *speed*, a los participantes se les dijo que, al completar una tarea sencilla, recibirían una recompensa monetaria (nota a los investigadores: ¡si necesitan más voluntarios, llámenme!). Y efectivamente, el fMRI reveló que aquellos individuos con elevados rasgos psicopáticos exhibían una actividad mucho más significativa en el núcleo accumbens, la zona de recompensa de la dopamina en el cerebro, que aquellos que puntuaban bajo en psicopatía.

«Ha habido una larga tradición de investigación en psicopatía que se ha centrado en la falta de sensibilidad al castigo y falta de temor»,[26] comenta David Zald, profesor asociado de psicología y psiquiatría, y coautor del estudio. «Pero esos rasgos no predicen demasiado bien la violencia ni la conducta criminal... Esos individuos parece que tienen una atracción tan grande por la recompensa (la zanahoria) que se sobrepone a la sensación de riesgo o preocupación por el palo... No es que no sean conscientes de la posible amenaza, pero la anticipación o motivación por la recompensa supera esas preocupaciones.»

Las pruebas que lo corroboran vienen de la lingüística forense. La forma que tiene de hablar un asesino de su crimen depende, parece ser, del tipo de asesino que sea. Jeff Hancock, profesor de informática y ciencias de la información de Cornell, y sus colegas de la Universidad de la Columbia Británica, comparaban los relatos de catorce varones asesinos psicópatas y treinta y ocho no psicópatas y descubrieron unas diferencias notables:[27] no solo en relación a la pixelación emocional (los psicópatas usaron dos veces más palabras relativas a necesidades físicas, como comida, sexo o dinero, que los no-psicópatas, que ponían más énfasis en las necesidades sociales, como familia, religión y espiritualidad), sino también en relación con la justificación personal.

El análisis informático de las cintas transcritas revelaba que los asesinos psicópatas usaban más conjunciones como «porque», «ya que» o «así que» en sus testimonios, queriendo decir que el crimen de alguna manera se «tenía» que cometer para conseguir un objetivo determinado. Curiosamente, también tendían a incluir detalles de lo que comieron el día del asesinato... (¿maquinaciones espectrales de la mano de la depredación primigenia?).

El caso es que las conclusiones ofrecen pocas dudas posibles. El psicópata busca recompensas a cualquier coste, sin atender a las consecuencias y dejando a un lado los riesgos. Cosa que podría explicar bastante bien por qué Belinda Board y Katarina Fritzon encontraron tanta preponderancia de rasgos psicopáticos entre una muestra de ejecutivos como entre los reclusos de una unidad forense de seguridad. Dinero, poder, estatus y control, todos ellos dominio del típico director de empresa, y cada uno un bien muy buscado en sí mismo, juntos constituyen un atractivo irresistible para el psicópata orientado a los negocios, mientras va maniobrando y subiendo por los peldaños de la escalera corporativa. Recordemos la oscura y profética advertencia de Bob Hare: «los encontrarán [a los psicópatas] en cualquier organización donde la posición y el estatus te otorga poder y control sobre los demás, y la posibilidad de obtener ganancias materiales».

A veces trabajan bien. Pero a veces, inevitablemente, no. Y si la ética de la recompensa queda fuera del juego, predeciblemente, pueden ir del *boom* a la quiebra. Se encuentran Buzz Ricksons arrogantes y temerarios por todas partes, en casi cualquier campo que se pueda imaginar. Incluyendo, extrañamente, la banca.

Y Rickson, por si se lo estaban preguntando ustedes, acaba muerto: estrellado y convertido en una ignominiosa llamarada, en los acantilados blancos de Dover.

## Leer la mente

La intrepidez y concentración de los psicópatas se ha atribuido tradicionalmente a deficiencias en su procesamiento emocional, en concreto a una disfunción de la amígdala. Hasta hace poco, esto conducía a los investigadores a creer que además de no tener miedo, tampoco tenían empatía. Pero un estudio de 2008 de Shirley Fecteau y sus colegas del Centro Médico Diaconisa Beth Israel, en Boston, ha ofrecido una perspectiva totalmente distinta sobre el tema, sugiriendo que los psicópatas no solo tienen la capacidad de reconocer las emociones, sino que en realidad se les da mucho mejor que a los demás.

Fecteau y sus colegas usaron un TMS para estimular el córtex somatosensorial (la parte del cerebro que procesa y regula las sensaciones físicas) en el cerebro de unos voluntarios que puntuaban muy alto en el PPI.[28] Investigaciones previas habían demostrado que observar que a otra persona le ocurría algo doloroso daba como resultado un bajón temporal en la excitación neural en respuesta al TMS, en la zona del córtex somatosensorial correspondiendo a la región afligida por el dolor: el trabajo de unas estructuras cerebrales altamente especializadas y adecuadamente llamadas neuronas espejo.[29] Si los psicópatas carecen de la habilidad de tener empatía, conjeturaba Fecteau, entonces tal atenuación en la respuesta neural debería ser reducida en los individuos que puntuasen alto en el PPI, comparados con aquellos que tienen unas puntuaciones bajas... exactamente de la misma manera que los psicópatas podrían, en comparación con la mayoría de los miembros normales de la población, mostrar un contagio reducido al bostezo.[30]

Los investigadores, sin embargo, se llevaron alguna sorpresa. Para su gran asombro, Fecteau y su equipo dieron con un resultado contrario al que esperaban. Los que tenían altas puntuaciones en PPI, en concreto aquellos que puntuaron alto en la subescala «insensibilidad» del cuestionario, la subescala que atañe más directamente a la empatía, de hecho mostraron una mayor atenuación de la respuesta al TMS que los que puntuaron bajo, sugiriendo así que los psicópatas, más que tener una discapacidad a la hora de reconocer las emociones de los demás, en realidad tenían talento para ello, y que el problema no residía en el reconocimiento de la emoción en sí, sino en la disociación entre sus componentes sensoriales y afectivos: en la desconexión entre saber «qué es» esa emoción y sentir «cómo es».

La psicóloga Abigail Baird ha descubierto algo similar. En una tarea de reconocimiento de emociones usando el fMRI,[31] observó que mientras los voluntarios que puntuaban muy alto en el PPI mostraban una actividad de la amígdala reducida comparada con los que puntuaban bajo, cuando tenían que comparar caras con similares expresiones emocionales (en consonancia con un déficit en el procesamiento emocional), también mostraban una actividad aumentada tanto en el córtex visual como en el dorsolateral prefrontal, indicando, como señalan Baird y su equipo, que «los participantes de alta puntuación confían en regiones asociadas con la percepción y la cognición para hacer la tarea de reconocimiento de emociones».

Un psicópata con el que hablé lo expresó de la siguiente manera: «Incluso los ciegos a los colores», dijo, «saben cuándo deben detenerse ante un semáforo. Te sorprenderías. Tengo golpes ocultos».

O como nos recordó antes Homer Simpson: no preocuparse y no comprender son dos cosas totalmente distintas.

Por supuesto, la habilidad especial de los psicópatas para reconocer las emociones en los demás quizá pueda explicar de alguna manera sus superiores habilidades de persuasión y manipulación, igual que, ni que decir tiene, su superior capacidad de fingir emociones: un fenómeno que ya tocamos antes en este mismo capítulo. Pero la capacidad de separar la empatía «fría» y sensorial de la «caliente» y emocional tiene también otras ventajas, sobre todo en entornos en los que se debe conservar un cierto grado de distanciamiento afectivo entre el profesional y el cliente. Como en la profesión médica, por ejemplo.

Así se expresa uno de los mejores neurocirujanos del Reino Unido acerca de los sentimientos que tiene antes de entrar en el quirófano: «¿Me pongo nervioso antes de una operación importante? No, yo diría que no, pero supongo que es como una actuación. Tienes que mentalizarte. Y tienes que estar muy concentrado en el trabajo que vas a realizar, no distraerte. Tienes que hacerlo bien.

»Ha mencionado antes las Fuerzas Especiales. Y en realidad la mentalidad de un cirujano y, digamos, un soldado de élite, a punto de irrumpir en un edificio o un avión quizá sean similares. En ambos casos al "trabajo" se le llama operación. En ambos casos se necesita instrumental, y se usa mascarilla. Y en ambos casos, los años de práctica y aprendizaje no te preparan del todo para ese elemento de incertidumbre mientras haces la primera incisión; esa décima de segundo tan emocionante de la "entrada explosiva" cuando echas atrás la piel y de repente te das cuenta... de que estás DENTRO.

»¿Qué diferencia hay entre un margen de error de un milímetro, en lo que supone recibir un tiro en la cabeza, y un margen de error de un milímetro en lo que respecta a abrirte camino entre dos vasos sanguíneos importantes? En ambos casos tienes la vida y la muerte en tus manos, y debes tomar una decisión de muerte o gloria. En cirugía, literalmente, estás al filo de la navaja.»

Este hombre puntuaba muy por encima de la media en el PPI. Y si eso les sorprende, viniendo de uno de los neurocirujanos más importantes del mundo, piensen un poco. Yawei Cheng, de la Universidad Nacional Yang-Ming de Taiwán, y sus colaboradores[32] cogieron a un grupo de médicos con al menos dos años de experiencia en acupuntura y a un grupo de profesionales no médicos y, usando el fMRI, miraron en sus cerebros para ver qué ocurría cuando veían agujas insertadas en bocas, manos y pies. Lo que observaron fue muy interesante. Cuando los voluntarios de control contemplaron los vídeos en los que se insertaban agujas, aquellas zonas de su córtex somatosensorial correspondientes a las partes del cuerpo afectadas se iluminaban como árboles de Navidad, igual que otras zonas cerebrales como el periacueducto gris (el coordinador de la respuesta del pánico) y el córtex cingulado anterior (que codifica el procesamiento del error, la anomalía y el dolor).

Como contraste, había apenas un parpadeo de actividad relacionada con el dolor en el cerebro de los expertos. Por el contrario, éstos exhibían una activación aumentada de los córtex medial y superior prefrontal, así como de la articulación temporoparietal: regiones del cerebro implicadas en la regulación de las emociones y la teoría de la mente.[33]

Más aún: los expertos valoraban las exhibiciones de acupuntura como significativamente menos desagradables que los controles, reminiscencia de numerosos resultados de laboratorio que habían mostrado unas respuestas fisiológicas atenuadas (p. ej.: tasa de latidos del corazón, respuesta galvánica de la piel o GSR y niveles de cortisol) en psicópatas al presentarle estímulos de temor, asco o eróticos, y frente a difíciles tests de estrés social, como el de Trier.[34]

Lo que adquiere el experto a través de la experiencia, los psicópatas lo tienen ya desde el principio.

## ¿Psicópata *light*?

No mucho después de consultar el estudio de Yawei Cheng, me subí a un avión y me dirigí a Washington DC y fui al Instituto Nacional de Salud Mental a ver a James Blair. Blair es uno de los principales expertos mundiales en psicópatas y, como Joe Newman, lo ha visto casi todo.

—¿Compensa ser un psicópata? —le pregunté.

—Bueno, no siempre, quizá. Pero a veces sí..., cuando lo exige la situación.

Blair se mostró precavido. Es una carretera muy peligrosa y por la que te puedes despeñar.

—Es cierto que si ocurren cosas malas, el individuo con psicopatía puede sentirse menos preocupado por ellas —me dijo—. Sin embargo, no está tan claro que su toma de decisiones, en tales situaciones, sea particularmente buena. Además, si no analizamos adecuadamente todos los niveles de amenaza, podríamos dirigirnos hacia el peligro, en lugar de huir de él.

En otras palabras, si pudiésemos de alguna manera descongelar un poco el razonamiento, quitarle un poco de frialdad a la lógica, entonces sí, los rasgos psicopáticos podrían conferir algunas ventajas. De otro modo, ni hablar.

Pero a ver, pensé yo, ¿no es eso precisamente lo que encontramos en los héroes de este mundo? Nadie podría acusarles de tomar mal las decisiones. ¿Y qué ocurre con la actuación de los «psicópatas funcionales» de Bechara, Shiv y Loewenstein? ¿Y con los estafadores célebres de Frydman? (vale, tener el polimorfismo MAOA que codifica el riesgo y la agresión no te convierte automáticamente en un psicópata. Pero el nexo, desde luego, está ahí). Tal y como resultaron las cosas, su toma de decisiones, dadas las circunstancias, probablemente habría sido mejor que la mía o la de usted.

Así que quizá sea así como funcione. Quizá la ecuación necesitara solamente ajustarse un poco:

Psicópata funcional = psicópata –
mala toma de decisiones.

Para obtener una segunda opinión, tuve una charla con el cazador de psicópatas Kent Kiehl. Kiehl es profesor asociado de psicología y neurociencia en la Universidad de Nuevo México, y director de Imagen móvil y neurociencia clínica cognitiva de la Mind Research Network de Albuquerque. Como sugieren sus cargos, tenía muchas cosas entre manos cuando le conocí.

En realidad, Kiehl estaba de viaje cuando nos vimos. Y sigue todavía. No es un viaje por carretera normal y corriente, sino que se trata de desplazarse con un camión de dieciocho ruedas, un vehículo tan grande que cada vez que aparca me asombra que no necesite permiso de urbanismo. Desde luego, sí que necesita «permiso de escaneo», porque en el interior tiene una máquina fMRI de fabricación casera, que vale dos millones de dólares. Y Kiehl la lleva por todo Nuevo México, recorriendo algunas de las penitenciarías estatales, intentando desentrañar la base neurológica de la psicopatía.

Le hice la misma pregunta que le había hecho antes a James Blair. ¿Sale a cuenta, a veces, ser un psicópata? Kiehl, como Blair, se mostró reservado.

—Ciertamente, tiene lógica que los rasgos psicopáticos estén distribuidos normalmente entre la población general —me dijo—. Pero la diferencia con los que están en la parte alta del espectro es que éstos no pueden desconectar [la audacia] en situaciones en las que no sería apropiada. Un ejecutivo puede ser adepto al riesgo en determinadas parcelas de negocio, pero por otra parte, quizá no le apetezca ir andando por un barrio peligroso por la noche. Un psicópata no es capaz de hacer semejante distinción. En los psicópatas se trata de todo o nada.

Cosa que añade un tercer factor a nuestra ecuación:

$$\text{Psicópata funcional: } \frac{\text{Psicópata} - \text{mala toma de decisiones}}{\text{Contexto}}$$

Lo que significa, a diferencia del álgebra, que la psicopatía funcional depende del contexto. Y que, en el lenguaje de la teoría de la personalidad, es «estado», como opuesto a «rasgo». Y que, dado el conjunto de circunstancias adecuadas, puede estimular, más que obstaculizar, la velocidad y la calidad de la toma de decisiones.

En los años 80, el sociólogo John Ray llegó a una conclusión similar. Ray postuló una función en forma de U invertida como el modelo que más cuadraba a la relación entre la psicopatía y el éxito en la vida (véase la figura 4.2).[35] Según él mismo dice:

«Los niveles extremadamente altos y extremadamente bajos de psicopatía pueden ser inadaptados, y los niveles intermedios, los más adaptativos.[36] La base para decir que unos niveles de psicopatía alta son inadaptados son, por supuesto, los problemas en los que se meten a menudo los psicópatas clínicos. La base para decir que los niveles bajos de psicopatía pueden ser también inadaptados procede de la observación común del papel de la ansiedad en la psicopatía: los psicópatas no parecen mostrar ningún tipo de ansiedad. No hace falta apenas que recalquemos la función debilitante de los altos niveles de ansiedad. En una población normal no institucionalizada, por tanto, su relativa inmunidad a la ansiedad puede dar una ventaja a los psicópatas.»

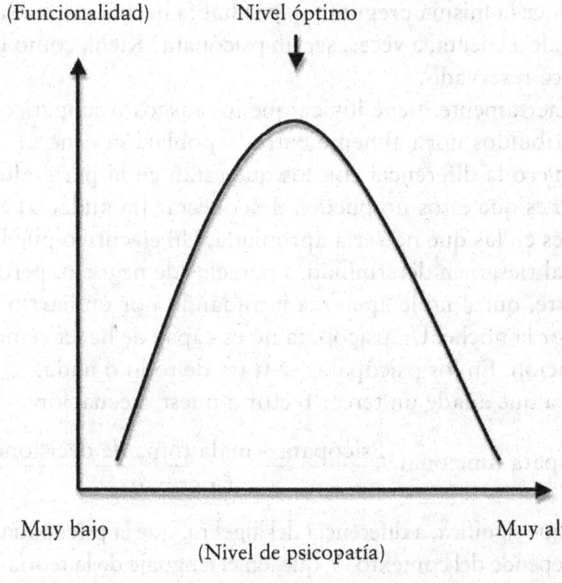


Figura 4.2. *La relación entre psicopatía y funcionalidad (de Ray & Ray, 1982).*

Irónicamente, éste es precisamente el resultado que obtuvo Eyal Aharoni entre la fraternidad criminal. No había niveles ni altos ni bajos de psicopatía que cifraran el éxito criminal..., de hecho, por el contrario, eran niveles moderados: algo que no ha escapado a la atención de Bob Hare y Paul Babiak, mientras continúan su investigación en el terreno de la psicopatía corporativa.

Hare y Babiak han desarrollado un instrumento llamado Business Scan (abreviando, B-Scan):[37] un cuestionario autocumplimentado que consiste en cuatro subescalas (estilo personal, estilo emocional, efectividad organizativa y responsabilidad social) calibradas específicamente para calcular la presencia de rasgos psicopáticos, no dentro de las poblaciones forenses (como el PCL-R), ni dentro de la población general en su conjunto (como el PPI), sino exclusivamente dentro de los entornos de la empresa (véase tabla 4.1, aquí abajo).

| *Rasgo de liderazgo* | *Rasgo psicopático* |
|---|---|
| carismático | encanto superficial |
| confianza en sí mismo | fatuidad |
| capacidad de influir | manipulación |
| capacidad de persuasión | arte del engaño |
| pensamiento visionario | invención de historias intrincadas |
| capacidad para correr riesgos | impulsividad |
| orientado a la acción | búsqueda de emociones |
| capacidad para tomar decisiones difíciles | pobreza emocional |

*Tabla 4.1. El B-scan: rasgos de liderazgo y sus equivalentes psicopáticos.*

Dentro de este marco, los rasgos psicopáticos fundamentales pueden transformarse a veces en las cualidades principales características de un líder influyente, y para evaluar la presencia de tales rasgos (con la debida adecuación al contexto) se vuelve imperativo hacer las preguntas adecuadas, empleando, por supuesto, la fraseología y el lenguaje correctos. El objetivo del B-Scan es hacer eso justamente, representando los puntos dentro de un marco empresarial y formulándolos con la terminología habitual de la empresa (por ejemplo: «está bien mentir para cerrar un trato» [acuerdo/desacuerdo en una escala del 1 al 4]). Ahora mismo estamos en el proceso de pasárselo a una muestra independiente de abogados, comerciantes y soldados de las fuerzas especiales en el Reino Unido, para ver precisamente de qué están hechos: una especie de biopsia psicológica de diversas profesiones de alto octanaje.

En un café al norte de Nueva York, justo enfrente de la empresa de Babiak, de consultoría de dirección de empresas y liderazgo, le refiero una conversación que tuve una vez con un jurista del Consejo Real británico, en su bufete en el centro de Londres.

—«En el tribunal, yo he destrozado a algunas personas, literalmente», me dijo aquel hombre, «los he crucificado en el estrado de los testigos. No tengo ningún problema en absoluto en hacer llorar a una supuesta víctima de violación en el estrado. ¿Y sabe por qué? Porque ése es mi trabajo. Lo que mis clientes me pagan por hacer. Al final del día, puedo colgar mi peluca y mi toga, ir a un restaurante con mi mujer, y me importará un pimiento..., aunque sepa que lo que ha ocurrido antes posiblemente le destroce la vida a aquella mujer.

»Por otra parte, sin embargo, si mi mujer se compra un vestido en unos grandes almacenes, digamos, y ha perdido el comprobante, y me pide que lo devuelva... eso es completamente distinto. Odio hacer ese tipo de cosas. No soy capaz. Un auténtico calzonazos...»

Babiak asiente. Sabe exactamente de qué le hablo. El B-Scan está diseñado exactamente para ese tipo de cosas. Nos tomamos nuestro café con leche y miramos hacia el río Hudson. Por encima del agua helada y gris, vastos continentes de nubes se apelotonan, lentas e inmisericordes, en un cielo bajo y tectónico.

—¿Qué le parece? —le pregunto—. ¿Cree que encontraremos una puntuación ideal en el B-Scan? ¿Un número perfecto que corresponda a la mejor actuación?

Él se encoge de hombros.

—Podríamos —dice él—. Pero lo que yo supongo es que probablemente sea más bien un abanico. Y que pueda variar ligeramente, dependiendo de la profesión.

Estoy de acuerdo. No puedo evitar pensar en Johnny y en qué lugar de la escala podría quedar. James Bond tenía licencia para matar, pero no mataba indiscriminadamente. Mataba cuando tenía que hacerlo. Y no le temblaba el pulso.

**Loco, malo... ¿o supercuerdo?**

Para complicar más aún las cosas, le pasé mi teoría de la psicopatía funcional a un amigo mío. Tom es miembro de las Fuerzas Especiales británicas, y ha trabajado en secreto en algunas de las zonas más calientes, remotas y peligrosas del planeta. Le encanta.

Le hablo de los juegos de azar, de las tareas de reconocimiento emocional, del potenciador de mentiras magnético transcraneal de Ahmed Karim y de los acupuntores. Luego le cuento lo que me han dicho James Blair, Kent Kiehl, Bob Hare, Paul Babiak y Peter Jonason.

—¿Pero adónde quieres ir a parar exactamente? —me pregunta, cuando finalmente le planteo que ponerse unas gafas de visión nocturna y luchar a cuchillo contra los talibanes en profundos laberintos de cuevas oscuras en las montañas del norte de Afganistán podría no ser del agrado de todos los soldados—. ¿Crees que estoy loco? ¿Que soy un idiota que se mete en sitios que hasta los ángeles dudarían en pisar? ¿Y al que además le encanta? ¿Y que le pagan por hacerlo?

En cuanto consigo soltarme de su llave, Tom me cuenta una historia. Una noche, unos años antes, se dirigía a su apartamento después de ver *Saw*. De repente de un portal sale un tipo con un cuchillo. La novia de Tom, aterrorizada, empieza a hiperventilar. Pero Tom, muy tranquilo, desarma al tío y lo echa.

—Lo más curioso —decía Tom— es que realmente la película me dio mucho miedo. Pero luego, cuando me encontré yo mismo en una situación peligrosa en la vida real, pues cambié el chip. No estaba asustado. Ni nervioso. Nada dramático. Nada...

El neurocirujano del que hablábamos antes está de acuerdo. La *Pasión según san Mateo* de Bach suele conmoverle hasta las lágrimas. Y cuando se trata de fútbol y del equipo que él apoyaba desde que era un niño... a veces, sencillamente, no puede ni mirar.

—¿Psicópata? —dice—. No estoy seguro. No estoy seguro de lo que pensarían mis pacientes de eso, tampoco... Pero es una palabra bonita. Y sí, cuando te estás lavando antes de una operación difícil, es verdad que notas algo frío que te corre por las venas. La única forma de describirlo es compararlo con una intoxicación. Pero es una intoxicación que agudiza los sentidos, en lugar de amortiguarlos. Un estado de conciencia que se alimenta de precisión y claridad, en lugar de hacerlo de confusión e incoherencia... Quizá «supercuerdo» sería una forma mejor de describirlo. Menos siniestra. Más... cómo lo diría yo... espiritual.

Se echa a reír.

—Vaya, esto suena mucho más raro todavía.

# 5
# Conviértame en un psicópata

> Las mejores épocas de nuestra vida son las ocasiones en las que conseguimos el valor necesario para rebautizar nuestras malas cualidades como buenas cualidades.
>
> FRIEDRICH NIETZSCHE

## Los tiempos están cambiando

Cuando se ha estado en plena forma tanto tiempo como Bob Hare, tienes derecho a mostrarte un poco exigente a la hora de relacionarte con alguien en un congreso. De modo que cuando la Sociedad para el Estudio Científico de la Psicopatía celebró su juerga bienal en Montreal, en 2011, y mandé un correo electrónico al distinguido profesor para solicitar una cita, preferí que la cosa fuera formal. ¿Se podría presentar quizá una oportunidad para tomar un café en el transcurso del congreso?, sugería yo.

La respuesta fue instantánea: «Preferiría un buen escocés a un café», exclamaba Hare. «Me encontrará en el bar del hotel. Yo invito.»

Y las tres cosas se cumplieron.

Decidí empezar con cautela.

—Bueno, ¿qué demonios de puntuación ha sacado usted en el PCL-R, Bob? —le pregunté, tomando un whisky de malta de veinte años.

Él se echó a reír.

—Ah, muy baja —dijo—. Uno o dos. Mis alumnos me dicen que realmente tendría que trabajármelo un poquito más. Pero hice algo muy «psicopático» hace poco. Estrellé un coche deportivo completamente nuevo. Un BMW.

—¡Fantástico! —dije—. Quizá sus alumnos tienen más efecto en usted del que piensa...

Mi segunda pregunta fue más seria:

—Cuando mira a su alrededor, a la sociedad moderna de hoy en día, ¿cree, en general, que nos estamos volviendo más psicopáticos?

Esta vez, el gran hombre tardó algo más en contestar.

—Creo, en general, que sí, que la sociedad se está volviendo más psicopática —dijo—. Quiero decir que hoy en día pasan cosas que no habríamos visto hace veinte, o incluso diez años. Los niños se anestesian ante la conducta sexual normal debido a la exposición temprana a la pornografía en internet. Las webs de amigos de alquiler se están haciendo cada vez más populares en la red, porque la gente está demasiado ocupada o es demasiado friki de la tecnología para hacer amigos de verdad. Y el otro día leí un informe que conectaba el significativo aumento en el número de bandas solo de mujeres con la naturaleza cada vez más violenta de la cultura moderna del videojuego.[1] De hecho, creo que si usted busca pruebas de que la sociedad se está volviendo más psicopática, el reciente auge de la criminalidad femenina resulta especialmente revelador. ¡Y ni siquiera he empezado a hablar de Wall Street!

La postura de Hare parece lógica a cualquiera que tenga un interés, aunque sea pasajero, en lo que podemos leer en los periódicos, ver en televisión o consultar online. En Japón, en 2011, un chico de diecisiete años vendió uno de sus riñones para poder comprarse un iPad. En China, tras un incidente en el cual un niño de dos años fue abandonado en medio de un mercado y atropellado no una, sino dos veces, mientras los viandantes seguían dirigiéndose a sus asuntos, un electorado horrorizado pidió al gobierno que aprobase una ley del «Buen Samaritano» que evitara que volviese a pasar algo semejante.

Por otra parte, sin embargo, en la sociedad siempre han pasado cosas malas. Y sin duda, siempre pasarán. El psicólogo de Harvard, Steven Pinker, lo ha señalado recientemente en su libro *Los ángeles que llevamos dentro*.[2] De hecho, él va un paso más allá. Lejos de aumentar, afirma Pinker, la violencia actualmente está en declive. El motivo de que los asesinatos despiadados y otros crímenes horribles ocupen las portadas de nuestros periódicos es que no son habituales. Más bien al contrario.

Tomemos el homicidio, por ejemplo. Husmeando en los expedientes judiciales de unos cuantos países europeos, los eruditos han observado que las tasas han ido descendiendo enormemente a lo largo de los años.[3] En el Oxford del siglo XIV, por ejemplo, parece, comparándolo con el día de hoy, que todo el mundo se dedicaba a matar: la tasa era entonces de 110 asesinatos por 100.000 personas al año, comparada con solo 1 asesinato por 100.000 personas en el Londres de mediados del siglo XX. También se han documentado tasas similares en otros lugares: Italia, Alemania, Suiza, Países Bajos y Escandinavia.[4]

Lo mismo ocurre con la guerra.[5] Pinker calcula que incluso en el mismo siglo XX, un siglo asolado por los conflictos, murieron unos 40 millones de personas en el campo de batalla, de aproximadamente 6.000 millones que vivían al final del siglo, lo que nos da una tasa del 0,7 por ciento. Incorporemos a esa estimación la muerte relacionada con la guerra de aquellos que murieron por enfermedad, hambruna y genocidio, y la tasa de muertos llega a los 180 millones. Parecen muchísimos, pero estadísticamente hablando es una cantidad bastante insignificante, que llega, más o menos, a un modesto 3 por ciento.

Contrastemos esto con la cifra correspondiente a las sociedades prehistóricas, la friolera del 15 por ciento, y empezaremos a ver con claridad. El cráneo de Neanderthal con un golpe que encontraron Christoph Zollikofer y sus colegas en el sudoeste de Francia no era más que la punta del iceberg.

La cuestión que nos viene a la mente de inmediato cuando nos enfrentamos a esas cifras es doble. En primer lugar, ¿encajan con la idea, intuitiva, aunque empíricamente especulativa, de que la sociedad se está volviendo más psicopática, y no menos? En segundo lugar, si lo es menos, ¿qué es lo que ha ocurrido en los años transcurridos para acallar de una forma tan drástica nuestros impulsos asesinos y violentos?

Tomando en consideración la primera pregunta, la respuesta obvia, o al menos la que probablemente acuda con mayor facilidad a la mente de todo el mundo como posible explicación, es la ley. En 1651, en *Leviatán*, fue Thomas Hobbes el primero que opinó que sin controles estatales de arriba hacia abajo, nos convertiríamos sin problemas en un puñado de salvajes embrutecidos. Y hay una gran verdad en tal afirmación. Pero Pinker argumenta desde una perspectiva más de la base hacia arriba, y aunque, ciertamente, no niega la importancia de las constricciones legales, también insinúa un proceso gradual de maduración cultural y psicológica.

«Empezando en el siglo XI o XII, y madurando después en el XVII o XVIII, los europeos han ido inhibiendo cada vez más sus impulsos, anticipando las consecuencias a largo plazo de sus actos, y tomando en consideración las ideas y sentimientos de las demás personas», señala.[6] «La cultura del honor (la presteza en tomar venganza) dio paso a la cultura de la dignidad (la presteza en controlar las emociones propias). Estos ideales dieron como resultado unas instrucciones explícitas que los árbitros culturales dieron a los aristócratas y nobles, permitiéndoles diferenciarse de los villanos y los zafios. Pero luego fueron absorbidos en la socialización de los niños cada vez más pequeños, hasta que se convirtieron en una segunda naturaleza. Las normas fueron descendiendo desde las clases superiores a la burguesía, que se esforzó por emularlas, y luego a las clases inferiores, y finalmente se convirtieron en parte de la cultura como conjunto.»

Tanto desde la perspectiva histórica como sociológica, todo esto resulta muy lógico. Sin embargo, ocultos entre las observaciones de Pinker se encuentran un par de preceptos críticos con implicaciones más inmediatas: sutiles pistas sociobiológicas que, si se examinan con detalle, pueden ayudar a cuadrar el círculo de una paradoja cultural interesante. Y que, si son válidos, pueden responder de alguna manera la primera de nuestras dos preguntas: la percepción de una sociedad que por una parte se ha vuelto cada vez menos violenta, y una sociedad que por otra parte aparentemente es cada vez más psicopática.

Consideremos, por ejemplo, según la elegante exposición de Pinker, la importancia del «árbitro cultural» como conducto de los cambios ideológicos. Tradicionalmente, en tiempos pretéritos, tales árbitros solían ser invariablemente los clérigos. O los filósofos. O los poetas. O incluso, en algunos casos, los monarcas. Hoy en día, sin embargo, dado que la sociedad se ha vuelto cada vez más secularizada, y con la expansión exponencial de un universo virtual infinito, son de otro tipo totalmente distinto: estrellas del pop, actores, popes de los medios de comunicación o los videojuegos, que, en lugar de diseminar los dictados de la dignidad, ahora los sacrifican en el altar de la psicopatía creativa.

Solo hay que poner la televisión. En el programa de la NBC *Fear factor*, vemos a unos concursantes asqueados devorar gusanos o insectos. En *The Apprentice* oímos esta exhortación informal, dicha como si tal cosa: «Estás despedido». Simon Cowell no es conocido exactamente por su trato exquisito, ¿verdad? Y tiemblo solo de pensar qué sentirá la presentadora Anne Robinson cuando mira a un concursante perdedor con su mirada lasciva, quirúrgicamente retocada, y anuncia, como una dominatriz demente: «Eres el eslabón débil. Adiós».

Pero la transmisión cultural de presiones de conducta normativas constituye solo un aspecto de la ecuación sociobiológica de Pinker. Su absorción en la sociedad como códigos convencionales de conducta, hasta el momento en que «se convierten en una segunda naturaleza», es otro asunto, enteramente.

Tomemos, por ejemplo, la industria de las finanzas. La codicia y la corrupción siempre se han aprovechado de los flecos de los grandes negocios, desde los especuladores de la Guerra Civil de Estados Unidos hasta los escándalos de los negocios aprovechando información privilegiada que se encontraban bajo la superficie de la Gran Bretaña capitalista y thatcheriana allá en los 80. Sin embargo, el nuevo milenio al parecer ha producido una oleada de criminalidad empresarial como ninguna otra. Chanchullos de inversiones, conflictos de intereses, lapsus de juicio, y todos esos truquitos empresariales típicos del fraude y desfalco clásicos de toda la vida, ahora no tienen precedentes. Tanto en gama como en magnitud fiscal.

Los analistas del gobierno corporativo citan una confluencia de razones para el clima de los negocios hoy en día, tan mancillado. La avaricia, por supuesto, la espina dorsal del estilo a lo «Gordon Gekko», es una de ellas. Pero también interviene la llamada «contabilidad de guerrilla». A medida que Wall Street y la Bolsa de Londres esperaban ganancias continuas, y aumentaba exponencialmente la velocidad y complejidad de los negocios, de repente la vulneración de la ley y la confusión se hicieron inevitables.

«Con unos valores, prácticas contables y transacciones financieras infinitamente más complejas», observa Seth Taube, abogado experto en litigios comerciales, «es mucho más fácil ocultar el fraude.»[7]

Clive R. Boddy, antiguo profesor de la Nottingham Business School, lo afirma con rotundidad, y en un número reciente del *Journal of Business Ethics*, afirma que son los psicópatas, sencillamente, los que se encuentran en el origen de todos los problemas.[8] Los psicópatas, explica Boddy, con un lenguaje que nos recuerda algo al que usaban Bob Hare y Paul Babiak en el capítulo anterior, se aprovechan de «la naturaleza relativamente caótica de las empresas modernas», incluyendo los «cambios rápidos, las renovaciones constantes», y la alta rotación de «personal clave», circunstancias que no solo les permiten abrirse camino mediante una combinación de «carisma personal, extraversión y encanto» hasta las oficinas directivas de las principales instituciones financieras, sino que también vuelven «su conducta invisible», y peor aún, «hacen que parezcan líderes normales e incluso ideales».

Por supuesto, una vez in situ, tales Atilas corporativos, según el análisis de Boddy, «son capaces de influir en el clima moral de toda la organización», y ostentan «un poder considerable».

Y acaba con una acusación. Los psicópatas, concluye, tienen la culpa de la crisis financiera global, porque su «persecución resuelta de su propio enriquecimiento y engrandecimiento, con exclusión de cualquier otra consideración, ha conducido al abandono del anticuado concepto de nobleza, igualdad, imparcialidad, o a cualquier idea real de responsabilidad social de la empresa».

No se puede negar que podría tener razón.

Por otra parte, sin embargo, está la sociedad en general, proclama Charles Elson,[9] director del Centro Weinberg para la Administración de Empresas de la Universidad de Delaware, que propone que en lugar de echar la culpa solamente a los peces gordos financieros, deberíamos echársela también a una cultura de la deformación moral, en la cual la verdad se estira con el potro de tortura de los intereses propios, y las fronteras éticas se difuminan más allá de cualquier cosa que pueda tener un justo interés cartográfico.

El hito, según Elson (al menos en Estados Unidos) lo marcó la aventura del presidente Clinton con Monica Lewinsky. Y el hecho de que su administración, su familia y (en gran medida) su legado sobrevivieran relativamente intactos después. Sea como sea, el honor y la confianza siguen fallando en todas partes. La policía está en el punto de mira por racismo institucional. El deporte está en el punto de mira por el uso generalizado de drogas que mejoran el rendimiento. Y la iglesia también está en el punto de mira por abusar sexualmente de menores.

La propia ley incluso está en el ajo. En el juicio por el secuestro de Elizabeth Smart, en Salt Lake City, el abogado que representaba a Brian David Mitchell, el predicador sin hogar y auto-proclamado profeta que secuestró, violó y mantuvo cautiva a Elizabeth, de catorce años, durante nueve meses (según el testimonio de Smart, la violó prácticamente todos los días durante ese período, por cierto), instó al juez a que dejara libre a su cliente con el argumento de que «la señorita Smart lo superó. Sobrevivió. Consiguió superarlo».[10]

Cuando en los tribunales se toca semejante música, podemos empezar a bailar en todas partes.

## Generación «Yo»

Le expliqué a Pinker, mientras nos tomábamos una cerveza y comíamos unas palomitas de maíz en el club de la Facultad de Harvard, que teníamos un enigma entre manos. Por una parte, teníamos la prueba de que la sociedad se está volviendo menos violenta, pero por otro lado, también había pruebas de que se estaba volviendo más psicopática.

Él me dijo algo muy acertado.

—De acuerdo. Digamos que la sociedad se está volviendo más psicopática —replicó—. Eso no significa necesariamente que vaya a haber un resurgimiento de la violencia. La mayoría de los psicópatas, me parece a mí, en realidad no son violentos. Infligen sobre todo daños emocionales, más que físicos...

»Por supuesto, si la psicopatía consigue afianzarse de verdad, entonces quizá veamos un mínimo aumento de violencia comparada con lo que habríamos visto, digamos, hace cuarenta o cincuenta años. Pero lo más probable es que empecemos a detectar una diferencia en los esquemas de esa violencia. Por ejemplo, podría volverse más aleatoria. O más instrumental.

»Creo que la sociedad tendría que volverse muy psicopática para que empezásemos a vivir otra vez como, por ejemplo, en la Edad Media. Y desde un punto de vista puramente práctico, ese nivel de manifestación sencillamente no es posible.

»No me sorprendería en absoluto comprobar que han ocurrido sutiles fluctuaciones en la personalidad o en el estilo interpersonal a lo largo de las últimas décadas. Pero las costumbres y etiqueta de la civilización moderna están demasiado arraigadas entre nosotros, demasiado incrustadas en nuestra naturaleza, para que se subviertan por un simple vuelco, o más probablemente, un ligero codazo, hacia el lado oscuro.»

Pinker tiene razón en que la psicopatía no es sostenible, a largo plazo. Como vimos con la ayuda de la teoría de los juegos en el capítulo anterior, hay una imposibilidad biológica. También tiene razón en cuanto a los posibles cambios subterráneos en la motivación para la acción violenta. En un estudio reciente del Centro de Crimen y Justicia del King's College de Londres,[11] se les preguntó sencillamente a 120 ladrones callejeros convictos por qué lo hacían. Sus respuestas fueron muy reveladoras sobre la vida callejera británica moderna. Por gusto. Por el impulso del momento. Por estatus. Por ganancias financieras... en ese orden concreto de importancia. Exactamente el tipo de conducta despreocupada e insensible que uno ve a menudo en los psicópatas.

Así que, ¿estamos presenciando el auge de una minoría sub-psicopática, para la cual la sociedad no existe? ¿Una nueva raza de individuos con poca o ninguna noción de las normas sociales, ningún respeto por los sentimientos de los demás y escasa preocupación por las consecuencias de sus actos? ¿Podría tener razón Pinker acerca de esas sutiles fluctuaciones en la estructura moderna de la personalidad, y de ese nefasto empujón hacia el lado oscuro? Si los resultados de un estudio reciente de Sara Konrath y su equipo del Instituto de Investigación Social de la Universidad de Michigan están en lo cierto, entonces la respuesta a esas preguntas es sí.[12]

En un estudio que ha examinado hasta el momento a 14.000 voluntarios, Konrath ha comprobado que los niveles de empatía de los estudiantes universitarios (medidos por el Índice de Reacción Interpersonal)[13] han ido declinando de forma constante a lo largo de las tres últimas décadas... de hecho, desde que se inauguró la escala, en 1979. Y en los últimos diez años, en concreto, se ha observado un declive pronunciado.

«Los chicos universitarios de hoy en día tienen en torno a un 40 por ciento menos de empatía que sus homólogos de hace veinte o treinta años», afirma Konrath.[14]

Y más preocupante aún, según Jean Twenge, profesora de psicología de la Universidad Estatal de San Diego, es que, durante el mismo periodo, los niveles de narcisismo de los estudiantes, por el contrario, han ido en la dirección contraria. Se han disparado.[15]

«Mucha gente ve al grupo actual de estudiantes universitarios, a veces llamados "generación Yo"», continúa Konrath, «como uno de los más egocéntricos, narcisistas, competitivos, seguros de sí mismos e individualistas de la historia reciente.»[16]

No resulta sorprendente, pues, que el antiguo jefe de las fuerzas armadas británicas, lord Dannatt, haya defendido recientemente la idea de que algunos reclutas se sometan a una «educación moral» como parte de su entrenamiento básico, tan carentes están muchos de ellos de un sistema de valores básico y esencial.

«La gente no ha tenido la misma exposición a los valores tradicionales que las generaciones anteriores», explica Dannatt, «de modo que sentimos que es importante que tengan una base moral.»[17]

Llevadlos al ejército, se solía decir de los delincuentes. Ya no. Ahora tienen demasiados.

No está claro del todo por qué ha tenido lugar ese empeoramiento de los valores sociales. Una concatenación compleja de entorno, modelos de conducta y educación, como de costumbre, es la responsable. Pero el principio de una respuesta quizá más fundamental puede encontrarse en otro estudio llevado a cabo por Jeffrey Zacks y su equipo del Laboratorio de Cognición Dinámica, Universidad de Saint Louis, Washington.[18]

Con la ayuda del fMRI, Zacks y sus compañeros penetraron en lo más hondo del cerebro de un puñado de voluntarios, mientras leían unas historias. Sus observaciones proporcionaron una curiosa información sobre la forma que tiene nuestro cerebro de construir la sensación del yo. El cambio en la situación de los personajes (p. ej.: «salió de casa y se fue a la calle») se asociaban con un aumento de actividad en las regiones de los lóbulos temporales implicados en la orientación espacial y la percepción, mientras que los cambios en los objetos con los que interactuaba un personaje (p. ej.: «cogió un lápiz») producían un aumento similar en una región de los lóbulos frontales conocida por ser importante para controlar el movimiento de coger. Lo más importante, sin embargo, es que los cambios en el objetivo de un personaje despertaban una activación mayor en zonas del córtex prefrontal, que si se daña, da como resultado un conocimiento deficiente del orden y estructura de la acción planeada e intencionada.

La imaginación, parece ser, produce esos efectos. Cuando leemos un relato, nuestro nivel de compromiso con él es tal que «mentalmente simulamos cada nueva situación que encontramos en la narración», según la investigadora que dirigía el estudio, Nicole Speer. Nuestro cerebro entrelaza esas situaciones recién incorporadas con conocimientos y experiencias recogidas de nuestra propia vida, y crea un mosaico orgánico de síntesis mentales dinámicas.

Leer un libro va tallando senderos neuronales totalmente nuevos en el antiguo lecho de roca cortical de nuestro cerebro.

Transforma la manera que tenemos de ver el mundo. Nos hace —como dice Nicholas Carr en su reciente ensayo, «Los sueños de los lectores»— «más alertas a la vida interior de los demás».[19]

Nos convertimos en vampiros sin ser mordidos. En otras palabras: más empáticos. Los libros nos hacen ver de una manera que la inmersión ocasional en internet, y la viveza que ofrece el mundo virtual, no consiguen.[20]

## Culpable, pero no hay que echarle la culpa

De vuelta en Montreal, Bob Hare y yo nos tomamos otro whisky. Hablando del tema de la empatía y la adopción de perspectivas, hablamos del surgimiento de la «neuroley», una subdisciplina en desarrollo confirmada por el interés cada vez mayor que se están tomando los tribunales en la neurociencia de vanguardia.[21]

El estudio crucial se publicó en 2002[22] y en él se vio que un polimorfismo funcional en un gen neurotransmisor-metabolizante predice la conducta psicopática en hombres que fueron maltratados de niños. El gen en cuestión (llamado, como hemos mencionado anteriormente, el «gen guerrero» por los medios de comunicación) controla la producción de una enzima llamada monoamino oxidasa A (MAOA), cuya escasez se había relacionado previamente con una conducta agresiva en ratones.

Pero Avshalom Caspi y Terrie Moffitt, del Instituto de Psiquiatría, King's College, Londres, llevaron la cosa más lejos, y en un estudio innovador, que iba siguiendo a unos niños a través de la adolescencia y hasta la edad adulta, descubrieron un patrón similar en humanos. Chicos que sufrieron abusos o desatención, y que poseen una variación del gen que codifica bajos niveles de MAOA, tienen un mayor riesgo, a medida que se hacen mayores, de convertirse en psicópatas violentos. Por otra parte, sin embargo, los que proceden de un entorno disfuncional similar, pero que producen más cantidad de esta enzima, raramente desarrollan tales problemas.

Las implicaciones del descubrimiento se han transmitido hasta los tribunales, y podrían reescribir por completo las normas fundamentales de crimen y castigo.[23] Que seamos «buenos» o «malos» depende en parte de nuestros genes, y en parte de nuestro entorno.

Pero como no podemos elegir ninguna de las dos cosas, ¿somos libres en realidad de elegir?

En 2006, el abogado defensor de Bradley Waldroup, Wylie Richardson, llamó al profesor William Bernet, psiquiatra forense de la Universidad Vanderbilt, en Nashville, Tennessee, al estrado de los testigos.[24]

Tenía un importante trabajo entre manos.

Waldroup estaba acusado de uno de los crímenes más brutales y horrendos de la historia de Tennessee. Tras una visita de su esposa, de la que estaba separado, sus cuatro hijos y el amigo de su ex mujer a la caravana donde vivía, Waldroup, según sus propias palabras, «estalló». Cogió su rifle del 22 y le metió ocho balazos en la espalda al amigo, y luego le abrió la cabeza con un machete. Se volvió con el machete hacia su mujer, le cortó un dedo, luego la apuñaló y cortó repetidamente y luego cambió de herramienta y la dejó inconsciente golpeándola con una pala.

Milagrosamente, su mujer sobrevivió. Pero el amigo no, por desgracia. Cosa que significaba que Waldroup, si lo declaraban culpable, se enfrentaba a la pena de muerte.

Richardson tenía una idea distinta.

—¿Es cierto —preguntó a Bernet—, que el acusado posee una variante en sus genes que indica que tiene niveles bajos de MAOA?

—Sí —replicó Bernet.

—¿Es cierto también —continuó Richardson—, que fue golpeado violenta y repetidamente por sus padres de niño?

—Sí —contestó Bernet de nuevo.

—Entonces, ¿hasta qué punto el hombre que tiene ante usted es completamente responsable de sus actos? —insistió Richardson—. ¿Hasta qué punto su libre albedrío se vio erosionado por su predisposición genética?

Era una pregunta novedosa, sobre todo para Bradley Waldroup, cuya existencia, dependiendo de la respuesta, estaba en equilibrio precario.

Obtuvo una respuesta igualmente innovadora. Suficiente, pensó el tribunal, para absolverle de asesinato en primer grado y encontrarle culpable de homicidio voluntario. Suficiente para hacer historia, y para que la ciencia de la genómica conductista conmutase una sentencia de muerte, de otro modo cierta, por una cadena perpetua.

El tema de la «neuroley» surgió en el contexto de una discusión más amplia sobre el campo de la neurociencia cultural:[25] el estudio de cómo los valores, prácticas y creencias sociales moldean y son moldeados por procesos genómicos, neurales y psicológicos, a través de múltiples escalas temporales y culturales. Si la sociedad se está volviendo cada vez más psicopática, me preguntaba yo, ¿habrá un gen que ya esté trabajando, creando más psicópatas? ¿O como explicó Steven Pinker en su argumento de la «cultura de la dignidad», se trata de costumbres y convenciones cada vez más socializadas, hasta convertirse en una segunda naturaleza?

Hare sugiere que probablemente haya un poco de las dos cosas; que los psicópatas, ahora mismo, están de buena racha. Y que cuanto mejor les vaya, más normativa se volverá su conducta. Señala a la aparición de la epigenética, un nuevo brote del campo de la genética convencional,[26] que, dicho con sencillez, contempla los cambios en la actividad de los genes que no implican en realidad alteraciones del código genético en sí, pero que se transmiten a generaciones sucesivas. Esos patrones de expresión genética están gobernados por pequeños «interruptores» que se sitúan en la parte superior del genoma, y alterando esos interruptores, y sin necesidad de realizar una complicada reconexión interna, pueden tener influencia factores del entorno como la dieta, el estrés e incluso la alimentación prenatal, que, como malévolos poltergeists biológicos, activan o desactivan tus genes y hacen notar su presencia en habitaciones ancestrales, heredadas hace tiempo de sus propietarios u ocupantes originales.

Hare me habla de un estudio llevado a cabo en Suecia, en los años ochenta.[27] En la primera mitad del siglo XIX, una zona remota del norte del país, Överkalix, se vio afectada por una serie de cosechas muy malas e impredecibles. Años de hambruna se intercalaron con años de extraordinaria abundancia.

Buscando entre los datos de los meticulosos archivos agrícolas, y luego comparando los datos con los correspondientes registros de salud nacional, los científicos descubrieron algo extrañamente críptico y misterioso: un patrón de herencia epidemiológica que volvía del revés la ciencia de la genética. Los hijos y nietos de hombres cuyos años prepúberes[28] coincidieron con una época de hambruna resultó que tenían un riesgo mucho menor de morir de enfermedades cardiovasculares (como apoplejías, hipertensión o problemas coronarios). Por otra parte, sin embargo, los hijos y nietos de hombres cuya prepubescencia coincidía con una cosecha abundante, tenían un mayor riesgo de sucumbir a enfermedades relacionadas con la diabetes.

Era increíble. Aunque ellos no habían hecho nada, sucesivas generaciones de hijos y nietos tenían su futuro cardiovascular y endocrino marcado por las exigencias ecológicas aleatorias de un tiempo ancestral, transcurrido hacía mucho. Antes de que nacieran, incluso.

Me costaba creerlo.

—Así que ¿es posible —pregunté, intentando hilvanarlo todo, Pinker y sus árbitros culturales, Boddy y sus Atilas corporativos y todo el tinglado de la epigenética—, que los psicópatas hayan tirado los dados, y que, a lo largo del tiempo, cada vez más y más personas hayamos compartido la apuesta con ellos?

Hare pide otras dos copas.

—No solo eso —dice—, sino que, a lo largo del tiempo, como usted dice, si la mano de la epigenética empieza a intervenir entre bambalinas, esos dados estarán cada vez más cargados... No hay duda de que existen elementos de la personalidad psicopática adecuados idealmente para subir hasta lo más alto. Y una vez allí, por supuesto, pueden empezar a llevar la batuta y decidir qué otros de entre los suyos son los más adecuados para bailar... Mire lo que ocurre en Wall Street, por ejemplo... Las cosas van de arriba hacia abajo. Pero, a medida que la cosa va arraigando, los que están más preparados se mueven mejor en ese entorno, a los niveles más bajos de gestión, y empiezan a subir...

»Había un escritor de los sesenta, Alan Harrington, que pensaba que los psicópatas eran el siguiente escalón evolutivo: el siguiente truquito que tenía en la manga la selección natural, a medida que la sociedad se volvía más rápida y más suelta.[29] Quizá tenga razón. No hay manera de saberlo, ahora mismo. Pero ciertamente, se está haciendo un trabajo muy interesante en los laboratorios de genética, en estos momentos.

»¿Le he hablado de ese trabajo que demuestra que la gente con altos niveles de testosterona y alelos largos en los genes que transportan la serotonina exhiben una respuesta de la amígdala inhibida cuando se enfrentan con amenazas sociales de dominación?[30]

»Ahí tiene el posible gen de la psicopatía. Tienen la agresión elevada y el miedo inhibido, todo en uno...»

## Los ojos de Gary Gilmore

Echo una ojeada a mi reloj de pulsera. Pasa un poco de las nueve, y el bar se está llenando. Como oportuno telón de fondo, suena la melodía de *Gary Gilmore's Eyes* de The Adverts, una cancioncilla post-punk del año pasado en la cual el cantante cavila cómo sería ver a través de ellos.[31] Es una pregunta interesante, a la cual alguien tiene respuesta. Después de su ejecución, Gilmore pidió que sus ojos se usaran para trasplantes. Al cabo de unas horas de su muerte, conforme a sus deseos, dos personas recibieron sus córneas.

Gilmore, desde luego, es uno de los super-psicópatas más criminales de la historia, uno de esos raros ejemplares de una especie con todos los diales de la tabla de sonido al máximo. En invierno de 1977, el antiguo vendedor de zapatos americano compareció ante un pelotón de fusilamiento en la pequeña y corriente ciudad de Draper, Utah. El mes de julio anterior, en una gasolinera a unos cuantos kilómetros por aquella carretera, había matado a tiros a un encargado por motivos de los que él mismo no estaba seguro, y luego se había ido a ver una película al cine con su novia. Al día siguiente hizo un bis y mató al recepcionista de un motel de un disparo en la cabeza a bocajarro.

Seis meses después, tras una última cena consistente en hamburguesas, huevos y patatas, se enfrentaba a las consecuencias en la Prisión estatal de Utah. En el pelotón de ejecución había cinco personas. El gobernador de la prisión tensó las correas que sujetaban la cabeza y el pecho de Gilmore, y colocó un blanco circular de tela encima de su corazón. Luego salió de la cámara de ejecución y apretó la cara contra el frío y transparente cristal de la sala de observación.

Gilmore ya no podía esperar nada salvo que llegase un milagroso indulto en el último minuto. Y los milagros y los indultos no eran comunes en Draper, en aquella época. Además, un par de meses antes Gilmore había retirado su apelación. Quería morir, o al menos eso dijo su abogado.

Eran la ocho de la mañana cuando el pelotón de fusilamiento cogió sus rifles. Antes (como era tradicional), le colocaron una capucha de pana negra en la cabeza, y el gobernador (como era tradicional) preguntó a Gilmore si quería pronunciar unas últimas palabras.

Gilmore miró al frente con los ojos más fríos que un tiburón blanco, mientas el inaudible trueno de la muerte retumbaba en su alma.

—Háganlo —dijo.

Mientras la canción sigue sonando, me vuelvo algo pensativo a Hare.

—Me pregunto cómo sería realmente ver a través de los ojos de Gilmore —digo—. Quiero decir... de verdad. Si alguien pudiera convertirle en psicópata durante una hora, ¿querría usted hacerlo?

Él se echa a reír.

—Quizá ahora sí —dice, arrastrando las palabras—. A mi edad... ¡Pero primero tendrían que quitarme las llaves de mi BMW!

Nos acabamos las bebidas y cada uno se va por su lado. La canción me ha dejado pensativo y voy recorriendo las calles del viejo Montreal con una loca idea rondándome en la cabeza. ¿Y ese estudio de Ahmed Karim, aquél en el cual convertía a la gente en mejores mentirosos borrando sus regiones de toma de decisiones morales (sus córtex anteriores prefrontales) con estimulación transcraneal magnética?

Si se puede subir uno de los diales, ¿no se podrían subir también los demás?

## Personalidad magnética

La estimulación magnética transcraneal (o TMS por sus siglas en inglés) la desarrollaron por primera vez el doctor Anthony Barker y sus colegas en la Universidad de Sheffield, en 1985.[32] Pero la historia es mucho más larga. De hecho, la técnica que se halla detrás de la estimulación eléctrica de los nervios y músculos ya se conoce desde la década de 1780, unos 200 años antes de que Barker se enchufase, cuando el anatomista y físico italiano Luigi Galvani y su compatriota Alessandro Volta descubrieron, con la ayuda de un sencillo generador eléctrico y un par de patas de rana cortadas, que los nervios no eran tuberías, como había conjeturado Descartes, sino conductores eléctricos que transportaban información por todo el sistema nervioso.

Desde entonces, las cosas han avanzado mucho. Mientras la aplicación inaugural de la TMS por Barker y su equipo comprendía una demostración elemental de la conducción de impulsos nerviosos desde el córtex motor a la médula espinal, estimulando sencillas contracciones musculares, hoy en día el asunto es muy distinto: la TMS tiene amplios usos prácticos, tanto en diagnóstico como en capacidad terapéutica, en una gran variedad de afecciones neurológicas y psiquiátricas, que oscilan desde la depresión y la migraña hasta apoplejías y la enfermedad de Parkinson.

La premisa básica de la TMS es que el cerebro funciona mediante señales eléctricas. Y que, como cualquier sistema de esas características, es posible modificar su funcionamiento alterando su entorno eléctrico. El equipo básico consiste en un electroimán muy potente colocado en el cuero cabelludo que genera pulsos del campo magnético regulares a unas frecuencias específicas, seleccionadas previamente, y una bobina envuelta en plástico para concentrar esos pulsos magnéticos a lo largo de la superficie del cráneo hacia zonas del cerebro que constituyen objetivos especiales y se hallan discretamente segregadas, estimulando así el córtex subyacente.

Pues bien; una de las cosas que sabemos de los psicópatas es que los interruptores que iluminan su cerebro no están conectados de la misma manera que en el resto de nosotros... y que una zona particularmente afectada es la amígdala, una estructura del tamaño de un cacahuete situada justo en el mismo centro del tablero de circuitos. La amígdala, como hemos visto previamente en este libro, es la torre de control emocional del cerebro. Supervisa nuestro espacio aéreo emocional, y es responsable de la manera que tenemos de sentir las cosas. Pero en los psicópatas, una parte de ese espacio aéreo, la parte que corresponde al miedo, está vacía.

Usando la analogía del interruptor de la luz, la TMS se puede contemplar como un potenciómetro. A medida que procesamos información, nuestro cerebro genera pequeñas señales eléctricas. Esas señales no solo pasan por nuestros nervios para hacer funcionar nuestros músculos, sino que también deambulan por lo más hondo de nuestro cerebro, como efímeros cardúmenes de datos eléctricos, que crean nuestros pensamientos, recuerdos y sentimientos. La TMS puede alterar la intensidad de esas señales. Pasando una corriente electromagnética por unas zonas del córtex dibujadas con precisión, podemos subir o bajar esas señales, o bien empujar a esos cardúmenes de datos en su camino, o bien impedir su progreso.

Si bajamos las señales de la amígdala, y como hicieron Ahmed Karim y sus colegas en la Universidad de Tubinga, del barrio de la moralidad del cerebro, estaremos en camino de dar a alguien un «cambio de imagen psicopático». En realidad, Liane Young y su equipo del MIT desde entonces han subido un grado más y demostrado que la aplicación de la TMS a la articulación temporoparietal adecuada, una zona neurológica específica en lo más profundo de ese barrio, tiene efectos significativos no solo en la capacidad de mentir, sino también en la capacidad de razonamiento moral.[33] En particular, al atribuir intencionalidad a los actos de los demás.

Llamo por teléfono a mi antiguo colega Andy McNab. Está pasando unas vacaciones de una semana en el desierto cuando le llamo, corriendo por Nevada en una Harley V-Rod Muscle.

—¡Sin casco! —brama.

—Hola, Andy —digo yo—. ¿Estás dispuesto a aceptar un pequeño desafío cuando vuelvas?

—¡Por supuesto! —chilla—. ¿De qué se trata?

—¿Qué te parece si nos enfrentamos tú y yo en el laboratorio en una prueba a ver quién es el más frío? ¿Y si te gano?

Se echa a reír.

—Me encanta —dice—. ¡Claro que acepto! Pero hay un pequeño problema, Kev... ¿Cómo cojones crees que vas a conseguirlo?

—Muy sencillo —digo yo.

**Servicio especial «de autor»**

Para aquellos de ustedes que hayan vivido en una cueva los últimos veinte años (con la posible excepción de los talibanes), Andy McNab es quizá el soldado británico más famoso que ha servido en las Fuerzas de Su Majestad desde que el príncipe Harry colgó su maza de polo en Eton, allá por 2005. Durante la Primera Guerra del Golfo, Andy dirigió la Bravo Two Zero, una patrulla de ocho hombres de las Fuerzas Especiales que tenía asignada la tarea de recoger información sobre comunicaciones subterráneas entre Bagdad y el noroeste de Iraq, y rastrear y destruir los lanzamisiles Scud a lo largo de la ruta principal de suministros iraquí en la zona.

Pero pronto los muchachos tuvieron que ocuparse de otras cosas. Un par de días después de su introducción, la patrulla fue descubierta por un cabrero que atendía a su rebaño. Y según la tradición consagrada por el tiempo, pusieron pies en polvorosa: trescientos kilómetros a través del desierto, hacia la frontera siria.

Solo uno de ellos consiguió llegar. Tres murieron asesinados, y los otros cuatro, incluido Andy, fueron hechos prisioneros en diferentes puntos a lo largo del camino por los iraquíes. Baste decir que ninguno de sus captores tendría nunca un programa de entrevistas propio... ni tampoco harían historia en la cirugía cosmética. Se acepta generalmente que hay mejores maneras de que una persona esté a gusto que apagándole un cigarrillo en el cuello. Y mejores formas de romper y remodelar la mandíbula que con la culata de un AK-47 requemada por el sol. Gracias a las técnicas más avanzadas, ya de vuelta en casa en el Reino Unido, la boca de Andy tiene ahora más porcelana que todos los baños de Buckingham Palace juntos.

Él debería saberlo, porque fue allí en 1991 a recoger la Medalla de Servicios Distinguidos de manos de la reina.

Y la medalla no fue más que el principio. En 1993, en un libro que lleva el nombre de la patrulla, Andy contaba la historia sin ahorrar ningún detalle truculento, y definía repentinamente tanto el género como la forma de las memorias militares modernas.[34] En palabras del oficial al mando del Servicio Especial Aéreo (SAS por sus siglas en inglés), la historia de Bravo Two Zero «quedará escrita para siempre en los anales del regimiento».

Y lo decía totalmente en serio. De hecho, ahora forma parte de una historia cultural más amplia. Y Andy se ha convertido en una marca.

En un vuelo nocturno a Sydney de hace unos años, pasamos por encima de Afganistán. Allá abajo, en la profunda y peligrosa oscuridad entre las montañas del Hindu Kush, observé, entre la intermitente cobertura de las nubes, diminutos puntos de luz. ¿Qué demonios es eso?, me pregunté. ¿Hogueras de campamento de pastores nómadas tradicionales? ¿Escondites secretos de señores de la guerra talibanes tuertos?

Justo en el momento apropiado, el piloto puso en marcha el intercomunicador. «Aquellos de ustedes que estén sentados en el lado derecho del aparato», explicó, «seguramente podrán distinguir los portátiles del SAS mientras escriben a toda velocidad sus últimos *best sellers.*»

El intercomunicador se apagó. Y todo el mundo se echó a reír. Andy también se habría reído, si hubiera estado allí. Pero creo que por aquel entonces volábamos por encima de él.

Una de las primeras cosas que uno nota en Andy, y se nota en seguida, es que le importa todo un pimiento. Nada es sagrado. Y nada le perturba ni remotamente.

—Solo tenía un par de días cuando me encontraron —me explicó cuando nos conocimos en la estación London Bridge—. Justo en la otra esquina, ahí, de hecho, en los escalones del hospital Guy. Al parecer iba envuelto en una bolsa de Harrods.

—Estás de broma. ¿En serio?

—Sí —afirmó—. Totalmente.

—Mierda —dije—. Increíble. Yo te hacía más bien hombre de los almacenes TK Maxx.

—¡Hijo de puta! —rugió—. Qué bueno. Me gusta.

Los dos formamos parte de un programa de radio que preparo para la BBC. El programa se llama *Persuasión extrema*,[35] y quiero averiguar si determinadas características psicopáticas podrían ser útiles en el SAS. Como que te importe todo un pimiento, por ejemplo. No me decepciona. Si está pensando usted en alistarse, le daré un consejo gratis. Si tiene problemas con su origen, será mejor que se quede en casa.

—Una de las primeras cosas que notas en el campamento son las bromas —me dice Andy—. Son constantes. Todo el mundo está metiéndose siempre con todos los demás. Tomándoles el pelo. Y como la mayoría de las cosas en el regimiento, existe un buen motivo para ello.[36] Si te capturan, te han enseñado a ser un hombre sufrido. A no darte por aludido, a ser indiferente. A dar la impresión a tus interrogadores de que no sabes nada, y de que no les servirás de mucho.

»Si tus captores son buenos, empezarán a buscar tus debilidades. Buscarán la mínima reacción: microexpresiones fugaces, movimientos oculares infinitesimales, que puedan desvelar cuál es tu auténtico estado mental. Y si encuentran algo, créeme, la has cagado, amigo. Estás listo. Podríamos decirlo así: si tienes un problema con el tamaño de tu polla, un interrogatorio iraquí no es el mejor lugar para averiguarlo.

»De modo que en el regimiento se permite todo. Los insultos son puramente funcionales. Es una forma eficiente de conseguir inmunidad psicológica. Te vacuna contra el tipo de mierda que te pueden echar encima, si te capturan. Es algo malo que está bien, no sé si me explico. Además, no hay nada como una buena bronca, en realidad, ¿no?

Supongo que no. Pero la fortaleza mental no es la única característica que los soldados de las Fuerzas Especiales tienen en común con los psicópatas.

También está la intrepidez.

Hace un par de años, una bonita mañana de primavera a 12.000 pies por encima de Bondi Beach, en Sydney, realicé mi primer salto de paracaídas en caída libre. La noche antes, un poco nervioso, en un bar de la ciudad junto a la orilla del mar, envié un mensaje a Andy para que me diera un consejo de última hora.

«Abre bien los ojos. Y cierra bien el culo», fue su respuesta.

Y eso hice. Exactamente. Pero realizar la misma hazaña de noche, en un escenario de guerra, sobre un mar embravecido, a una altura dos veces mayor, y cargado con 100 kilos de equipo, es una historia completamente distinta.

Y por si eso no bastara, también hay que luchar contra las bromas y tomaduras de pelo. Aun a 30.000 pies, la cosa sigue a toda marcha.

«Nos reíamos mucho», recuerda Andy. «Hacíamos travesuras. Por ejemplo, tirábamos el equipo por delante de nosotros y luego intentábamos cogerlo en el aire. O de camino hacia abajo, nos cogíamos uno a otro desde atrás, abrazados muy fuerte, y jugábamos a ver quién se acobardaba antes y tiraba primero del cordón. Era muy divertido.»

Bueno, en fin... Si tú lo dices, Andy...

Pero lo que no era divertido era matar. Le pregunto a Andy si alguna vez sintió remordimientos por algo que había hecho. Por las vidas que había arrebatado en sus numerosas misiones secretas por todo el mundo.

—No —me contesta, despreocupadamente, sin demostrar en sus ojos azul celeste (solo para que conste, hay unos ojos detrás de la franja negra que se ve en las fotos) el menor asomo de emoción—. No lo piensas demasiado. Cuando te encuentras en una situación hostil, el objetivo principal es apretar el gatillo antes de que el otro tío lo apriete. Y cuando lo aprietas, sigues adelante. Así de sencillo. ¿Por qué quedarse ahí dándole vueltas a lo que has hecho? Si vas por ese camino, tienes muchas oportunidades de que lo último que ronde por tu cabeza sea una bala de un M16.

»El lema del regimiento es "Quien se atreve, gana". Pero a veces también se podría abreviar como: "Que se jodan".»

**Lazos de distanciamiento**

Digámoslo así: no resulta difícil comprender que un aplomo tan patológico, una compostura tan inconsciente, podría resultar útil en determinadas situaciones... o, al menos, a veces se podría interpretar como adaptativo. Uno de los compatriotas de Andy, Colin Rogers, antiguo miembro del famoso grupo de asalto del SAS que en la Operación Nimrod, allá por 1980, dio unos golpecitos en la ventana de la embajada iraní en Londres, se hace eco de los sentimientos de su antiguo compañero. Sacar a un terrorista entre el polvo, el fuego y los escombros que constituyen el legado arquitectónico habitual de la irrupción mediante explosivos no es algo sobre lo que los soldados de las Fuerzas Especiales tiendan a deliberar demasiado... especialmente, cuando tienen, colgada al hombro, una metralleta de último modelo Heckler & Koch MP5, que dispara 800 balas por minuto, y cuando el margen de error a menudo es cuestión de milímetros. Si tienes a alguien a tiro, disparas. Te concentras. Te tranquilizas. Y aprietas el gatillo con toda frialdad. No se contempla la posibilidad de dudar.

El truco, parece, es ser a prueba de fuego. Es ser capaz de actuar no en el calor del momento, sino sencillamente «en el momento». No se trata de acalorarse primero.

—Estás mentalizado, claro que sí —me dice Colin, en su local del East End, que ha visto mejores tiempos—. Pero llevas años preparándote para eso. Seis, siete horas al día. Es como conducir. Ningún viaje es exactamente igual a otro, pero te puedes hacer cargo bastante bien de la mayoría de las eventualidades. Tus reacciones se vuelven automáticas. Usas tu buen juicio, sí. Pero éste también es producto del entrenamiento. Es difícil describirlo, si no has estado allí. Es como si tuvieras un sentido amplificado de la conciencia de todo lo que está sucediendo a tu alrededor. Como lo contrario de estar borracho. Pero al mismo tiempo, estás fuera de la situación. Como si la contemplaras en una película.

Tiene razón. Y no solo a la hora de asaltar embajadas. ¿Recuerdan las palabras del neurocirujano en el capítulo anterior? «Una embriaguez que agudiza los sentidos, en lugar de embotarlos», así es como describía el estado mental en el que se encontraba justo antes de llevar a cabo una operación difícil. De hecho, en cualquier crisis, los individuos más efectivos suelen ser a menudo los que permanecen tranquilos, los que son capaces de responder a las exigencias del momento, manteniendo al mismo tiempo el grado requerido de distanciamiento.

Consideremos lo siguiente, por ejemplo: un resumen de una entrevista que hice con un instructor de las Fuerzas Especiales de Estados Unidos, sobre el calibre del soldado que al final, después de uno de los procedimientos de selección física y psicológica más agotadores que existen en el mundo, consigue entrar en los SEAL de la Marina. Los chicos que encontraron a Bin Laden.

> Hicimos todo lo que pudimos para romper a ese tío. De hecho, para ser sinceros, trabajamos un poco más duro con él que con los demás. Llegó a ser una especie de desafío para nosotros. Además, sabíamos en el fondo que él podía soportarlo. Se quedó huérfano a los once años, pero consiguió escapar del sistema, y fue cuidando de un hermano y una hermana más pequeños, viviendo de su ingenio. Robando, con tejemanejes y asuntillos. Cosas de esas. Entonces, cuando cumplió los dieciséis, le dio una paliza tan fuerte a alguien que quedó en coma. Y lo encerraron.
>
> Ruido blanco, privación de sueño, privación sensorial, agua, situaciones de estrés. Todo el rollo. Se lo hicimos todo. Al final, después de cuarenta y ocho horas, le quité la venda de los ojos y puse la cara a unos centímetros de la suya, y chillé: «¿Hay algo que quieras decirme?».
>
> Para mi sorpresa, y para mi decepción, diría incluso, porque como he dicho ese tío era duro como una piedra, y

llegados a aquel punto ya estábamos dispuestos a dejarlo ir, dijo que sí. Que quería decirme una cosa.

—¿Qué cosa? —le pregunté.

—Deberías dejar de comer ajo, tío —dijo.

Fue la única vez, en quince años como instructor, que me cogieron con la guardia baja. Durante un segundo, una décima de segundo, sonreí. No pude evitarlo. En realidad admiraba a aquel hombre. ¿Y sabe qué? Incluso en el estado asqueroso y hecho polvo en el que se encontraba, el hijo de puta se dio cuenta.

¡Se dio cuenta!

Me llamó para que me acercara, y puso una mirada de... no sé, de desafío quizá, ¿quién sabe?

—El juego ha terminado —me susurró al oído—. Has fracasado.

¿Cómo? ¡Era yo quien tenía que decirle aquello a él! Entonces fue cuando me di cuenta de que era uno de esos a los que llamamos «irrompibles». Los más duros de todos los duros...

Pero era también un hijo de puta despiadado. Si tenía conciencia, nunca lo dejó ver. Era tan frío como el hielo. Tanto si atacaba él como si le atacaban. Cosa que realmente, dado el trabajo al que se dedicaba, no era mala cosa...

## McNab en el Lab

Fiel a su palabra, Andy acudió al Centro para la Ciencia Cerebral en la Universidad de Essex una fría mañana de diciembre, y nos encontramos en la puerta con el hombre que, durante las dos horas siguientes, iba a atormentarnos. El doctor Nick Cooper es uno de los defensores más importantes del mundo del TMS. Y por lo que parecía aquella mañana, se podía pensar que había hecho la mayor parte del trabajo él mismo.

Nick nos llevó hasta el laboratorio. Lo primero que vimos fueron dos sillas de piel con el respaldo alto, una junto a la otra. Y junto a ellas el rollo de papel absorbente industrial más grande del mundo. Yo ya sabía para qué sirve ese papel: para enjugar el exceso de gel conductor que ayuda a los electrodos EEG, que nos iban a colocar al cabo de un minuto, a recoger las señales de lo más profundo de nuestro cerebro. Andy, por otra parte, dejó volar su imaginación.

—¡Madre mía! —dijo, señalando el papel—. ¡Si ése es el tamaño del papel higiénico, me largo de aquí pitando!

Nick nos llevó hasta las sillas y nos ató con unas correas. Nos conectó a unos monitores para medir el latido del corazón, un equipo de grabación de EEG y medidas de la respuesta galvánica de la piel (GSR), que calcula el nivel de estrés como función de la actividad electrodérmica. Cuando acabó, los dos parecíamos atrapados dentro de una caja de empalmes gigante. Yo notaba el gel para los electrodos frío en el cuero cabelludo, pero Andy no se quejaba. Al final había entendido para qué era el rollo de papel higiénico gigante.

Justo delante de nosotros, a unos tres metros de la pared, se encontraba una enorme pantalla de vídeo. Nick dio a un interruptor y la pantalla cobró vida. Luego él se puso en plan «bata blanca». Sonaba música ambiental en la habitación. Las aguas de un lago sedoso ondulaban ante nuestros ojos.

—Maldita sea —dijo Andy—. ¡Parece un anuncio de compresas para las pérdidas de orina!

—Vale —dijo Nick—. Escuchen. Ahora, en la pantalla que tienen delante, podrán ver una escena tranquila y pacífica acompañada de una música calmada y relajante. Esto sirve para establecer unas lecturas base fisiológicas y poder medir después los subsiguientes niveles de excitación.

»Pero en un momento que no les indicaré, dentro de los próximos sesenta segundos, la imagen que verán cambiará y aparecerán imágenes de distinta naturaleza en la pantalla. Esas imágenes serán violentas. Y nauseabundas. Y de una naturaleza gráfica y perturbadora.

»A medida que vean esas imágenes, se irán monitorizando los cambios en los latidos del corazón, el comportamiento de la piel y la actividad EEG, y se compararán con los niveles en descanso que se están grabando ahora. ¿Alguna pregunta?»

Andy y yo negamos con la cabeza.

—¿Están bien?

Ambos asentimos.

—Bien —dijo Nick—. Pues que empiece el espectáculo.

Desapareció detrás de nosotros, dejándonos a Andy y a mí sumergidos felizmente en el anuncio de incontinencia. Los resultados revelaron más tarde que, en aquel momento, mientras esperábamos que ocurriera algo, nuestras lecturas fisiológicas eran en realidad bastante similares. Tanto mi pulso como el de Andy eran considerablemente más rápidos que los niveles normales de descanso, debido a la anticipación de lo que iba a venir.

Pero cuando Nick apretó la palanca o lo que quiera que hiciese para iniciar el cambio de escena, un interruptor automático se disparó en algún lugar del cerebro de Andy.

Y el guerrero frío como el hielo del SAS de repente se puso en acción.

A medida que iban relampagueando en la pantalla que teníamos ante nosotros escenas vívidas y recargadas de desmembramientos, mutilaciones, torturas y ejecuciones (tan vívidas, de hecho, que Andy más tarde confesó que en realidad era capaz de «oler» la sangre, una especie de «olor dulce y enfermizo que no se te olvida nunca»), acompañados no por la música ambiental de spa de antes, sino por unas sirenas atronadoras y ruidos sibilantes, sus lecturas fisiológicas empezaron a ir marcha atrás. Su pulso iba más lento. Su GSR empezó a caer. Y el EEG empezó a menguar con rapidez, espectacularmente.

De hecho, cuando acabó la proyección, las tres medidas fisiológicas de Andy estaban por debajo de la base.

Nick no había visto nada parecido en la vida. «Es casi como si estuviera preparándose para el desafío —dijo—. Y luego, cuando el desafío se ha presentado, su cerebro ha respondido repentinamente inyectando nitrógeno líquido en sus venas; de repente, ha puesto en marcha un aniquilamiento neural de toda emoción excesiva y salvaje; de repente, se ha encerrado en un hipnótico y profundo Código Rojo de concentración extrema e implacable.»

Meneó la cabeza, desconcertado.

—Si no hubiese grabado esas lecturas yo mismo, no sé si me las habría creído —continuó—. De acuerdo, nunca había hecho pruebas a ningún miembro de las Fuerzas Especiales.

Y quizá se podría esperar una ligera atenuación de la respuesta. Pero este tipo controlaba absoluta y totalmente la situación. Estaba tan alerta, parecía que estaba totalmente desconectado.

Justo lo que había averiguado Bob Hare: los datos eran tan extravagantes que realmente uno se preguntaba de dónde venían.

Mientras tanto, volviendo a lo que estábamos, las noticias no eran tan estupendas. «Mis» lecturas psicológicas habían subido hasta las nubes. Exactamente como Andy, estaban situadas muy por debajo de la línea de base mientras esperaba a que comenzase la carnicería. Pero ahí terminaban las similitudes. Más que bajar en el fragor del combate, en medio de la sangre y la carnicería, mis cifras habían subido exponencialmente.

—Al menos esto demuestra que el equipo funciona bien —comentó Nick—. Y que usted es un ser humano normal.

Ambos miramos a Andy, que estaba parloteando con un grupito de estudiantes de doctorado de Nick junto a unos monitores. Dios sabe qué opinarían de él. Acababan de analizar sus datos, y el gel de electrodos le había pegoteado el pelo de tal manera que parecía Don King en un túnel de viento.

Yo, por otra parte, todavía estaba bajo la conmoción de algunas de aquellas imágenes. Me sentía enfermo y tembloroso. Y no me mantenía en pie. Como había señalado Nick, yo había resultado normal en todas las pantallas de radar. Pero ciertamente no me sentía normal, agazapado en el rincón de un cubículo que pitaba y parpadeaba y vertiendo los datos en un ordenador atónito.

La diferencia de perfiles resultaba algo violenta. Mientras mi lectura de EEG era una buena aproximación de *skyline* de Nueva York (un perfil historiográfico con apartamentos tipo loft escarpado, agudo y matemático), el de Andy en cambio era como un campo de golf de primera clase, de poca altura, en una de esas islas perfectamente cuidadas en medio del océano Índico. Uniforme. Y compacto. Absurda, extrañamente simétrico.

—Da que pensar, ¿verdad? —me volví hacia Nick—. ¿Realmente es normal?

Él se encogió de hombros y reseteó el ordenador.

—Quizá algún día llegue a averiguarlo —me dijo.

**Conviértame en un psicópata**

Una vez acabado todo, Andy se iría a un lujoso hotel del campo, donde yo tenía que reunirme luego con él para poner las cosas en común. Pero solo después de que yo hubiese aceptado el reto de nuevo en la fase II del experimento, en la cual, con la ayuda de un «maquillaje psicopático», yo recibiría otro latigazo más. Otro revolcón en el caos, la carnicería y la sangre. Pero esta vez bastante literal, de un tipo completamente distinto, gracias al mismo tipo de tratamiento que Ahmed Karim y Liane Young administraron en sus infernales experimentos de procesamiento moral: una dosis de TMS.

—Se te quitará luego, ¿no? —Andy se echó a reír, alisándose el pelo—. Porque en el hotel no les hará gracia que haya dos psicópatas en la barra del bar.

—El efecto del tratamiento debe desaparecer al cabo de media hora —explicó Nick, conduciéndome hacia una especie de silla de dentista calibrada especialmente, con reposacabezas y todo, un artilugio para apoyar la barbilla y unas correas para la cara—. Piense que el TMS es un peine electromagnético, y las células cerebrales (las neuronas) son cabellos. Lo único que hace el TMS es peinar esos cabellos en una dirección determinada, creando un peinado neural temporal. Que como cualquier peinado, si no lo mantienes, rápidamente vuelve a la normalidad por sí mismo.

Andy se quedó pasmado. ¿Qué demonios era aquello? ¿Un laboratorio o un salón de belleza?

Nick me sentó en la siniestra silla y me dio unas palmaditas, demasiado tranquilizadoras para mi gusto, en el hombro. Cuando acabó de sujetarme con las correas y enchufarme, yo parecía Hannibal Lecter en el sillón de una óptica. Colocó las bobinas del TMS, que parecen la parte del mango de unas gigantescas tijeras por encima de la parte media de mi cráneo, y encendió la máquina.

Instantáneamente tuve la sensación de que había un estrafalario homúnculo minero enterrado en lo más profundo de mi cabeza, perforando con un martillo neumático. No diría que fuera doloroso, pero no hacía gracia que él acabara de fichar y se encontrara justo al principio de su turno neuromineralógico.

—Es la inducción electromagnética que está pasando por su nervio trigémino —me explicó Nick—. Es uno de los nervios responsables de las sensaciones en la cara, y de determinadas funciones motoras, como morder, masticar y tragar. Probablemente lo sentirá detrás de los dientes, ¿verdad?

—Sí —asentí.

—Lo que estoy intentando encontrar en realidad —siguió—, es la parte específica de su córtex motor responsable del movimiento del dedo meñique de su mano derecha. En cuanto hayamos identificado éste, lo usaremos como una especie de campamento base, si se puede decir así, desde el cual encontrar las coordenadas de las regiones cerebrales que nos interesan. Su amígdala y su zona del razonamiento moral.

—Bueno, pues será mejor que siga y lo haga cuanto antes —murmuré—, porque si tengo que aguantar esto mucho rato, joder, acabaré estrangulándole...

Nick sonrió.

—Caray —dijo—. Debe de estar funcionando ya...

Y efectivamente, al cabo de unos veinte segundos, noté un tic involuntario exactamente donde había predicho Nick. Al principio, débil. Luego, más fuerte cada vez. Pronto, mi meñique derecho se movía por su cuenta. No es la sensación más agradable del mundo, estar atado a una silla con unas correas, en una habitación en penumbra, sabiendo que no tienes control sobre los actos que está realizando tu propio cuerpo... Da miedo. Te humilla, te desorienta... y te entra la depre al considerar todo el asunto del libre albedrío. Mi única esperanza era que a Nick no le apeteciera hacerme putadas. Con el equipo que tenía, podía obligarme a dar volteretas por todo el laboratorio, si quería.

—Bien —dijo—. Ahora ya sabemos cuál es la ubicación de las zonas que buscamos. Vamos a empezar.

Mi meñique dejó de moverse mientras él recolocaba su varita neurológica en el campo de fuerzas por encima de mi cabeza. Entonces solo fue cuestión ya de quedarse sentado allí un rato, mientras mi córtex dorsolateral prefrontal y la articulación temporoparietal derecha sufrían un buen peinado electromagnético. El TMS no podía penetrar lo suficiente en el cerebro para alcanzar directamente los recintos de la emoción y el razonamiento moral. Pero apagando un poco o estimulando las regiones del córtex cerebral que tienen vínculos con tales zonas, se pueden simular los efectos de una influencia más invasiva y profunda.

No tardé mucho en notar un cambio: una diferencia confusa, penetrante, más existencial. Antes del experimento tenía curiosidad por el tiempo, quería saber cuánto me costaría empezar a notar la sensación. Ya tenía la respuesta: de diez a quince minutos. El mismo tiempo, supongo, que le costaría a la mayoría de la gente achisparse con una cerveza o un vaso de vino.

Los efectos no eran demasiado distintos. Una confianza fácil, ligera. Un aflojamiento trascendental de la inhibición. Las señales incipientes de una fanfarronería moral subjetiva. Me iba dando cuenta cada vez más, de una manera extrañamente espiritual, de que, demonios, ¿qué más da todo?

Sin embargo, había una excepción notable. Una diferencia llamativa e inconfundible entre aquello y los efectos del alcohol. La falta de aletargamiento. La perseverancia (de hecho, diría que incluso la mejora) de la agudeza y perspicacia de la atención. Una sensación insuperable de conciencia mejorada, pulida. Sí, mi conciencia parecía haber sido estimulada con un Rohipnol moral; mis ansiedades desaparecieron con media docena de chupitos de un Jack Daniels magnético transcraneal. Pero al mismo tiempo notaba como si todo mi ser estuviera suntuosamente aclarado e iluminado. Mi alma, o como quieran llamarla, se encontraba sumergida en un lavaplatos espiritual.

Así que esto, pensé para mí, es lo que se siente cuando eres un psicópata. Es ver a través de los ojos de Gary Gilmore. Viajar por la vida sabiendo que no importa lo que digas o hagas, que la culpa, el remordimiento, la vergüenza, la compasión, el temor... todas esas señales de advertencia familiares y cotidianas que normalmente se iluminan en tu tablero psicológico, ya no te preocupan.

De repente tuve una iluminación. Hablamos de género. Hablamos de clase. Hablamos de color, de inteligencia, de creencias. Pero la diferencia fundamental entre un individuo u otro seguramente debe ser la presencia o ausencia de conciencia. La conciencia es lo que te duele cuando todo lo demás va bien. Pero ¿y si es dura como una piedra? ¿Y si la conciencia de uno tiene un umbral de dolor infinito, ilimitado... y no parpadea siquiera cuando los demás chillan de dolor?

Y, más importante aún: ¿me harían mis implantes falsos de psicópata más frío que Andy McNab?

De vuelta a la silla, conectado otra vez a los contadores y marcadores, me senté y presencié de nuevo el horripilante espectáculo, con las imágenes modificadas para evitar el efecto de la habituación. Esta vez, sin embargo, la cosa fue totalmente distinta.

—Sé que el hombre que pasó por aquí antes que yo encontró esas imágenes nauseabundas —me oí decir a mí mismo—. Pero en realidad, para ser sinceros, esta vez me está costando aguantar una sonrisa.

Las líneas y garabatos corroboraban mi confesión. Mientras previamente mi nivel de emoción era tal que parecía un milagro que la impresora de tecnología punta del EEG no hubiese estallado y se hubiese incendiado, mi actividad cerebral «después» del maquillaje psicopático se vio significativamente reducida. Quizá no resultara tan suavemente ondulante como la de Andy, pero estaba más cerca de ella, desde luego. Ya no había ningún rascacielos de Nueva York a la vista.

Lo mismo ocurrió con lo referente a los latidos del corazón y el comportamiento de la piel. De hecho, en el caso de esta última, realmente eclipsé las lecturas de Andy.

—¿Eso significa que es oficial? —le pregunté a Nick, mientras examinábamos las cifras—. ¿Puedo asegurar legítimamente que soy más frío que Andy McNab?

Él se encogió de hombros.

—Supongo que sí —dijo—. Al menos, por ahora. Pero será mejor que lo aproveche mientras pueda. Tiene un cuarto de hora. Máximo.

Meneé la cabeza. Ya notaba que la magia estaba desapareciendo. La brujería electromagnética empezaba a desvanecerse. Me notaba, por ejemplo, considerablemente más cansado que un ratito antes. Y considerablemente menos inclinado a acercarme a la ayudante de investigación de Nick e invitarla a tomar una copa. Por el contrario, fui con Nick a la cantina estudiantil y batí todos mis récords previos de Gran Turismo[37] hasta perderme de vista. Fui pisando a fondo todo el camino. Pero se trata de un juego, ¿no?

—No me gustaría estar con usted en un coche de verdad ahora mismo —dijo Nick—. Definitivamente, todavía está un poco alterado.

La sensación era muy buena. No tanto como antes, quizá, cuando estábamos en el laboratorio. No tan... no sé cómo decirlo... «invulnerable». Pero estaba eufórico, desde luego. La vida me parecía llena de posibilidades, y mis horizontes psicológicos mucho más amplios. ¿Por qué no irme a Glasgow aquel fin de semana de juerga con mis amigos, en lugar de acudir a regañadientes a Dublín para ayudar a mi mujer a ingresar a su madre en una residencia? ¿Por qué no hacer lo contrario de lo que haría normalmente, y a la mierda lo que pensara la gente? ¿Qué era lo peor que podía pasar? Al cabo de un año, al cabo de una semana incluso, todo estaría olvidado.

El que se atreve gana, ¿verdad?

Cogí un par de billetes que habían dejado en la mesa de al lado de la nuestra, de propina (¿quién se iba a enterar?) y probé suerte en otras dos máquinas. Conseguí 64.000 libras en «¿Quién Quiere Ser Millonario?», pero lo perdí todo porque me negué a ir al cincuenta por ciento.

No se podría haber organizado mejor si lo hubiese intentado. Estaba convencido de que *American Psycho* estaba ambientada en Los Ángeles y apreté el botón despreocupadamente, a pesar de las reservas de Nick.

Está ambientada en Nueva York.

—Pensaba que al menos acertarías ésta —se rio.

Las cosas empezaron a cambiar. De repente, como suele pasar. *Gran Turismo* la segunda vez fue una gran decepción. De repente me volví más cauteloso y acabé saliéndome del camino. Y no solo eso, sino que vi la cámara de vigilancia colocada en una esquina y pensé en la propina que me había guardado. Por si acaso, decidí devolverla.

Nick miraba su reloj. Yo sabía lo que se avecinaba... no tenía que decírmelo.

—¿Todavía más frío que McNab?

Yo sonreí y bebí un poco de cerveza. Pero así son los psicópatas. Nunca se aferran demasiado a nada. En cuanto acaba una fiesta, ya están trasladándose a la siguiente... con escasa consideración por el futuro, y menos aún por el pasado.

Y éste en concreto, el que había sido yo durante veinte minutos, no era ninguna excepción. Ya se había divertido. Y había conseguido una bebida gratis. Pero el experimento ya era agua pasada, y siguió alegremente su camino, salió a la carretera y se fue de la ciudad.

Esperaba que bastante lejos.

Ciertamente, no quería que él apareciese en el bar del hotel más tarde, cuando me reuniese con Andy. O bien se llevarían muy bien, o no se aguantarían el uno al otro.

Y para serles totalmente sincero, no sabía cuál de las dos posibilidades me daba más miedo.

# 6
# Los siete preciados capitales

> El sentimiento es una aberración química que se encuentra entre los perdedores.
>
> SHERLOCK HOLMES

## Cruzar la frontera

Lo gracioso es que resulta mucho más difícil entrar en Broadmoor que salir de allí. Pero no lo es. No es gracioso, quiero decir.

—¿Lleva algo cortante? —ladra la recepcionista, mientras deposito el contenido entero de mi maletín, ordenador portátil, teléfono, plumas, sí, incluso mi fiel pistola Glock 17, en una taquilla con la puerta de metacrilato en el vestíbulo de entrada.

—Solo mi ingenio —replico, parodiando el comentario que hizo una vez Oscar Wilde a un oficial de aduanas de Estados Unidos.

La recepcionista no es fan mía. Ni tampoco de Oscar, parece ser.

—No es tan cortante, hijo —responde—. Y ahora ponga el dedo índice de la mano derecha aquí, y mire a la cámara.

En cuanto pasas el control de aduanas de Broadmoor, te introducen inmediatamente en una diminuta cámara estanca de seguridad, una celda de aislamiento temporal con paredes de cristal entre la recepción y el edificio del hospital propiamente dicho, mientras la persona a la que vienes a visitar recibe un aviso en recepción y se dirige a reunirse contigo.

Es una espera enervante, claustrofóbica. Mientras hojeo unas revistas, me recuerdo a mí mismo por qué estoy aquí: recibí un mensaje de correo después de iniciar la Gran Investigación Psicopática Británica.[1] Mi investigación es única, es la primera de su clase que intenta analizar la prevalencia de rasgos psicopáticos en una población activa nacional entera. Los participantes debían dirigirse a mi página web, donde completaban la escala Levenson auto cumplimentada de Psicopatía, y se les daba su puntuación.[2]

Pero eso no era todo. También incluía los detalles de su vida laboral. ¿Cuál sería la profesión más psicopática del Reino Unido? Quería saberlo. ¿Y la menos psicopática, ya que estábamos? Los resultados, revelados a continuación, ofrecen una información interesante. Especialmente si tiene usted debilidad por recibir un par de sermones los domingos.

| *+Psicopatía* | *–Psicopatía* |
|---|---|
| 1. Ejecutivo | 1. Cuidador |
| 2. Abogado | 2. Enfermero |
| 3. Medios de comunicación (TV/radio) | 3. Terapeuta |
| 4. Vendedor | 4. Artesano |
| 5. Cirujano | 5. Esteticista / estilista |
| 6. Periodista | 6. Trabajador social |
| 7. Oficial de policía | 7. Profesor |
| 8. Clero | 8. Artista creativo |
| 9. Cocinero | 9. Médico |
| 10. Funcionario | 10. Contable |

Luego, un par de semanas después, recibí lo siguiente en mi correo, por parte de una persona que respondió a la encuesta. Era abogado de profesión, en realidad uno de los mejores del Reino Unido, y había sacado una puntuación que ciertamente llamó mi atención. Sin embargo para él no era algo inusual. No le había afectado demasiado:

«Me di cuenta desde que era muy pequeño de que yo veía las cosas de manera distinta a las demás personas», me escribía. «Pero muy a menudo este hecho me ayudó en la vida. La psicopatía (si quiere llamarla así) es como una medicina para los tiempos modernos. Si se toma con moderación, puede resultar extremadamente beneficiosa. Puede aliviar muchísimo un montón de aflicciones existenciales de las que seríamos víctimas si no, sencillamente porque nuestros sistemas inmunitarios psicológicos no consiguen protegernos. Pero si se toma demasiada, si se sufre una sobredosis, entonces, como todas las medicinas, puede provocar unos efectos secundarios bastante desagradables.»

El correo me había dejado pensativo. ¿Podía tener razón aquel eminente abogado defensor? ¿Era la psicopatía «una medicina para los tiempos modernos»? ¿Se podía tomar con moderación, jugar un poco con los diales para llevarlos un poco a la derecha, en nuestra respectiva mesa de mezclas psicopática? En determinados momentos, en ciertos contextos específicos, ¿podía ser bueno para nosotros, en realidad?

Era una posibilidad interesante. Y además parecía muy lógica, de una forma intuitiva. Echemos un vistazo a esos diales por un momento: falta de piedad, encanto, concentración, fortaleza mental, intrepidez, despreocupación (vivir el momento) y acción. ¿Quién no se beneficiaría, en determinados momentos de su vida, de subir una muesca o dos alguno de ellos? Lo importante es ser capaz de volver a bajarlos luego.

Decidí probar esa teoría. No hasta la destrucción, quizá. Pero desde luego, llegaría muy cerca. Tenía programada la visita a varios hospitales para entrevistar a algunos colegas. Pero ¿y si me dirigía a las salas? ¿Y si hablaba también con algunos de los pacientes, además de hablar con los médicos? ¿Y si les presentaba problemas de la vida cotidiana y normal, cosas habituales de las que nos quejamos en el pub, a ver qué me respondían? ¿A ver qué sugerencias eran capaces de encontrar? Hasta aquel momento me había parecido buena idea.

—¿Profesor Dutton? —el hilo de mis pensamientos se rompió y levanté la vista, y entonces vi a un hombre rubio, de treinta y tantos años, que me miraba desde la puerta—. Hola, soy Richard Blake. Uno de los líderes de equipo del centro Paddock. ¡Bienvenido a Broadmoor! ¿Quiere que se lo enseñe todo?

Levamos anclas y empezamos a abrirnos camino cada vez más hondamente en los intestinos laberínticos y medicinales del hospital, a través de una serie de pasillos comunicados entre sí y antecámaras en tierra de nadie, exactamente iguales a aquella en la que empezamos, «burbujas de seguridad», como las llama Richard (la regla de oro de Broadmoor es no abrir nunca una puerta por delante antes de asegurarte de que la que tienes detrás está bien cerrada) y me cuenta con algo más de detalle adónde nos dirigimos.

El centro Paddock es una dirección cerrada, altamente especializada en trastornos de la personalidad, que comprende seis salas con doce camas cada una.[3] En torno a un 20 por ciento de los pacientes que se alojan allí en un momento dado son lo que podríamos llamar «psicópatas puros», y están confinados en dos salas especializadas asignadas específicamente a su tratamiento y supervisión continua: las salas de trastornos de la personalidad peligrosos y graves (DSPD por sus siglas en inglés). El resto presentan lo que se llaman trastornos «*cluster*»: rasgos psicopáticos clínicamente significativos (como ponen de relieve las elevadas puntuaciones en el PCL-R) acompañados por la presencia de rasgos suplementarios esenciales asociados típicamente con otros trastornos certificables de la personalidad: *borderline*, paranoicos y narcisistas, por ejemplo. O bien rasgos más indicativos de una sintomatología psicótica primaria, siendo los más habituales delirios y alucinaciones.

De repente comprendo la verdad. Este lugar donde voy a entrar no es un centro para bebedores de capuchinos hipocondríacos. Es la guarida, el sanctasanctórum interno sin conciencia de los bebedores de Chianti malos y despreocupados, el dominio exclusivo de algunos de los poseedores de la neuroquímica más siniestra del negocio, donde los estados cerebrales, literalmente, pueden oscilar en el filo de una navaja. Aquí está el destripador de Yorkshire. Aquí está el estrangulador de Stockwell. Es uno de los edificios más peligrosos de toda la Tierra.

—Esto... no me pasará nada, ¿verdad, Richard? —digo, con voz temblorosa, mientras salimos repentinamente a la derecha de un gran recinto al aire libre, coronado con un alambre de cuchillas de aspecto poco amistoso.

Él sonríe.

—Sí, estará bien —dice—. En realidad, en el DSPD los problemas son muy escasos. La violencia psicopática es predominantemente instrumental, un medio concreto para obtener un fin específico. Lo que significa que, en un entorno como éste, se puede prevenir en gran medida. Y dada la eventualidad de que pase algo, se puede contener fácilmente. En las salas de los psicóticos las cosas son mucho menos predecibles.

»De hecho, si se comparan con quienes sufren otros trastornos de la personalidad, los psicópatas son fáciles de tratar. No sé por qué, suelen responder mejor a las actividades diarias que, por ejemplo, los *borderline* o los paranoicos. Quizá debido a su bajo umbral de aburrimiento: les gusta estar entretenidos.

»Además —añade, con un leve asomo de reproche—, es un poco tarde para echarse atrás, ¿no?»

## Conocer a los residentes

—Nosotros somos la élite del diablo —dice Danny, mientras marca su segundo gol para el Chelsea, un cabezazo tremendo desde el borde del área pequeña—. No hace falta que nos pinte demasiado glamurosos. Pero tampoco debe pasarse al otro extremo y deshumanizarnos.

Me mira desde detrás de su Nintendo Wii. Las cosas van bien. Tanto fuera como dentro del campo. El Chelsea va 2 a 0 contra el Manchester United, y yo estoy sentado, esperando, en compañía de un puñado de psicópatas, con los pies apoyados encima de una mesa, en la esquina de una de las salas más aisladas del DSPD de Broadmoor.

El ambiente que se respira en la sala no es lo que yo esperaba. Mi primera impresión es la de una residencia de estudiantes muy bien equipada. Todo madera clara, muy pulida. Luz radiante, recién exprimida. Y espacio matemáticamente desfibrilado. Incluso hay una mesa de billar, veo. Que hoy, desgraciadamente, está cubierta con una sábana (habría sido agradable recuperar el dinero que me gasté en el billete de tren).

Larry, un hombre canoso, con patillas, regordete, vestido con un jersey de jacquard y unos pantalones de tela elástica beige, y que parece el tío favorito de alguien (salvo que si estás planeando salir por la noche, preferirías contratar a Herodes como canguro), se queda prendado de mí al momento. Ya se ha cansado del fútbol.

—¿Sabe? —dice, mientras me estrecha la mano y me perfora silenciosamente con su somnolienta mirada lunar—, dicen que soy uno de los hombres más peligrosos de Broadmoor. ¿Puede creerlo? Pero le prometo que no le mataré. Vamos, le enseñaré todo esto.

Larry me acompaña hasta el extremo más alejado de la sala, donde se detiene y echa un vistazo dentro de su habitación. Es igual, más o menos, que cualquier otra habitación individual que se pueda encontrar en un hospital, aunque con algunas comodidades más, como por ejemplo un ordenador. Y un escritorio. Y un estante con libros y papeles por encima de la cama.

Notando quizá una incipiente curiosidad por mi parte, se acerca un poco más.

—Llevo aquí veinte años —me susurra al oído—. Es muchísimo tiempo para... —se aclara la garganta y sonríe, conspirador—... para perderlo. ¿No le parece?

La siguiente parada es el jardín: un patio algo hundido, con ladrillos grises, del tamaño más o menos de una pista de tenis, con algunos bancos y coníferas intercalados. Veredicto: «después de veinte años, siempre es igual».

Bien. A continuación nos aventuramos al otro extremo del ala. El diseño de este lugar es simétrico: seis habitaciones a un lado, seis al otro, separadas en medio por un meridiano de color gris ceniza al que se ha pasado cuidadosamente el aspirador, y entonces nos encontramos con Jamie.

—Es de la Universidad de Cambridge —anuncia Larry—, y está escribiendo un libro sobre nosotros.

Jamie se levanta y nos hace salir por la puerta. Es una invitación clara para que volvamos sobre nuestros pasos. Cosa que hacemos en seguida, de vuelta hacia el sanctasanctórum de la sala. Jamie es completamente distinto de Larry. Un hombre monstruoso de metro noventa de alto más o menos, con una bronca barba de días, negra como el carbón, y una mirada color cobalto muy penetrante, y que tiene la presencia amenazadora y casi satánica del asesino solitario y ultra violento. La camisa de leñador y la cabeza afeitada no ayudan precisamente a mejorar su aspecto.

—¿Pero de qué va el libro, entonces? —gruñe, con un susurro y un acento barriobajero y gangsteril, apoyado en el marco de la puerta de su habitación, con los brazos cruzados y el puño izquierdo como un mazo bajo la barbilla—. Las mismas gilipolleces de siempre, supongo, ¿no? Encerradlos y tirad la llave... ¿Sabe?, no tiene ni idea de lo vengativo que puede sonar eso a veces. Y debería añadir que hiere mucho. ¿A que sí, Larry?

Larry se ríe teatralmente y se lleva las manos al corazón en una exhibición de angustia shakespeariana. Jamie, mientras tanto, se seca unas lágrimas imaginarias.

Estupendo. Precisamente para esto he venido. Tal irreverencia estoica frente a la adversidad constante es algo que nos podría venir muy bien, quizá.

—¿Sabe, Jamie? —digo—. Estoy intentando hacer exactamente lo contrario. Resulta que pienso que ustedes tienen algo que enseñarnos. Un cierto estilo de personalidad del que podríamos aprender los demás. Moderadamente, claro. Eso es importante. Como por ejemplo la forma que tienen ahora mismo de no dejarse afectar por lo que la gente pueda pensar de ustedes. En la vida cotidiana, hay un nivel en el que esa actitud resulta muy saludable.

Jamie parece divertido por la idea de que yo realmente pueda solicitar su consejo. Que el punto de vista polarizado de un psicópata pueda ofrecer alguna perspectiva valiosa, verdaderamente, a los dilemas de la vida cotidiana. Pero todavía se muestra reservado.

—¿Está diciendo que el lobo de mar este y yo tenemos demasiado de algo que es bueno? —se burla—. ¿Que el coche es guapo, pero que el conductor lo lleva demasiado deprisa?

Es una analogía curiosa.

—Pues algo así, sí —digo—. ¿Le interesa quitar el pie del acelerador un momento y frenar?

Los ojos de Jamie se achican.

—No freno por nadie —contesta—, pero si quiere dar una vuelta, puede subir.

Al volver donde empezamos, en el otro extremo de la sala, el Chelsea ya va cuatro a cero contra el United. Y Danny (¿quién si no?) ha sido nombrado «mejor jugador del partido».

—Veo que no le han matado —dice despreocupadamente, arrojando una mirada rápida en dirección al lobo de mar—. ¿Te estás ablandando con la edad, Larry?

Yo me echo a reír. Bastante nerviosamente, me doy cuenta. Hay una saludable cantidad de histeria en mi risa. Pero Larry responde con toda seriedad.

—Eh —dice insistentemente—. ¿No lo entiendes, chico? He dicho que no le mataría. Y no lo he hecho, ¿verdad?

De repente me parece que quizá Larry no estuviera fanfarroneando, que quizá estuviese ejercitando más autocontrol de lo que podían sugerir las apariencias. Y que mi nerviosa turbación y mi intento de reírme de ella, lejos de conseguir ese noble y loable objetivo, lo que ha conseguido es cabrearle.

—No, no, Larry... —protesto—. Lo entiendo. De verdad. Gracias, hombre. Se lo agradezco mucho.

Jamie sonríe. Obviamente, lo encuentra divertido. Pero en mi posición, sobre la precaria capa de hielo por la que ahora me parece que patino, no es cosa de risa, en absoluto. Es fácil olvidar que con estos chicos puede pasar cualquier cosa. Que no hay límites en realidad. Y que sin freno moral, sin amígdala V12, no cuesta demasiado que el coche se salga de la carretera.

Cae el telón sobre el fútbol. Danny lo deja. Se arrellana en su silla.

—O sea que un libro, ¿eh? —dice.

—Sí —afirmo yo—. Me interesa la forma que tienen ustedes de solucionar los problemas.

Danny me mira con curiosidad.

—¿Qué tipo de problemas? —pregunta.

—Los problemas de cada día —respondo—. Ya sabe, de esos que la mayoría de la gente se encuentra en su vida.

Echo una mirada a Larry y Jamie.

—¿Les importaría que les diera un ejemplo?

Danny mira el reloj.

—¿Por qué no? —suspira—. Mientras no me ocupe más de cinco años...

—Procuraré ser breve —digo, y le hablo de unos amigos míos que están intentando vender su casa.

¿Cómo librarse de un inquilino no deseado? Ése era el asunto para Don y su mujer Fran. La anciana madre de Fran, Flo, acababa de irse a vivir con ellos. Flo había vivido en una casa durante cuarenta y siete años, y ahora que ya no la necesitaba, Don y Fran la habían puesto en el mercado. Al estar en Londres y en una zona con mucho futuro, era una propiedad muy interesante. Pero también tenía un problema: el inquilino, que no estaba entusiasmado ante la posibilidad de tener que irse.

Don y Fran ya no podían más. Habían perdido una posible venta porque el inquilino no quería o no podía marcharse. Si perdían otra, la cosa podía resultar desastrosa. ¿Cómo librarse de él?

—Supongo que no se contempla la violencia —inquiere Danny—, ¿verdad?

—Cierto —digo—. No querríamos acabar mal.

Danny hace un gesto obsceno. Pero el simple hecho de que me haga tal pregunta desbarata el mito de que la violencia, para los psicópatas, es la única vía posible.

—A ver qué le parece esto —dice Jamie—. Como la abuela ya está en casa de sus parientes, lo más seguro es que el tío ese esté solo en casa, ¿no? Así que finges ser alguien del ayuntamiento, apareces en la puerta y dices que quieres hablar con el propietario. Él responde y dice que la vieja no está. Vale, dices, no hay problema. Pero debe de tener usted un número de contacto, por si necesita hablar con ella urgentemente, ¿no?

»A estas alturas ya el tío siente algo de curiosidad. ¿Qué ocurre?, pregunta, un poco preocupado. Pues muchas cosas, dices, muchas. Resulta que has hecho una revisión rutinaria y has hecho unas lecturas de amianto. Y resulta que el nivel de amianto de la casa hace que Chernobyl parezca un balneario sanísimo. Hay que contactar con el propietario inmediatamente. Se tiene que llevar a cabo una revisión estructural. Y cualquiera que viva en la casa tiene que desalojar la vivienda hasta que el ayuntamiento lo solucione.

»Con eso basta. Con un poco de suerte, antes de que puedas decir: "una muere lenta y dolorosa por cáncer de pulmón", el gilipollas ese habrá salido pitando. Y en cuanto salga de allí, puedes cambiar las cerraduras, supongo. Sería divertido. Pero el problema es que todas sus cosas habrían quedado dentro. Me pregunto si estaría bien venderlo todo en un mercadillo. Quiero decir que hasta podrías sacar algo de dinero del idiota ese y cubrir los costes de las cerraduras...

»¿Qué haría yo? Pues supongo que personalmente iría por ese camino, el del inspector de sanidad. ¡Ja ja, en realidad sería un impostor, y no un inspector, pero mucho mejor así! De esa manera creo que te librarías del hijo de puta para siempre, supongo. Y además, él incluso pensaría que le estabas haciendo un favor.»

La solución de Jamie al dilema del inquilino recalcitrante de Don y Fran, elegante, aunque ciertamente poco ortodoxa, me dejó pasmado. Pero en mi defensa debo decir que existe una buena razón para ello: ¡no soy un psicópata despiadado! La idea de hacer salir al tío tan rápido que se quedara sin hogar y en la calle, sencillamente, no se me había ocurrido. No había aparecido en mi radar. Ni tampoco vender todas sus posesiones a cambio del placer de echarle de la casa. Y sin embargo, como había señalado acertadamente Jamie, hay veces en la vida en que hay que elegir «la menos mala de las opciones». Hay veces que, para conseguir el resultado más deseado o más favorable, hay que dar fuerte.

Pero hay más. Lo interesante es que él asegure que es lo correcto, lo que hay que hacer: desde un punto de vista objetivo, el proceder más ético.

—¿Por qué no echar a ese hijo de puta? —pregunta—. Piénselo. Habla de «hacer lo correcto». Pero ¿qué es peor, desde una perspectiva moral? ¿Joder a alguien que se lo merece? ¿O joderte tú, que no lo mereces? Si eres un boxeador, haces todo lo que está en tu mano para dejar KO al otro tío lo antes posible, ¿verdad? Pues no entiendo por qué la gente está dispuesta a tolerar la crueldad en el deporte, pero no en la vida cotidiana. ¿Qué diferencia hay...?

»El problema de mucha gente es que creen que una virtud es, en realidad, un vicio disfrazado. Es mucho más fácil convencerte a ti mismo de que eres razonable y civilizado que de que eres blando y débil, ¿no?»

«La buena gente duerme pacíficamente en su cama por la noche», dijo una vez George Orwell, «porque los hombres duros se levantan dispuestos a ejercer la violencia en su nombre».

Pero quizá, si debemos creer a uno de los psicópatas más peligrosos del mundo, podemos hacer cualquier cosa, con un servicio de despertador.

**Encanto y concentración**

La solución de Jamie al problema del inquilino de Don y Fran incuestionablemente tiene un trasfondo de crueldad. Sin embargo, como demuestra claramente la calificación inicial del dilema por parte de Danny («supongo que no se contempla la violencia aquí, ¿verdad?»), tal crueldad no tiene por qué ser notoria. Cuanto más ingenioso es su despliegue y más creativa es la falta de piedad, mayores son tus oportunidades de salirte con la tuya con total impunidad. La daga del interés personal puro y duro puede ocultarse, diestramente, bajo un manto benévolo de encanto opaco y confuso.

La capacidad de seducir del psicópata está muy bien documentada, desde luego. Como su habilidad para concentrarse y «hacer lo que hay que hacer». Ni que decir tiene que se trata de una combinación potente y astuta, y de la que ustedes pensarán que todos podemos beneficiarnos.

Leslie se ha unido a nosotros entre tanto y nos da una bonita definición de lo que es el encanto: «la capacidad de desplegar una alfombra ante aquellos a quienes no puedes soportar para alejarlos lo más rápida, suave y eficientemente en la dirección en que quieres que vayan».

Con sus rizos rubios bien peinados e inmaculados y su impecable acento como de cristal tallado, parecía y sonaba como un experto.

—La gente es tan agradable como tú los haces —afirmó—. Cosa que te da muchísimo poder sobre ellos, claro.

A Leslie también se le daba muy bien concentrarse, sobre todo cuando le servía para conseguir lo que quería. El señorito se había dado cuenta desde una edad bastante temprana de que lo que pasaba por su cabeza obedecía a una serie de principios operativos distintos, comparados con los de la mayoría... y aprovechaba ese conocimiento para su propia ventaja.

—Cuando era niño, en el colegio, tendía a evitar los puñetazos —me contó—. Igual que ahora, de adulto. Como Jamie, supongo.

Jamie sonrió con algo más que un asomo de irónica aprobación.

—Ya sabe, me di cuenta enseguida de que, en realidad, el motivo por el cual la gente no se salía con la suya es porque a menudo no sabía adónde conduce ese camino. Están demasiado liados con el calor del momento, y temporalmente se salen del camino. Y en ese momento cambia la dinámica. Y entonces es cuando las cosas no van ya de conseguir lo que quieres, sino de que te «vean» conseguir lo que quieres. De ganar.

»Jamie hablaba de boxeo hace un momento. Bien, pues una vez oí una cita estupenda de uno de los mejores entrenadores. Decía que si subes al ring completamente decidido a noquear al otro tío hasta la semana que viene, existen muchas posibilidades de que empieces a fallar. Pero si, por otra parte, te concentras sencillamente en ganar la pelea, te centras en hacer tu trabajo, pues es muy posible que le dejes noqueado una semana entera.»

Las palabras de Leslie me parecían perfectamente sensatas, y me recordaban a alguien a quien conocí hace algunos años, una persona en la cual la venganza y la violencia podrían haberse convertido fácilmente en su forma de actuar, pero que, por el contrario, era seductor y centrado.

De metro noventa de altura y más de cien kilos de peso, Dai Griffiths tenía un cuerpo que estaba más en sintonía con un restaurante griego que con un dios griego. Con veintitrés años de servicio intachable en una determinada fuerza policial británica, y una puntuación en el PPI que probablemente le colocaba más en el espectro psicopático que la mayoría de los tipos a los que arrestaba, había visto de todo.

—El veinte por ciento de los tíos que entran por esa puerta —me dijo, haciendo un gesto hacia la sala de custodia—, nos ocupan el ochenta por ciento de nuestro tiempo —con lo cual quería decir, por supuesto, aparte del porcentaje inventado, que los reincidentes eran un coñazo.

Reincidentes como Iain Cracknell, por ejemplo.

Cracknell es lo que podríamos llamar un drogadicto profesional. Fijo como un reloj, el viernes o sábado noche le llevaban a la comisaría con un futuro de oro tras él.

Una botella de Jack Daniels, normalmente. Y Dios sabe cuántas cervezas.

Lo que ocurría entonces era una rutina tan bien coreografiada que a su lado *El lago de los cisnes* parecía un baile de parroquia. Primero, Cracknell empezaba a actuar «como loco». A continuación llamaban a un psiquiatra (tal y como requiere la ley) para que certificara cuál era su estado mental. Pero cuando éste llegaba, ¡oh sorpresa!, Cracknell volvía a actuar con total normalidad. Borracho, sí. Pero desde luego, loco no. El psiquiatra se iba, murmurando algo sobre la incompetencia de la policía y las horas intempestivas, y Cracknell, meándose de risa, acababa encerrado en una celda para que durmiera la mona. Y lo mismo volvía a ocurrir la vez siguiente.

El problema con Cracknell parecía irresoluble. ¿Cómo poner fin a sus interminables jugarretas mentales? El problema (como suele ocurrir con la mayoría de los delincuentes) era que conocía el sistema mejor que nadie. Y sabía cómo jugar con ellos. Lo cual significaba que no tenías otra elección: o no le arrestabas, o si lo arrestabas, te enfrentabas a las consecuencias. Normalmente un rapapolvo de algún psiquiatra muy cabreado.

Y eso era todo, al parecer.

Hasta que una noche a Griffiths se le ocurrió una idea. Después de meter a Cracknell en su acostumbrada celda para el fin de semana y enviar, como de costumbre, a buscar al psiquiatra de guardia, fue al departamento de objetos perdidos. Poco después recorría el pasillo vestido de pies a cabeza de payaso: peluca, pintura facial, nariz, cascabeles... y se dejaba ver de nuevo por Cracknell.

—¿Qué le gustaría tomar para desayunar por la mañana? —preguntó Griffiths a Cracknell.

Éste se quedó asombrado. A veces, si tenía suerte, le daban un vaso de agua. Un vaso de papel, no de cristal. Y ahora le trataban de aquella manera tan lujosa. No podía creer la suerte que tenía.

—¿Y cómo te gustarían los huevos —seguía Griffiths—, revueltos, escalfados, fritos o pasados por agua?

Con la atención al detalle de un *maître*, tomó nota de todo lo que le pidió Cracknell. Incluso un zumo de naranja recién exprimido. Luego se fue.

Diez minutos después, cuando volvió con el psiquiatra de guardia, ya llevaba otra vez el uniforme.

—Bueno —murmuró el psiquiatra—, ¿qué pasa esta vez?

Cracknell parecía nervioso.

—No debería hablar conmigo —tartamudeó—, sino con él. No se va a creer lo que ha pasado. Justo antes de que llegara usted, iba vestido de payaso y me ha preguntado qué quería para desayunar...

El psiquiatra lanzó una mirada de suspicacia a Griffiths, y éste se limitó a encogerse de hombros.

—Parece que tenemos problemas —dijo.

Dai Griffiths, pueden aceptar mi palabra al respecto, no es un hombre al que uno quiera tener en contra, en caso de apuro. Mucha gente lo ha tenido y la mayoría de ellos han acabado con algún diente menos que cuando empezó todo. No le llaman «el dentista» por nada.

Pero Griffiths, desde luego, tiene varios ases en la manga. Podría haberle dado una lección él mismo a Cracknell. Los borrachos, como todo el mundo sabe, tienen «accidentes». Se dan golpes con las cosas. Se hacen moretones aquí y allá. Sin embargo, no lo hizo. Por el contrario, siguió un camino totalmente distinto. Evitó la trampa de la que Leslie había hablado tan elocuentemente, la tentación no solo de conseguir lo que quieres, sino de que te vean coger lo que quieres: enseñarle a Cracknell quién era el jefe tras unas puertas cerradas, a un nivel personal, superfluo... y se centró en cambio en hallar una solución que pudiera resolver el dilema de una vez por todas. No solo para sí mismo, sino para sus colegas de todo el equipo. Se concentró en el asunto que tenía entre manos. Desenrolló la alfombra roja. Y erradicó el problema yendo al origen. Los psiquiatras pudieron descansar los fines de semana.

Por supuesto, la observación de que el encanto, la concentración y la falta de compasión (tres de los rasgos más reconocibles instantáneamente de los psicópatas) constituyen, si uno puede llevarlos bien, un guión para resolver los problemas con éxito, quizá no sea una gran sorpresa. Pero que ese triunvirato también pueda predisponer (si los dioses realmente le sonríen a uno) a un enorme y desmesurado éxito vital a largo plazo es harina de otro costal.

Tomemos por ejemplo a Steve Jobs.[4]

Jobs, como comentaba el periodista John Arlidge poco después de su muerte, consiguió su estatus de líder de culto «no solo por su decisión, empuje y concentración (cosa que desprendía, según un antiguo colega "con una intensidad abrasadora"), por ser perfeccionista, inflexible y completamente déspota. Todos los líderes del mundo de los negocios que tienen éxito son así, por mucho que sus bien pagados especialistas en relaciones públicas intenten decirnos que son gente tranquila, igual que todos nosotros...».

No. Él era más que eso. Además, añade Arlidge, tenía carisma. Tenía visión. Como reveló el especialista en tecnología Walt Mossberg, incluso en las reuniones privadas, tapaba con una tela un producto, alguna creación nueva recién inventada, situada encima de una brillante mesa de juntas, y la descubría con una floritura.

Apple no es la compañía tecnológica más innovadora del mundo. Ni siquiera se acerca a ello, de hecho. Más bien sobresale, por el contrario, a la hora de reformular ideas de otras personas. No fueron los primeros en presentar un ordenador personal (fue IBM). Ni fueron los primeros en presentar un smartphone (fue Nokia). En realidad, cuando han seguido la senda de la innovación, a menudo la han cagado. ¿Alguien se acuerda del Newton o del Power Mac G4 Cube?

Pero lo que puso sobre la mesa Jobs fue el estilo. La sofisticación. Y un encanto atemporal y tecnológico. Desplegó la alfombra roja ante los consumidores. Desde los salones domésticos, los despachos, estudios de diseño, platós de rodaje... lo que quiera, hasta las puertas de las tiendas Apple del mundo entero.

## Resistencia mental

Los fracasos de Apple a lo largo del camino de dominación del mundo (en realidad, estuvieron a punto de caer en el precipicio al principio) sirven como contundente recordatorio de las trampas y obstáculos que nos esperan a todos en la vida. Nadie se sale siempre con la suya. Todo el mundo, en un momento u otro, «deja a alguien tirado en el suelo», como dice la canción de Leonard Cohen. Y existen muchas oportunidades de que ese alguien, hoy en día, mañana o en alguna otra coyuntura favorable por el camino, resulte ser usted.

Los psicópatas, por si Jamie y los chicos no le han desengañado aún, no tienen problema alguno a la hora de facilitar las relaciones de los demás con el suelo. Pero también son muy útiles cuando se encuentran en el lado que debe recibir... cuando el destino da un vuelco, y son ellos los que se encuentran en la línea de fuego. Y tal acero natural interno, tal inestimable indiferencia frente a las desgracias de la vida, es algo que todos podríamos mejorar un poquito quizá, de una manera u otra.

James Rilling, profesor asociado de antropología en la Universidad Emory, ha demostrado esto en el laboratorio,[5] y ha descubierto, repitiendo una prueba similar al Dilema del Prisionero, tal y como vimos en el capítulo 3, una paradoja extraña, pero interesante, sobre el psicópata. Quizá no resulte sorprendente que los psicópatas exhiban una mayor propensión a la «deserción» bajo tales condiciones que, a su vez, precipitan elevados niveles de beligerancia, de agresión interpersonal oportunista (compendiada en la dinámica de «cooperación/deserción») por parte de sus opuestos.

Pero así son las cosas. Cuando el zapato está en otro pie que no es el suyo, sencillamente, no se preocupan tanto por los contratiempos. Después de que ocurrieran esos resultados de respuesta «pues tú más», en los cuales el que puntúa alto en psicopatía ve que no hay reciprocidad en sus intentos de cooperar, Rilling y sus colegas dejaron al descubierto algo interesante en sus cerebros. Comparados con sus compañeros participantes, más «agradables» y más equitativos, los psicópatas exhibían una actividad significativamente reducida en la amígdala, una marca registrada neural de «poner la otra mejilla»... que a veces se puede manifestar de formas bastante poco habituales.

—Cuando éramos chavales —me cuenta Jamie—, competíamos a ver a quién le daban calabazas más veces saliendo una noche. Ya sabe, las chicas... aunque en el caso del viejo lobo de mar, habríamos tenido que ampliar el campo un poco.

Larry me mira, desconcertado.

—Bueno, el caso es que el tipo al que le habían dado más calabazas cuando se hacía de día, la noche siguiente lo tenía todo gratis.

»Claro, te interesaba acumular tantas como fuera posible, ¿verdad? ¿Una noche bebiendo sin parar, y haciéndose cargo de todo tus colegas? ¡Hecho! Pero lo divertido era cuando tenías ya unas cuantas, porque la cosa se empezaba a poner muy difícil. En cuanto te das cuenta de que te da igual, te pones más chulito. Empiezas a fanfarronear. ¡Y algunas de las chicas pican!»

Ponle los cuernos al rechazo, y el rechazo te los devuelve.

## Intrepidez

Jamie y compañía no son los primeros en establecer la relación entre intrepidez y fortaleza mental.

Lee Crust y Richard Keegan, de la Universidad de Lincoln, por ejemplo, han demostrado que la mayoría de los que corren riesgos en la vida tienden a puntuar más alto en las pruebas de «fortaleza mental» general que aquellos que se muestran adversos al riesgo,[6] siendo las puntuaciones en la subescala de desafío/apertura a la experiencia el mayor pronosticador de riesgos «físicos», y las puntuaciones en la subescala de la confianza el mayor pronosticador de la adopción de riesgos «psicológicos». Ambas cualidades las poseen en abundancia los psicópatas.

¿Recuerdan las palabras de Andy McNab en el capítulo anterior? Saben que existen grandes posibilidades de que le maten a uno en una misión; saben que existen grandes posibilidades de ser capturado por tropas enemigas; saben que existen grandes posibilidades de que ellos y sus paracaídas acaben tragados por olas del tamaño de enormes rascacielos, en un océano enfurecido y desconocido. Pero «que se jodan». En eso consiste ser soldado de las Fuerzas Especiales.

Que los miembros de las Fuerzas Especiales son tan intrépidos como duros mentalmente (psicopáticamente, parece ser, como atestiguan los resultados de muchos de ellos a los que he hecho pruebas) es algo que está fuera de toda duda. De hecho, los instructores de la brutal y durísima selección del curso SAS (que se extiende a lo largo de un periodo de nueve meses, y que solo pasan un puñado de candidatos) van específicamente a la caza de tales cualidades. Como atestiguan algunas de las pesadillas que uno soporta.

Un ejemplo, que me contó un tipo que acabó teniendo éxito, nos permite ver el tipo de fortaleza mental que caracteriza al hombre hecho y derecho, que ejemplifica el modo de pensar y el carácter psicológico de la élite, de aquellos que finalmente consiguen ganar.

—No es la violencia lo que te rompe —me explicó—. Es la amenaza de violencia. Esa idea corrosiva de que va a ocurrir algo terrible. Y que está a la vuelta de la esquina.

Entra en detalles sobre un aspecto en particular, que me disuade de arreglar el tubo de escape de mi coche para siempre.

—Lo normal es que a esas alturas el candidato ya esté exhausto... Entonces, lo último que ve antes de que le tapen la cabeza con una capucha es un camión de dos toneladas. Le echamos en el suelo y mientras está allí echado oye el ruido del camión que se va acercando. Al cabo de treinta segundos más o menos, ya está justo encima de él... y el motor frena a solo unos centímetros de su oído. Le damos bastante caña y entonces el conductor se baja, cierra la portezuela y se va. El motor sigue en marcha. Un poco más tarde, desde algún lugar en la distancia, alguien pregunta si el freno de mano está puesto. En ese momento, uno del equipo (que lleva allí todo el rato sin que el tipo de la capucha lo sepa) empieza a pasarle un neumático suelto por encima de la sien, mientras sigue echado en el suelo. A mano, desde luego. Poco a poco va aumentando la presión. Otro miembro del equipo mete gas al camión un poco, para que parezca que se está moviendo. Al cabo de unos segundos, apartamos la rueda y le quitamos la capucha. Entonces la emprendemos a golpes con él... No es inusual que la gente eche la primera papilla, en ese momento.

Entretengo a los chicos (Danny, Larry, Jamie y Leslie) contándoles la prueba tipo SAS que yo mismo sufrí cuando hacía un programa piloto de televisión. Esposado al suelo de un almacén frío y mal iluminado, veía (con un terror abyecto) que de una carretilla elevadora colgaba un bloque de cemento reforzado a pocos metros por encima de mi cabeza... y luego procedía a bajarlo de modo que la base aguda y rugosa ejercía una ligera presión sobre mi pecho. Lo mantenían allí durante diez o quince segundos y luego oía gritar al operario por encima del siniestro y sibilante chirrido de la hidráulica: «mierda, el mecanismo se ha atascado. No puedo moverlo...».

Después, tras un baño caliente, me quedó bien claro en seguida que yo había estado tan seguro como si estuviera en mi casa. En realidad el «cemento reforzado» no era cemento en absoluto. Era poliestireno pintado. Y el mecanismo funcionaba perfectamente. Pero ni que decir tiene que en aquel momento no sospechaba nada. Ni tampoco los de las Fuerzas Especiales, que sufrían tales torturas en la selección. En el momento te parece horriblemente real.

Jamie, sin embargo, no se deja impresionar en absoluto.

—Pero aunque el mecanismo se hubiese atascado —señala—, eso no significa que toda la suspensión se te fuera a caer encima, ¿verdad? Solo significa que se había quedado enganchado un rato. ¿Y qué? Pues yo he pensado mucho en todo esto. Dicen que el valor es una virtud, ¿no?

»Pero ¿y si no necesitas el valor? ¿Qué pasa entonces? ¿Y si no tienes miedo, ya de entrada? Si no tienes miedo de entrada, no necesitas valor para superarlo, ¿no? Los trucos del cemento y del neumático a mí no me habrían preocupado, tío. Son solo juegos mentales. Pero eso no me hace especialmente valiente. Si me importa un pito ya de entrada, ¿cómo puedo serlo?

»Así que, sencillamente, no me lo creo. Me parece que el motivo por el que se insiste tanto sobre el valor, todo el tiempo, el motivo por el que la gente siente que lo necesita, es para poneros al nivel en el que yo ya funciono naturalmente. Puedes llamarlo virtud. Pero en mí es un talento natural. El valor es solo dopaje por vía sanguínea, pero emocional.»

## Conciencia plena

Sentarse en un sofá frente a un cabeza rapada psicópata de casi metro noventa de alto, mientras coloca un imán psicológico de proporciones considerables junto a tu brújula moral no es cómodo precisamente. Por supuesto, soy bien consciente de los poderes de persuasión del psicópata, pero aun así, no puedo evitar pensar que Jamie tiene razón. Lo que consigue un «héroe» acallando el ahogado chillido sináptico de sus instintos de supervivencia integrados, un psicópata puede hacerlo en silencio... sin despeinarse siquiera. Y para que la brújula gire más rápido aún, Leslie introduce otro acertijo existencial en el juego.

—Pero no se trata solo de la funcionalidad, ¿verdad? —objeta—. Lo que pasa con el miedo, o lo que «yo» entiendo como miedo, supongo... porque, para decirlo con toda sinceridad, no creo que lo haya experimentado nunca, es que la mayoría de las veces es completamente injustificado. ¿Qué dicen? Que el noventa y nueve por ciento de las cosas por las que se preocupa la gente no ocurren nunca. ¿Para qué tanto jaleo entonces?

»Creo que el problema es que la gente pierde tanto tiempo preocupándose por lo que podría ocurrir, por lo que podría estropearse, que pierde completamente de vista el presente. Pasan por alto por completo el hecho de que, en realidad, ahora mismo, todo va bien. Se puede ver claramente en tu ejercicio de interrogación. ¿Qué te dijo aquel tío? Que no es la violencia lo que te rompe. Es la amenaza de la violencia. Así que, ¿por qué no centrarnos en el momento?

»Quiero decir que... piénsalo. Como dice Jamie, mientras estabas ahí echado debajo de ese montón de cemento, o más bien de lo que tú creías que era cemento, no te ocurrió nada malo en realidad, ¿verdad? Vale, una cama bien cómoda igual sería más relajante. Pero en realidad si te hubieras quedado dormido, habrías sido mucho más listo, ¿verdad?

»Por el contrario, lo que te metió miedo fue tu imaginación. Tu cerebro estaba acelerado, zumbando y dando vueltas a todos los desastres que podían ocurrir. Pero no pasó nada.

»De modo que el truco, en lo posible, propongo, es no dejar que el cerebro se eche a correr por delante de ti. Si lo haces a menudo, más pronto o más temprano cogerás la costumbre del valor, también.»

—O siempre puedes usar tu imaginación para tu ventaja —interviene Danny—. La próxima vez que estés en una situación en la que sientas miedo, piensa: «imagina que no siento todo esto. ¿Qué haría entonces?». Y simplemente, hazlo.

Buen consejo... si tienes las pelotas para seguirlo.

Escuchando a Jamie, Leslie y Danny, se les podría perdonar a ustedes por pensar que se hallan en la presencia de seres superiores: de tres budistas muy versados en los ocho aspectos del camino del nirvana. Pero nada es menos cierto. Sin embargo, anclar tus pensamientos firmemente en el presente, concentrarte exclusiva e inmediatamente en el aquí y el ahora, es una disciplina cognitiva que tienen en común tanto la psicopatía como la iluminación espiritual.

Mark Williams, profesor de psicología clínica en el departamento de psiquiatría de la Universidad de Oxford, incorpora el principio de centrarse en el presente en su programa de terapia cognitivo-conductual basada en la *mindfulness* (atención o conciencia plena) o CBT para los que sufren de ansiedad o depresión.[7]

—La conciencia plena —bromeo con Mark, en su despacho del Hospital Warneford— es básicamente budismo con un suelo de madera pulida, ¿no?

Me ofrece un bollito dulce.

—Se olvida de los focos y la tele de plasma —replica—. Pero sí, hay un cierto deje oriental en muchas de las teorías y prácticas.

Mark me da un ejemplo de cómo puede ayudar a alguien a superar una fobia la CBT basada en la conciencia plena. Como el miedo a volar, por ejemplo. Jamie, Leslie y Danny no podrían haberlo hecho mejor.

—Una posibilidad —explica Mark—, sería llevar a una

persona a un avión y sentarla junto a un entusiasta de los vuelos. Ya sabe, alguien a quien le fascina estar en el aire. Luego, a mitad del vuelo, les tiende un par de escáneres cerebrales. Uno de ellos representa un cerebro feliz. El otro representa un cerebro ansioso. Un cerebro en un estado de terror.

»"Este par de dibujos", les dice usted, "representan exactamente lo que está ocurriendo en la cabeza de cada uno ahora mismo, en este preciso momento. De modo que obviamente, como son muy distintos, ninguno de los dos significa realmente nada, ¿verdad? Ninguno de los dos predice el estado físico del avión.

»"Esa verdad está en los motores.

»"Entonces, ¿qué significan?", les pregunta. "Bueno", les explica, "lo que representan en realidad es... precisamente lo que tienen ustedes en sus manos. Un estado cerebral. Nada más. Nada menos. Lo que están sintiendo es sencillamente eso, una sensación. Una red neural, un conjunto eléctrico, una configuración química, causada por pensamientos en su cabeza que derivan de aquí para allá, van y vienen, como nubes.

»"Ahora, si puede conseguir usted aceptar ese hecho, de alguna manera; observar desapasionadamente su realidad virtual interna; dejar que las nubes vayan flotando, dejar que sus sombras caigan donde les plazca, y concentrarse, por el contrario, en lo que está pasando a su alrededor, cada segundo de cada sonido y sensación ambiental, entonces, al final, al cabo del tiempo, su dolencia empezará a mejorar."»

### Acción

El refrendo pragmático por parte de Jamie y de los chicos de los principios y prácticas de la conciencia plena, aunque no necesariamente de la variedad existencial precisa que podría encomiar un distinguido profesor de Oxford, es típico del psicópata. Su proclividad rapaz a vivir en el momento, a «dejar en paz el mañana y salir a dar una vueltecita con el hoy» (como expresaba Larry, bastante caprichosamente), está bien documentada, y a veces (aparte de las implicaciones terapéuticas) puede ser estupendamente benéfica.

Tomemos el mundo financiero, por ejemplo. Don Novick fue corredor de bolsa durante dieciséis años, y no perdió ni un solo penique ninguno de ellos. También es un psicópata. Hoy en día (retirado, aunque solo tiene cuarenta y seis años) vive tranquilamente en los Highlands escoceses, añadiendo adquisiciones a su bodega de vinos y coleccionando relojes antiguos.

Llamo psicópata a Don porque así es como se llama él a sí mismo. Al menos lo hizo cuando le conocí. Así que para asegurarme, decidí hacerle algunas pruebas. Los resultados fueron positivos.

Sentado en uno de los salones de su recoleto castillo de la época del rey Jacobo (la carretera de entrada es tan larga que se podrían poner un par de gasolineras) le hago a Don la pregunta del millón, literalmente. ¿Qué es lo que hace que un bróker tenga éxito?[8] No me interesa la diferencia entre bueno y malo, señalo. Más bien la diferencia entre lo bueno y lo buenísimo.

Aunque no me da nombres, no duda en responder la pregunta objetivamente. Desde un punto de vista cualitativo, analítico.

—Yo diría que una de las mayores diferencias, en lo que respecta a distinguir a los brókers realmente buenos, es el aspecto que tienen cuando la jornada está a punto de acabar, cuando ha terminado la acción y se disponen a cerrar las operaciones hasta el día siguiente —me dice—. La bolsa es una profesión que, si eres mínimamente vulnerable, puede destruirte por completo. Yo he visto a algunos corredores de bolsa llorar y vomitar al final de una sesión muy dura. La presión, el entorno, la gente... es brutal.

»Pero lo que ves en los chicos que están arriba de todo es que, al final del día, cuando salen por la puerta, no te das ni cuenta. No puedes saber mirándolos si han ganado mil millones o si toda su cartera acaba de irse al traste.

»Y de eso se trata, en resumidas cuentas. Ahí reside el principio fundamental para ser un buen bróker. Cuando estás trabajando, no puedes permitir que ningún miembro del comité ejecutivo emocional de tu cerebro empiece a aporrear la puerta de la sala de juntas donde se toman las decisiones, y mucho menos que se siente a la mesa. Despiadadamente, sin remordimientos, sin cesar, hay que seguir en el presente. No se puede dejar que lo que ocurrió ayer afecte a lo que está ocurriendo hoy. Si lo haces, te hundes al momento.

»Si eres propenso a las resacas emocionales, no vas a durar ni dos segundos en el parqué.»

Las observaciones de Don, viniendo como vienen de dieciséis años en el filo de la navaja financiera, recuerdan muchísimo a los resultados de laboratorio del estudio sobre el «juego de apuestas» de Baba Shiv, Antoine Bechara y George Loewenstein. Lógicamente, por supuesto, lo correcto era invertir a cada ronda. Pero a medida que el juego se iba desarrollando, algunos de los participantes empezaban a declinar la oportunidad de jugar, prefiriendo, por el contrario, conservar sus ganancias. Empezaban, en otras palabras, a «vivir en el pasado»... permitiendo, como bien dice Don, que los miembros del comité ejecutivo emocional de su cerebro llamasen a la puerta de la sala de juntas donde se toman las decisiones.

Mala jugada.

Pero otros participantes continuaron viviendo en el presente, y a la conclusión del estudio, alardearon de un margen de beneficios sustancioso. Esos «psicópatas funcionales», como se refería a ellos Antoine Bechara, individuos que por una parte o bien regulan mejor sus emociones que otros, o bien no las experimentan con el mismo grado de intensidad, continuaron invirtiendo y consideraron cada ronda como si fuese la primera.

Extrañamente, se fueron fortaleciendo cada vez más. Y tal y como habría predicho Don (y lo predijo en realidad, cuando le hablé del experimento) arrasaron con sus rivales más cautelosos y más adversos al riesgo.

Pero la historia no acaba ahí. Hace algunos años, cuando la noticia de este estudio llegó por primera vez a la prensa popular, llevaba un titular que en sí mismo suscitaba unos cuantos titulares: «Se buscan psicópatas para matar en el mercado». Según Don, esa cita tenía una profundidad oculta.

—Un asesino profesional, como un ejecutor, por ejemplo, probablemente no tiene sentimiento alguno después de arrebatarle la vida a alguien —explica—. Es muy posible que el remordimiento o el pesar no aparezcan en ningún momento. Lo mismo ocurre con los brókers. Cuando un bróker completa una operación, lo llama "ejecución". Es jerga habitual del parqué. Y en cuanto se ha ejecutado una operación, los brókers realmente buenos, esos tipos que a usted le interesan, no sentirán ningún tipo de reparo dejándolo atrás, ni se preguntarán el porqué y el cómo, los pros y los contras, si está bien o está mal.

»Y es completamente irrelevante, volviendo a lo que he dicho antes, cómo se ha llevado a cabo la operación... si han hecho un par de miles de millones, o si la cosa se ha ido al garete. Salir de una operación es una decisión fría y clínica, que no conlleva emoción alguna, ni efectos secundarios psicológicos cualesquiera unidos a ella...

»Creo que la idea de matar profesionalmente, ya sea en el mercado o en cualquier otro lugar, exige una cierta habilidad para crear compartimentos, centrarse en el trabajo que uno tiene entre manos. Y cuando ese trabajo se ha concluido, apartarse y olvidar por completo lo que acaba de ocurrir.»

Por supuesto, vivir en el pasado es solo uno de los aspectos de la ecuación. Vivir en el futuro, ir «por delante de nosotros mismos», permitiendo que nuestra imaginación se desborde, como había ocurrido con la mía bajo aquel bloque de cemento reforzado, o lo que demonios fuera, puede resultar igual de incapacitante. Algunos estudios de concentración cognitiva y emocional, por ejemplo, en el contexto de una toma de decisiones disfuncional, han demostrado que cuando evaluamos las conductas corrientes del día a día, como por ejemplo tirarse a una piscina o coger el teléfono y dar una mala noticia, la realidad posible «imaginada» es mucho más incómoda que la «real».[9]

Cosa que explica, por supuesto, nuestra insaciable necesidad de procrastinar la mayor parte del tiempo.

Pero los psicópatas no procrastinan nunca.

Y ése es uno de los motivos precisamente por los cuales, si recuerdan las palabras anteriores de Richard Blake, mi anfitrión en Broadmoor y uno de los del equipo clínico del centro Paddock, tienden a sobresalir en las actividades de la sala. Los psicópatas necesitan «hacer» algo. Son incapaces de no hacer nada.

—Sentirme bien es urgente para mí —me comentó Danny, mientras metía su cuarto gol para el Chelsea—. Me gusta montarme en la montaña rusa de la vida, dar vueltas a la ruleta de la fortuna, hasta la última posibilidad.

Frunció el ceño y se ajustó la gorra de béisbol.

—O al menos eso hacía —se encogió de hombros—, hasta que llegué aquí.

Viniendo de un psicópata, esa afirmación es bastante habitual... y quizá todos podríamos suscribirla, si queremos añadir ese poquito más de interés a nuestras vidas.

—Cuando era niño —me contó Larry—, íbamos de vacaciones cada año a Hastings. Un día (nunca lo olvidaré) vi a mi hermana jugando en el mar, y vino una ola muy grande y la tiró. Ella salió corriendo y llorando, y se acabó. Ya no volvió a entrar en el mar nunca más. Cuando vi lo que había pasado (y yo no debía de tener más de siete u ocho años, por aquel entonces) recuerdo que pensé: «si te quedas donde rompen las olas, te pueden hacer daño. De modo que tienes dos posibilidades. O bien te quedas en la orilla y no te acercas nunca. O bien vas más allá, para que las olas te levanten y luego rompan detrás de ti».

Jamie se puso de pie.

—El secreto, claro, es no irte demasiado lejos —gruñó—. O si no, acabas en un sitio como éste.

## Mentalidad SOS

—Bueno, ya sabe dónde estoy. No me voy a ir.

Jamie y yo nos estrechamos la mano. Acabo de decirle que vendré a verle la próxima vez que pase por aquí, y él me ha puesto al corriente de sus movimientos. Larry y Leslie ya se han retirado. Leslie, literalmente, con una dramática reverencia. Larry con un rudo saludo. Quizá el hombre fuera un antiguo lobo de mar, después de todo. Danny ha vuelto al fútbol.

Vuelvo por los pasillos y túneles llenos de medidas de seguridad que conectan la unidad DSPD con el mundo exterior, sintiéndome un poco como un astronauta que vuelve a la Tierra.

—¿Ha ido todo bien? —inquiere Richard, mientras recorremos el camino de vuelta hasta los barrios residenciales de la psicología clínica.

Yo sonrío.

—Empezaba a sentirme un poco como en casa.

Mientras el tren coge velocidad dirigiéndose hacia Londres, examino la expresión de los que tengo sentados a mi alrededor: gente que va a trabajar, sobre todo. Algunos, tensos y ansiosos. Otros cansados y demacrados. No se ven muchos de este tipo en la Escuela de la Psicopatía.

Enciendo el ordenador portátil y apunto algunas ideas. Una hora más tarde, más o menos, al llegar a la estación, tengo ya más o menos una plantilla de lo que llamo mentalidad «SOS»: el conjunto de habilidades psicológicas: Luchar, Imponerse, Vencer.

Etiqueto ese conjunto de habilidades como los "Siete preciados capitales", siete principios fundamentales de la psicopatía que, repartidos con buen criterio y aplicados con el debido cuidado y atención, pueden ayudarnos a conseguir exactamente lo que queremos; pueden ayudarnos a «responder», más que a «reaccionar», a los desafíos de la vida moderna; pueden transformar nuestra actitud de víctima en la de vencedor, pero sin convertirnos en villanos:

1. Impasibilidad
2. Encanto
3. Concentración
4. Fortaleza mental
5. Intrepidez
6. Atención plena
7. Acción

Sin duda alguna, el poder de ese conjunto de habilidades se encuentra rotundamente en su aplicación. Determinadas situaciones inevitablemente requieren más de algunos rasgos que de otros; manteniéndonos dentro de esas circunstancias, algunas sub-situaciones, volviendo a nuestra útil analogía de la mesa de sonido, plausiblemente exigen niveles de potencia más altos o más bajos de los rasgos que hayamos seleccionado.

Si subimos los diales de la impasibilidad, la fortaleza mental y la acción, por ejemplo, podríamos ser más seguros de nosotros mismos... podríamos ganarnos más respeto entre nuestros colegas de trabajo. Pero si las subimos demasiado, nos arriesgamos a convertirnos en tiranos.

Luego, por supuesto, está la consideración opuesta: hay que ser capaz de volver a bajarlos... ir subiendo y bajando y configurar adecuadamente la pista de sonido. Si el abogado, por ejemplo, a quien conocimos en el capítulo 4, fuese tan implacable e intrépido en la vida diaria como se mostraba ante los tribunales, pronto acabaría necesitando también él mismo un abogado.

El secreto, incuestionablemente, es el contexto.

No se trata de ser un psicópata. La cosa va más bien de ser un psicópata «metódico». Ser capaz de interpretar a un personaje cuando la situación lo exige. Pero cuando la exigencia ha pasado, también volver a su personaje habitual.

Ése había sido, claro, el error de Jamie y los chicos. En lugar de preocuparse por toquetear los diales para subirlos, los suyos, por el contrario, estaban permanentemente atascados en el máximo, un error de fábrica que había tenido desgraciadas consecuencias.

Como Jamie expresó cuando yo acudí a Broadmoor, el problema con los psicópatas no es que estén atiborrados de maldad. Curiosamente, es lo contrario. Tienen demasiado de algo «bueno».

El coche es perfecto. Lo que pasa es que es demasiado rápido para la carretera.

# 7
# Supercordura

> La vida no debería ser un viaje hacia la tumba con la intención de llegar a salvo con un cuerpo bonito y bien conservado, sino más bien llegar derrapando de lado, entre una nube de humo, completamente desgastado y destrozado, y proclamar en voz alta: ¡Uf! ¡Vaya viajecito!
>
> HUNTER S. THOMPSON

## Generación P

En la parte trasera de la capilla del Magdalen College, de Oxford, cuelga un tablero de plegarias. Un día, entre las numerosas peticiones de intervención divina, observé la siguiente: «Señor, por favor, que salgan mis números de la lotería, y así no tendrás que volver a oír hablar de mí nunca más».

Extrañamente, era la única a la que había respondido Dios. Esto fue lo que escribió: «Hijo mío, me gusta tu estilo. En este mundo desdichado y confuso, que me causa tanta preocupación, has conseguido hacerme sonreír. Mierda, me gustaría volver a saber algo de ti. ¡Más suerte la próxima vez, caradura! Con cariño: Dios».

Todo aquel que pensase que Dios no tenía sentido del humor, a lo mejor tendría que volvérselo a pensar. Y cualquiera que pensara que Dios estaba tan alejado del mundo que no se tomaba un interés personal en las insignificantes preocupaciones de sus torpes, despistados y lamentables hijos sería mejor que lo reconsiderase. Aquí vemos claramente que el Todopoderoso ve adecuado presentar un aspecto distinto de sí mismo: como astuto, duro y pragmático manipulador, capaz de dar tanto como recibe, y con un gran conocimiento de la psicología humana. Si les parece el tipo de Dios que no se asusta a la hora de toquetear esos diales en la mesa de sonido y bajarlos cuando la situación lo requiera, entonces no se equivocan.

En 1972, el escritor Alan Harrington publicó un librito poco conocido titulado *Psicópatas*. En él adelantaba una nueva y radical teoría de la evolución humana. Los psicópatas, aseguraba Harrington, constituyen una nueva raza de *Homo sapiens*: un plan de contingencia darwiniano hecho a medida para las frías y duras exigencias de la supervivencia de la vida moderna. Una indomable generación P.

Para su tesis resultaba clave el progresivo e insidioso debilitamiento, tal y como él lo veía, de los lazos iónicos primigenios (éticos, emocionales, existenciales) que siglo tras siglo, milenio tras milenio, habían unido a la humanidad entre sí. En tiempos, afirmaba Harrington, cuando la civilización occidental se adhería a las convenciones tradicionales burguesas de trabajo duro y búsqueda de la virtud, el psicópata se veía confinado a los márgenes de la sociedad en su conjunto. Era condenado por sus compañeros los ciudadanos sensatos como loco o bien como fuera de la ley. Pero a medida que iba transcurriendo el siglo XX, y la sociedad, a lo largo del tiempo, se iba volviendo más rápida y más suelta, los psicópatas fueron saliendo del frío.

Para ser un novelista de la Guerra Fría, de un entorno que no era científico, Alan Harrington ciertamente sabía de lo que hablaba. Su representación de los rivales psicópatas de hecho ocasionalmente incluso sobrepasa, dadas sus diversas y eclécticas pinceladas, muchos de los retratos que uno lee hoy en día a veces. El psicópata, como lo define Harrington, es el «hombre nuevo», un superhéroe psicológico libre de los grilletes de la ansiedad y el remordimiento. Es brutal, aburrido y audaz. Pero también beatífico, cuando la situación lo exige.

Cita algunos ejemplos: «borrachos y falsificadores, adictos, niños de las flores...[1] El matón de la mafia que pega a su víctima, el actor seductor, el asesino, el guitarrista nómada, el político que da la tabarra, el santo que se echa al suelo ante unos tractores, el frío y dominador ganador del premio Nobel que roba los méritos a sus ayudantes de laboratorio... todos a lo suyo».

Y todos ellos sin la menor preocupación en este mundo.

## San Pablo, el santo patrono de los psicópatas

La inclusión de los santos en la lista de Harrington no es ningún accidente. Tampoco es algo excepcional. A lo largo de su libro, su prosa fría e iridiscente está trufada de comparaciones entre psicópatas e iluminados espiritualmente. No todas suyas.

Cita, por ejemplo, al médico Hervey Cleckley, a quien ya conocimos en el capítulo 2, recopilador en su clásico de 1941 *The mask of sanity* de una de las primeras descripciones clínicas de la psicopatía:

> Aquello contra lo que él [el psicópata] cree que debe protestar resulta que no es un grupo pequeño, ni una institución en particular, ni un conjunto de ideologías, sino la vida humana misma.[2] En ella no parece encontrar nada profundamente significativo ni que produzca un estímulo constante, sino solo algunos caprichos pasajeros y relativamente agradables, una serie terriblemente repetitiva de pequeñas frustraciones y aburrimientos... Como muchos adolescentes, «santos» [énfasis del autor], estadistas que forjan la historia, y otros líderes o genios notables, muestra inquietud, quiere hacer algo para cambiar la situación.

Harrington cita también a Norman Mailer: «[El psicópata] es una élite dentro de la posible falta de piedad de una élite...[3] Su experiencia interior de las posibilidades dentro de la muerte es su lógica. Lo mismo ocurre con el existencialista. Y el "santo" [énfasis del autor], el torero y el amante».

Las implicaciones son intrigantes. ¿Es posible, se pregunta Harrington, que el santo y el psicópata, de alguna manera, constituyan dos caras trascendentales de la misma moneda existencialista? ¿Es posible «... lo queramos admitir o no, para los psicópatas más malvados y completamente inexcusables, asesinar hasta encontrarse en estado de gracia?[4] ¿Llegar a una especie de pureza por medios terribles? ¿Verse transformado por su suplicio, y el suplicio impuesto a los demás, en otra persona, con el espíritu limpio por el teatro, la publicidad, la fama, el terror?»

Aunque sea en contra, quizá, de su delicada sensibilidad intelectual, los estudiosos del Nuevo Testamento podrían no estar de acuerdo. Hace dos mil años, un tal Saulo de Tarso sancionó la muerte de un incontable número de cristianos tras la ejecución pública de su líder. Hoy en día, bajo los dictados de la Convención de Ginebra, se le podría haber acusado de genocidio.

Todos sabemos lo que le ocurrió a «él». Una deslumbrante conversión cuando viajaba camino de Damasco[5] le transformó, literalmente de la noche a la mañana, de asesino y despiadado montador de tiendas en una de las figuras más importantes en la historia del mundo occidental. San Pablo, como se le conoce hoy en día comúnmente,[6] es autor de casi la mitad del Nuevo Testamento (catorce de los veintisiete libros que constituyen el corpus están atribuidos a él); es el héroe de otro, los Hechos de los Apóstoles, y el protagonista de algunas de la mejores vidrieras del negocio.

Pero además era, con mucha probabilidad, un psicópata. Despiadado, intrépido, decidido y carismático, en igual medida.

Echemos un vistazo a las pruebas. La predilección de Pablo, tanto en carreteras abiertas como dentro de las ciudades más populosas, por las zonas peligrosas e inhóspitas, le ponía en riesgo constante de ataques violentos y aleatorios. Añadamos a eso el hecho de que naufragó un total de tres veces nada menos, durante sus viajes en torno a la cuenca mediterránea, en una ocasión pasando veinticuatro horas a flote en alta mar antes de ser rescatado, y aparece ante nosotros el retrato de un hombre con poca o ninguna preocupación por su propia seguridad.

Tenemos al infractor habitual de la ley, que parece incapaz de aprender de sus errores (o bien no le importa). Pablo fue encarcelado múltiples veces durante su ministerio, pasando en total una estimación de seis años entre rejas; fue brutalmente azotado (cinco veces recibió el máximo de treinta y nueve latigazos, ya que demasiados podían matar a una persona). En tres ocasiones le golpearon con varas. Y una vez, en la ciudad de Listra, en lo que ahora es la moderna Turquía, fue apedreado por una multitud con tanta saña que cuando acabaron le dieron por muerto y lo arrastraron fuera de la ciudad, como era costumbre.

Las escrituras consignan lo que ocurrió a continuación: «pero cuando los discípulos lo recogieron, él se levantó y volvió a entrar en la ciudad, y al día siguiente fue con Bernabé a Derbe» (Hechos 14:20).

¿Entraría usted de nuevo tan tranquilo en una ciudad cuyos habitantes han hecho lo posible por matarlo a pedradas? Desde luego, yo no.

Y todavía no hemos terminado. Tenemos al que va dando tumbos sin parar, que se halla continuamente en movimiento debido a amenazas contra su vida. Cuando el gobernador de Damasco formó un cordón en torno a la ciudad para arrestarlo, él se escapó en una cesta por un agujero en las murallas de la ciudad.

Tenemos al político frío y calculador que mueve los hilos y que no tiene miedo de pisotear los sentimientos y la sensibilidad de los demás, por muy leales o importantes que sean. La pelea de Pablo con san Pedro en Antioquía, en la cual acusó a Pedro a la cara de ser un hipócrita por obligar a los gentiles a adoptar costumbres judías cuando él mismo vivía como un gentil, la describe L. Michael White, profesor de estudios religiosos y clásicos de la universidad de Texas, Austin, en su libro *From Jesus to Christianity*, como «un fracaso total de la bravuconería política.[7] Pablo se fue en seguida de Antioquía como persona non grata, y no volvió nunca».

Finalmente están las maniobras impasibles y despiadadas del misterioso bandido psicológico. Esa habilidad que tiene el experto manipulador, suave como la seda, de presentarse a sí mismo.

¿Recuerdan las palabras del magistral estafador Greg Morant? Una de las armas más potentes del nefasto arsenal del estafador es un buen «radar de vulnerabilidad».

Podrían haber sido las de Pablo, con toda facilidad. O, para expresarlo de otra manera:

> Entre los judíos me volví judío, para ganarme a los judíos. Entre aquellos que están bajo la ley, me convierto en uno de los que están bajo la ley (aunque no estoy bajo la ley). Entre los que están fuera de la ley me convierto en uno fuera de la ley (no estando fuera de la ley de Dios, sino bajo la ley de Cristo) para poderme ganar a los que están fuera de la ley. Entre los débiles me vuelvo débil, para poder ganarme a los débiles. Me he convertido en todo tipo de cosas, para todo tipo de gente... (1 Corintios 9:20-22).

Si realmente fue Jesucristo el que apareció en aquel camino a Damasco, y quería un emisario para que le ayudara a difundir su palabra, no podía haber elegido a un hombre mejor para el puesto. Ni tampoco, entre los cristianos, uno más temido ni más impopular. En la época de su conversión, Pablo, sin duda, estaba en la cima de sus poderes persecutorios. De hecho, el motivo de que fuese a Damasco era para instigar más derramamientos de sangre. ¿Es una coincidencia que su ministerio empezase allí?

No todos los psicópatas son santos. Y no todos los santos son psicópatas. Pero existen pruebas que indican que, en lo más profundo de los recovecos del cerebro, la psicopatía y la santidad comparten un despacho neural secreto. Y que algunos atributos de los psicópatas (estoicismo, la capacidad de regular sus emociones y de vivir el momento, de entrar en estados de conciencia alterados y de ser heroicos, intrépidos, sí, incluso aparentemente empáticos), son de una naturaleza espiritual inherente, y no solo mejoran el bienestar propio, sino también el de los demás.

Si necesita que le convenzan, eche un vistazo al tablero de plegarias del Magdalen College de vez en cuando.

## El rojo no detiene al campeón

La capacidad de sonreír ante la adversidad se ha contemplado desde siempre como una medida de inteligencia espiritual. Tomemos, por ejemplo, las palabras del poeta Rudyard

Kipling, lo último que ve el jugador antes de salir al campo central de Wimbledon:

> si puedes enfrentarte al triunfo o al desastre
> y tratar a ambos impostores de la misma manera...[8]

Pero aunque tal estado de ánimo habitualmente se suele asociar con los santos, el vínculo con los psicópatas se suele establecer mucho menos.

En 2006, Derek Mitchell, del University College de Londres,[9] decidió rebelarse contra esa tendencia y presentó a dos grupos de participantes, psicópatas y no psicópatas, un procedimiento conocido como Tarea de Interrupción Emocional (EIT por sus siglas en inglés). La EIT es una prueba de tiempo de reacción de habilidad discriminatoria. Los voluntarios se sientan frente a la pantalla de un ordenador y pulsan unas teclas o bien con el índice de la mano derecha o bien con el de la izquierda, dependiendo del tipo de forma en particular, normalmente un círculo o un cuadro, que aparece y parpadea ante ellos.

Muy sencillo, podrían pensar ustedes. Pero en realidad es una tarea bastante difícil.

El motivo es que las formas no aparecen solas. Por el contrario, cada círculo o cuadro está colocado entre diferentes parejas de imágenes, normalmente caras, durante un par de centenares de milisegundos cada vez. O bien dos imágenes positivas (caras sonrientes) o bien negativas (caras furiosas) o bien neutras (caras inexpresivas).

La mayoría de la gente tiene problemas con las imágenes emocionales. Sencillamente, por serlo. Porque son emocionales y distraen. Pero Mitchell planteó la hipótesis de que si los psicópatas realmente son tan impávidos y relajados como sugiere su fama, y se toman igual lo que venga, esto en su caso no debería ser cierto. En efecto, tendrían que responder mucho más rápido y con más precisión, comparando con los individuos de control, es decir, deberían ser menos susceptibles de distracción, en aquellas pruebas en las que el círculo o el cuadro estaba flanqueado por dos imágenes positivas o negativas. Imágenes, en otras palabras, que de una forma u otra ostentasen un valor emocional. Por el contrario, sugirió Mitchell, esa diferencia entre psicópatas y no psicópatas debía desaparecer en las pruebas neutras, donde la distracción no es tan grave.

Y el resultado fue precisamente ése. Cuando el círculo o el cuadro estaban flanqueados por una imagen cargada emocionalmente, los psicópatas, tal y como se había predicho, acertaban más a la hora de diferenciar los objetivos que los no psicópatas. Y mucho más rápido, además. Se les daba mejor, como podía haber expresado Kipling, conservar la cabeza, mientras otros perdían la suya.

El estoicismo es una cualidad muy apreciada por la sociedad. Y con buen motivo. Puede resultar muy útil en todo tipo de aspectos: durante el duelo, después de una ruptura, en la mesa de póquer. Incluso a veces cuando estás escribiendo un libro. Pero como sufrido seguidor desde hace mucho tiempo de la selección de fútbol de Inglaterra, y veterano de más debacles por penaltis de las que quiero recordar, la relación entre estoicismo y deporte quizá sea la más sobresaliente para mí.

Y no hablo desde el punto de vista del espectador. Como prisma psicológico, el deporte es insuperable a la hora de deshacer el estoicismo en sus dos longitudes de onda constitutivas: intrepidez y concentración, que por sí mismas constituyen elementos tanto de la psicopatía como de la sagacidad espiritual.

«¿No sabéis que en una carrera todos los corredores corren, pero solo uno consigue el premio?», escribió san Pablo. «Corred de tal manera que consigáis el premio... Soy como un boxeador que no pierde sus golpes. Endurezco mi cuerpo con los golpes, y los someto a un control total.»[10]

Que las palabras de Kipling cuelguen justo por encima del centro de la pista, ciertamente, no es ninguna coincidencia... y no son exclusivas para el tenis. «Juega como si no significara nada, cuando lo significa todo», replicó la leyenda del billar Steve Davis cuando le pidieron que revelara el secreto de la grandeza deportiva. «Deja que pasen» las jugadas malas (y las buenas también, en realidad) y centra tu atención al cien por cien en la siguiente.

Lo mismo vale para el golf.

En 2010, el sudafricano Louis Oosthuizen no estaba ni mucho menos entre los favoritos para ganar el British Open Championships en Saint Andrews. Después de una serie de decepciones en las actuaciones que condujeron al torneo, se esperaba, aunque llevaba cuatro puntos de ventaja, que se desmoronase bajo la presión de la terrible ronda final. Pero no lo hizo. Y el motivo de ese hecho era sorprendente, aunque engañosamente sencillo: un puntito rojo pequeño, situado justo por debajo de la base de su pulgar, en el guante que llevaba.

La idea del punto se le ocurrió a Karl Morris, un psicólogo deportivo de Manchester a quien llamó Oosthuizen para que le ayudara a contactar con lo que se podría describir razonablemente como su psicópata interno oculto: a centrar su mente en la jugada que tenía entre manos, en lugar de obsesionarse, en el momento menos oportuno, por las consecuencias.

De modo que Morris ideó un plan. Cuando Oosthuizen estuviera a punto de dar un golpe, debía centrar su atención con toda frialdad, calma y compostura, en el punto. Ese punto era lo único que importaba en aquel momento. Él no iba a lanzar el tiro. Por el contrario, el tiro le lanzaría a él.

Ganó por siete golpes.

El puntito rojo de Oosthuizen es un ejemplo clásico de lo que en deporte se conoce como «objetivo-proceso», una técnica mediante la cual al atleta se le requiere que se centre en el algo, por diminuto que sea, para evitar que piense en otras cosas. En el caso de Oosthuizen, de todas las formas en las que podía joder el tiro. Ancla firmemente al atleta en el aquí y el ahora, antes de realizar el tiro, antes de hacer el movimiento en realidad. Y lo más importante de todo, antes de que la confianza empiece a desvanecerse. De hecho, su capacidad de concentrarse solamente en la tarea que tiene ante él (lo que el psicólogo húngaro Mihály Csíkszentmihályi llama «experiencia óptima» o «flujo») es una de las técnicas clave en las que trabajan ahora los psicólogos del rendimiento.[11] No solo en golf, sino entre los competidores de alto nivel de cualquier área del deporte.

En momentos de flujo, el pasado y el futuro se evaporan como abstracciones. Lo único que queda es un presente intenso y extraño, devorador de la atención, una sensación abrumadora de estar «en la zona». Es la unión, la consumación fascinada de mente, cuerpo y juego: lo que se conoce en el oficio como el «triángulo de oro» del rendimiento deportivo; un estado similar al trance de acción y reacción sin esfuerzo, donde el tiempo y el yo convergen, y donde uno controla pero no controla al mismo tiempo.

Quizá como era de esperar, tiene una reveladora marca neural en el cerebro.

En 2011, Martin Klasen, de la Universidad de Aquisgrán,[12] descubrió que los momentos de flujo poseen un perfil fisiológico único. Usando el fMRI para observar el cerebro de los jugadores de videojuego en acción, vio que los periodos de elevada concentración y atención se veían acompañados por una reducción de la actividad en el córtex cingulado anterior (el *hardware* de error-detección y conflicto-monitorización del cerebro) indicadora de una disminución en la atención y la supresión de información que podría distraer y no relevante para la tarea.

Pero eso no es todo. Se ha encontrado también un patrón similar en los cerebros de los psicópatas criminales.

El mismo año que Klasen jugaba a videojuegos, Kent Kiehl le quitó el polvo a su monstruo de dieciocho ruedas con fMRI y se dedicó a recorrer las carreteras de Nuevo México provisto de un nuevo experimento.[13] A Kiehl le interesaba saber qué es precisamente lo que mueve a los psicópatas en lo relativo a la toma de decisiones. ¿Son tan fríos realmente bajo presión? ¿Se les da mejor cumplir lo prometido a la hora de la verdad, cuando llega el momento más importante? Y si es así, ¿por qué? ¿Podría ser algo que está profundamente implantado en nuestro cerebro? ¿Un triunfo del razonamiento cognitivo a sangre fría sobre el procesamiento emocional de sangre caliente?

Para averiguarlo, presentaba a los psicópatas y no psicópatas dos tipos distintos de dilemas morales: lo que llamaba dilemas de «conflicto elevado (personal)» y «conflicto bajo (personal)», respectivamente, ejemplos de ambos los siguientes:[14]

Conflicto elevado (personal)

Unos soldados enemigos han tomado tu pueblo. Tienen órdenes de matar a todas las personas que encuentren. Tú y otros estáis escondidos en un sótano. Oyes que los soldados entran en la casa, por encima de ti. Tu bebé empieza a llorar con fuerza. Le tapas la boca para bloquear el sonido. Si le quitas la mano de la boca, llorará fuerte y los soldados lo oirán. Si oyen al bebé, os encontrarán y os matarán a todos, incluidos tú y tu bebé. Para salvarte a ti y a los demás, debes asfixiar a tu bebé hasta que muera.

¿Es moralmente aceptable para ti asfixiar a tu bebé para salvarte tú y las demás personas?

Conflicto bajo (personal)

Vas a pasar el fin de semana en casa de tu abuela. Normalmente ella te da un regalito o unos cuantos dólares cuando llegas, pero esta vez no lo hace. Le preguntas por qué y ella dice que no le has escrito tantas cartas como antes. Tú te enfadas y decides gastarle una broma.

Coges unas cuantas pastillas del botiquín y se las pones en la tetera a tu abuela, pensando que así se pondrá muy enferma.

¿Es moralmente aceptable para ti poner las pastillas de tu abuela en la tetera, para gastarle una broma?

La predicción era sencilla. Si los psicópatas se veían menos perturbados por las exigencias emocionales del momento, y tenían una frialdad por encima de todos los demás, en lo que respecta a la toma de decisiones de vida o muerte, entonces la diferencia más marcada entre su actuación y la de los no psicópatas, suponía Kiehl, se manifestaría en lo tocante a los dilemas de un conflicto moral elevado (personal), cuando el calor está al máximo, y el problema es más cercano.

Y eso fue exactamente lo que ocurrió.

En las situaciones de «conflicto elevado», los psicópatas, en realidad, califican un número significativamente mayor de juicios utilitarios como «moralmente aceptables» que los no psicópatas. Se les da mejor asfixiar bebés, o al menos sobrellevar el dolor de tal acción, que a sus homólogos más aprensivos.

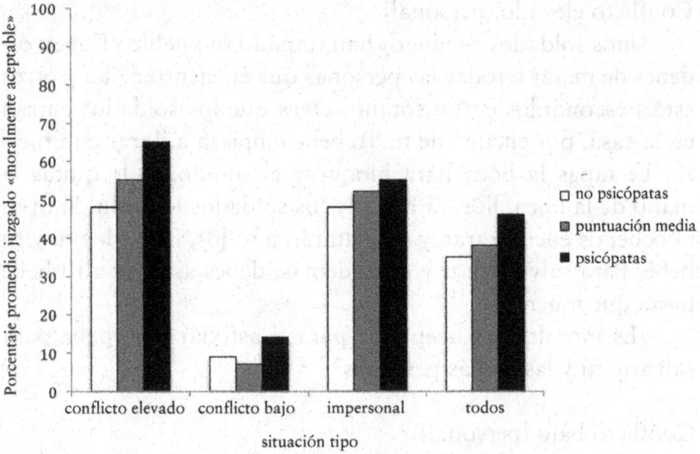


Figura 7.1. *Los psicópatas son menos remilgados moralmente, pero solo cuando hay en juego una apuesta alta (adaptada de Ermer et al., 2011).*

Y presumiblemente se les daría mejor permanecer vivos y conservar la vida de sus compañeros ocultos en el sótano, si la situación resultase real.

Pero había algo más. Igual que había observado yo con el ejemplo de «William Brown» en el capítulo 3, Kiehl y sus colaboradores observaron también que los psicópatas, así como tienen menos problemas morales en general que los no psicópatas, tardaban un tiempo considerablemente inferior a la hora de evaluar los enigmas que se les planteaban. Tomaban una decisión mucho más rápido, antes de emprender un curso de acción apropiado. No solo eso, sino que sus tiempos de actuación mucho más limitados también iban acompañados, igual que había averiguado Martin Klasen bajo condiciones de flujo, por una actividad reducida en el córtex cingulado anterior.

Pero (y ahí está el problema) solo cuando la situación era de «conflicto elevado». En el caso de los dilemas de «conflicto bajo», desaparecía la diferencia en la deliberación. Los psicópatas eran tan partidarios de vetar la idea de poner pastillas en la tetera de la abuela como los no psicópatas.

La conclusión parece bastante clara. Cuando hay mucho en juego, y nos encontramos entre la espada y la pared, es mejor tener a un psicópata al lado. Pero si no hay nada que temer y estamos en una situación de equilibrio, mejor olvidarlo. Los psicópatas se apagan... y tardan el mismo tiempo en poner manos a la obra que todos los demás.

En realidad, estudios con EEG han revelado diferencias considerables en la forma que tienen de responder los cerebros de los psicópatas y los no psicópatas a tareas y situaciones que o bien son muy interesantes o muy motivadoras, respectivamente. Cuando llega el momento de la verdad, los psicópatas muestran una activación significativamente mayor de las regiones prefrontales izquierdas de su cerebro (la zona que está directamente detrás de la frente, a la izquierda), comparados con los no psicópatas: asimetría cerebral asociada con una considerable reducción de la ansiedad, afecto positivo mejorado, y aumento de la atención y la orientación, por si esto era poco.

Y también, según parece, con elevados estados espirituales. El neurocientífico Richard Davidson, de la Universidad de Wisconsin,[15] ha descubierto precisamente el mismo perfil en los monjes budistas de élite, los olímpicos espirituales de lo alto del Himalaya, donde están inmersos en una profunda meditación.

«Existen muchas pruebas [que sugieren] que los mejores deportistas, hombres y mujeres, [han desarrollado] habilidades psicológicas que les permiten concentrarse y controlar la ansiedad»,[16] explica Tim Rees, psicólogo deportivo de la Universidad de Exeter. Además, añade, «existen también muchas pruebas que indican que, en cuanto alguien llega a un cierto nivel de habilidad, son las diferencias de enfoque psicológico lo que distingue a las personas que están en la cima».

El modo de pensar que separa a los buenos de los mejores, y tal y como nos mostró Kent Kiehl, en determinadas situaciones que penden de un hilo, a los vivos de los muertos, es de naturaleza inherentemente psicopática.

Y también espiritual.

## Parad todos los relojes

El nexo establecido por Csíkszentmihályi y otros entre «estar en el presente» y la ausencia de ansiedad no es nuevo, por supuesto. La práctica de la «atención plena y consciente», por ejemplo, constituye el séptimo paso del Noble Camino de las Ocho Etapas, una de las enseñanzas principales de Siddartha Gautama, el Buda, hace unos 2.500 años.

En su libro *La liberación del sufrimiento: el noble óctuple sendero*, Bhikkhu Bodhi, un monje de la tradición Theravada, describe lo que supone la práctica:

> La mente se mantiene deliberadamente al nivel de la *atención desnuda*,[17] una observación despegada de lo que está ocurriendo dentro de nosotros y en torno a nosotros en el momento presente. En la práctica de la atención plena y consciente se entrena la mente para que siga en el presente, abierta, quieta y alerta, contemplando el acontecimiento presente. Todos los juicios e interpretaciones deben ser suspendidos, o si ocurren, simplemente registrados y apartados a un lado.

Según el Mahātsatipaṭṭhāna Sutta,[18] uno de los discursos fundamentales del canon Pali del budismo Theravada, tal entrenamiento, si se aplica de una forma constante, al final conduce al «despertar de la conciencia y las cualidades de ecuanimidad, desprendimiento y liberación».

Cualidades, como hemos visto, que los psicópatas parecen poseer de forma natural.

Pero las similitudes entre la mentalidad occidental y psicopática y los modos de pensar trascendentales de Oriente no acaban ahí. Más recientemente, psicólogos como Mark Williams, de la Universidad de Oxford (a quien, como recordarán, conocimos en el capítulo anterior) y el antes mencionado Richard Davidson, han empezado el proceso innovador, integrador, aunque empíricamente exigente, de aprovechar las propiedades reconstituyentes de las prácticas de meditación budistas dentro de un marco más sistematizado, terapéutico y clínicamente orientado.

Hasta el momento parece que les funciona. La intervención basada en la atención plena, como vimos anteriormente, ha resultado ser una estrategia metacognitiva especialmente efectiva, cuando nos enfrentamos a los síntomas de la ansiedad y la depresión... dos afecciones a las cuales los psicópatas son especialmente inmunes.

Los principios fundamentales de la terapia, como se podría esperar, son muy deudoras de las enseñanzas tradicionales budistas ya esbozadas. Pero además existe un ingrediente añadido, una especie de curiosidad exagerada, ingenua e infantil, que recuerda muchísimo al factor fundamental de «apertura a la experiencia» de la estructura de personalidad de los Cinco Grandes que exploramos en el capítulo 2. Y en la cual los psicópatas, como recordarán, puntúan muy alto.

«El primer componente [de la atención plena] implica la autorregulación de la atención de manera que se mantenga centrada en la experiencia inmediata»,[19] explica el psiquiatra Scott Bishop, en uno de los trabajos fundamentales sobre el tema escrito en 2004, «permitiendo de ese modo un mejor reconocimiento de los acontecimientos mentales en el momento presente. El segundo componente implica adoptar una orientación particular hacia las experiencias propias en el momento presente, una orientación que se caracteriza por la curiosidad, estar abierto a nuevas ideas y la aceptación».

O bien, como habrían dicho los maestros del budismo zen de las artes marciales, *shoshin*, «mente de principiante».

«En la mente del principiante existen varias posibilidades»,[20] aclara Shunryu Suzuki, uno de los profesores budistas más celebrados de los tiempos recientes. «En la mente del experto hay pocas.»

Y pocos disentirían de ello. Cuando Dickens decidió enviar a Scrooge los fantasmas del pasado, presente y futuro, eligió los tres espectros que precisamente nos acosan a todos nosotros. Pero si anclamos nuestros pensamientos enteramente en el presente, eliminando el parloteo del pasado quejumbroso y recriminatorio, y el elusivo e importuno futuro, la ansiedad empieza a ceder. La percepción empieza a agudizarse. Y empieza a resultarnos útil la siguiente cuestión: qué hacer con todo ese «ahora» que lo engloba todo, ese presente enorme, enfático, en cuanto lo tengamos. ¿Debemos «saborear» el momento, como un santo? ¿O «aprovecharlo», como un psicópata? ¿Reflexionamos sobre la naturaleza de la experiencia? ¿O bien centramos nuestra atención enteramente en nosotros mismos, en la frenética persecución de la gratificación instantánea?

Hace unos años, viajé a un remoto monasterio de Japón en busca de la respuesta a un misterio. El misterio en cuestión concernía a una prueba, la que soportaban aquellos que entraban en los campos helados, enrarecidos y espirituales de las artes marciales más elevadas.

La prueba consiste en que un hombre se arrodilla, con los brazos colgando a ambos lados y con los ojos vendados, mientras otro hombre permanece de pie detrás de él con una espada levantada justo por encima de su cabeza. En el momento que él elige, sin conocimiento de su vulnerable adversario, el hombre que está de pie detrás deja caer la espada hacia el cuerpo del hombre arrodillado, causándole heridas o probablemente la muerte. A menos, claro está, que el golpe se desvíe de alguna manera. Y el hombre de la espada sea desarmado deliberadamente.

Tal empresa parece imposible. Pero no lo es. La prueba que acabo de describir es real: un antiguo ritual, exquisitamente coreografiado, llevado a cabo en dojos secretos e insondables en Japón y en el alto Himalaya, que aquellos que se aproximan a la grandeza (esos líderes sobrenaturales a kilómetros por encima del cinturón negro) soportan rutinariamente.

Hoy en día, por suerte, la espada es de plástico. Pero hubo un tiempo, mucho antes de esta época de salud y seguridad, en que era real.

Un enigmático sensei, de más de ochenta años, me reveló el secreto:

—Debes vaciar la mente totalmente —me dijo, mientras estábamos sentados, con las piernas cruzadas, en un jardín de nubes y lilas, en lo más hondo de los antiguos hayedos de las montañas Tanzawa—. Hay que concentrarse estrictamente en el ahora. Cuando entras en un estado semejante, eres capaz de oler el tiempo. Sentir que sus olas te inundan los sentidos. La onda más diminuta puede detectarse atravesando grandes distancias. Y puedes interceptar la señal. A menudo, parece que los dos combatientes se mueven simultáneamente. Pero eso no es cierto. No resulta difícil. Con práctica, se puede dominar.

Volviendo a leer lo que me dijo el viejo sensei, me acuerdo mucho de las palabras del neurocirujano psicópata al que encontramos en el capítulo 4. Por supuesto, no le conocía cuando fui a Japón. Pero si le hubiese conocido, habría contado en seguida a mi anfitrión su descripción de cómo se siente a veces antes de una operación difícil.

Y el anciano, con su hakama monástica negra y su kimono de un rojo sangre, habría sonreído.

El relato del cirujano del estado mental al que él llama «supercordura», un «estado de conciencia alterado que se alimenta de precisión y claridad», aparece muy similar al marco mental del que hablaba el sensei: el estado mental en el que debe entrar el *sommelier* del tiempo arrodillado y con los ojos vendados para desarmar a su atacante, el que blande la espada.

A uno también le recuerdan el trabajo de Joe Newman, que, como recordarán, ha demostrado en su laboratorio de la Universidad de Wisconsin que no se trata de que los psicópatas no «sientan» ansiedad en determinadas situaciones, sino que más bien no notan la amenaza, ya que su atención está concentrada exclusivamente en la tarea que tienen entre manos, y las distracciones externas se filtran implacablemente.

Por lo general, por supuesto, en lo tocante a psicópatas, tal concentración es errónea y malévola: el asesino glacial y sin culpa que recorre los límites de la ciudad como una mantis religiosa tragando gasolina, en búsqueda de la víctima perfecta; el dictador genocida, indiferente a las normas de la ley civil, empeñado en silenciar toda opinión disidente en su infatigable búsqueda de la omnipotencia cultural y política.

Las connotaciones compasivas, trascendentales o espirituales apenas se tienen en cuenta, si es que se consideran alguna vez.

Pero un cierto número de estudios recientemente han empezado a arrojar una luz nueva sobre una posibilidad tan rotundamente improbable. Y han empezado a realizar una reevaluación gradual, pero fundamental, de qué es lo que significa exactamente ser un psicópata.

## Héroes y villanos

Mem Mahmut, de la Universidad Macquarie en Sídney, ha averiguado algo extraordinario. Parece que los psicópatas, lejos de ser siempre insensibles y nada emotivos, en realidad pueden ser más altruistas que los demás, en el contexto adecuado.[21]

Mahmut llevó a cabo un estudio que comprendía una serie de posibilidades de la vida real en las cuales la gente pedía ayuda a alguien que pasaba (voluntarios desprevenidos a los que se habían hecho previamente unas pruebas de psicopatía, y habían obtenido puntuaciones altas o bajas).

Pero era una trampa. La gente que pedía ayuda, igual que los viandantes que les respondían, no estaban colocados exactamente al azar. De hecho, eran compañeros conspiradores de Mahmut que realizaban un experimento diabólicamente tramado destinado a investigar la relación entre psicopatía y conducta de ayuda.

El experimento tenía tres partes. En la primera, los cómplices de Mahmut solicitaban ayuda directamente de los viandantes, fingiendo que se habían perdido y acercándose para pedir indicaciones. En la segunda parte, la «petición» de ayuda era menos directa y explícita: una mujer desafortunada a la que se le caían un montón de papeles. En la tercera parte, la petición era menos explícita todavía: una investigadora del laboratorio, que se suponía que se había roto el brazo, fingía tener dificultades para realizar una serie de tareas sencillas: abrir una botella de agua, introducir el nombre del participante en un falso formulario, por ejemplo, pero perseveraba con valentía, a pesar de estar obviamente lesionada.

Mahmut quería saber quién, en esos tres supuestos distintos, se mostraba más dispuesto a ayudar: los psicópatas, sin remordimientos y de corazón frío, o las personas más cálidas y empáticas.

El resultado del estudio dejó atónito a Mahmut. De hecho, lo dejó tan conmocionado que todavía está intentando recuperarse.

En la primera parte del experimento, en el cual el cómplice pedía indicaciones, los psicópatas, tal y como se preveía, ofrecieron menos ayuda que los no psicópatas.

En eso no hubo ninguna sorpresa.

Sin embargo, en el segundo caso (los papeles que caen al suelo) el hueco en el altruismo desapareció misteriosamente. Tanto los psicópatas como los no psicópatas ofrecieron una cantidad de ayuda igual.

Pero fue en la tercera parte, en la cual la cómplice fingía una lesión, en la cual descarriló la hipótesis preconcebida de Mahmut de que los psicópatas ayudarían menos.

De hecho, resultó más bien lo contrario.

Los psicópatas mostraron una mayor presteza a ofrecerse para la tarea de abrir la botella de agua e introducir sus propios datos en el formulario que los no psicópatas. Cuando la persona que pedía ayuda estaba en el momento más vulnerable y, al mismo tiempo, no se atrevía a solicitar ayuda de una manera directa, los psicópatas se encargaron del asunto. Cuando importaba de verdad, estaban significativamente más dispuestos a ayudar a los demás que sus compañeros más cálidos y empáticos (al menos, supuestamente).

Quizá no resulte sorprendente que los resultados del experimento de Mahmut hayan provocado un cierto escepticismo. Una interpretación, por supuesto, es que como señaló un alma iluminada (y sin duda, bastante amargada también), no existe en sí el acto altruista. Siempre, bien camuflado en los recovecos más oscuros de nuestro denso sotobosque psicológico, existe un motivo ulterior, interesado y mucho menos honrado, y los psicópatas del estudio de Mahmut, con sus antenas finamente sintonizadas y de alta sensibilidad y alcance a la vulnerabilidad (recordemos el experimento llevado a cabo por Angela Book, en el cual los psicópatas reconocían mucho mejor que los no psicópatas a las víctimas de un ataque violento, solo por su forma de andar), sencillamente, «olían la sangre».

«El placer se esconde tras la práctica de todas y cada una de tus virtudes»,[22] escribió el novelista W. Somerset Maugham en *Of human bondage*. «El hombre lleva a cabo actos porque son buenos para él, y cuando son buenos para otras personas también, se piensa que son virtuosos... Solo para tu placer personal das dos peniques a un mendigo, igual que para mi placer personal yo me bebo otro whisky con soda. Yo, menos embaucador que tú, ni me aplaudo a mí mismo por mi placer ni pido tu admiración.»

Pues vaya.

Por otra parte, sin embargo, existen pruebas que sugieren que los incendiarios resultados de Mahmut no son ninguna casualidad. Y que marcan el inicio de un nuevo cambio bienvenido tanto en la concentración empírica como en la teórica: lejos de los perfiles psicológicos peyorativos convencionales producidos por la brigada de la neuroimagen, hacia un impulso investigador más aplicado y pragmático en la «psicopatía positiva» funcional. Como ejemplo ideal, Diana Falkenbach y Maria Tsoukalas, de la Facultad John Jay de Justicia Criminal, de la Universidad de la ciudad de Nueva York, recientemente empezaron a estudiar la incidencia de las características psicopáticas llamadas «adaptativas» en lo que ellas llaman «poblaciones heroicas»: profesiones de primera línea como los agentes de la ley, militares y servicios de rescate, por ejemplo.[23]

Lo que descubrieron cuadra muy bien con los datos que había hallado la investigación de Mahmut. Por una parte, aunque ejemplifican un estilo de vida prosocial, las poblaciones heroicas son «duras». No resulta sorprendente, quizá, dado el nivel de trauma y riesgo que entrañan tales ocupaciones, que muestren una gran preponderancia de rasgos psicopáticos asociados con la intrepidez y la dominación, y las subescalas de insensibilidad del PPI (p. ej., dominación social, inmunidad al estrés y baja ansiedad), comparados con la población general en su conjunto.

Estos diales están al máximo.

Por otra parte, sin embargo, se distinguen de los psicópatas criminales en su relativa ausencia de rasgos relacionados con la subescala de la impulsividad centrada en uno mismo (p. ej., maquiavelismo, narcisismo, ausencia de planificación y despreocupación, y conducta antisocial).

Estos diales están al mínimo.

Tal perfil es coherente con la anatomía del héroe, tal y como lo retratan los psicólogos Philip Zimbardo, fundador del

Proyecto Imaginación Heroica,[24] una iniciativa destinada a educar a las personas en las técnicas insidiosas de la influencia social. O más específicamente, cómo resistirse a ellas.

En 1971, en un experimento que desde entonces figura en los anales de la psicología,[25] Zimbardo construyó una prisión simulada en el sótano del edificio de psicología de la Universidad de Stanford, y asignó al azar a doce estudiantes voluntarios el papel que debían representar como prisioneros, mientras otros doce representaban el papel de guardianes.

Al cabo de solo seis días se abandonó el proyecto. Un cierto número de los «guardianes» había empezado a abusar de los «prisioneros», usando mal su poder simplemente porque lo tenían.

Cuarenta años después, tras Abu Ghraib y las penosas experiencias aprendidas, Zimbardo se halla embarcado en un experimento radicalmente distinto: el desarrollo del «músculo heroico» en todos nosotros. Habiendo destapado la botella del genio que contenía al villano y la víctima, ahora busca hacer lo contrario: dar poder a la gente corriente para alzarse y marcar la diferencia, en lugar de estar silenciados por el miedo. Y no solo en lo referente a enfrentamientos físicos, sino también psicológicos. Cosa que, dependiendo de las circunstancias, puede suponer un gran desafío.

«La decisión de actuar heroicamente es una elección que se puede presentar ante muchos de nosotros en un momento dado de nuestra vida», me dice Zimbardo. «Significa no tener miedo de lo que puedan pensar los demás. Significa no tener miedo de las secuelas que podamos sufrir. Significa no tener miedo de poner el cuello en el tajo. La cuestión es: ¿vamos a tomar esa decisión?»

Tomando café en su despacho, hablamos de miedo, conformidad y el imperativo ético del enfrentamiento psicológico, así como el físico. Resulta de esperar que nuestro antiguo amigo el «pensamiento grupal» saque la cabeza de nuevo, cosa que ocurre, como vimos en el capítulo 3 con el desastre del *Challenger*, cuando las camarillas y las fuerzas retorcidas de la gravitación social ejercen tal presión sobre un colectivo que precipitan (en palabras de Irving Janis, el psicólogo que llevó a cabo gran parte de los primeros trabajos del proceso) «un deterioro en la eficiencia mental, el examen de la realidad y el juicio moral».[26]

Zimbardo cita, como otro buen ejemplo, el ataque a Pearl Harbor por las fuerzas japonesas durante la Segunda Guerra Mundial.

El 7 de diciembre de 1941, la Armada imperial japonesa lanzó un ataque sorpresa contra una base naval de Estados Unidos en la isla hawaiana de Oahu. La ofensiva era un ataque preventivo destinado a evitar que la flota del Pacífico de Estados Unidos pusiese en peligro las incursiones japonesas planeadas contra los aliados en Malasia y en las Indias Orientales holandesas.

Pero resultó devastador.

Fueron destruidos un total de 188 aviones de Estados Unidos; murieron 2.042 norteamericanos y quedaron heridos 1.282, impulsando al presidente Franklin D. Roosevelt a pedir al día siguiente la declaración formal de guerra contra el imperio del Japón. El congreso le dio el visto bueno. Les costó menos de una hora.

Pero ¿se podía haber evitado el ataque de Pearl Harbor? ¿Se podían haber evitado la catastrófica carnicería y sus caóticas y combativas consecuencias? Existen pruebas que sugieren que sí, se pudo, y una constelación de factores de pensamiento grupal (suposiciones falsas, consenso no comprobado, razonamientos tendenciosos no cuestionados, ilusiones de invulnerabilidad) contribuyeron todos a una singular carencia de precaución de los oficiales de la Marina de Estados Unidos destacados en Hawái.

Al interceptar las comunicaciones japonesas, por ejemplo, Estados Unidos tenía información fiable de que Japón estaba en proceso de prepararse para una ofensiva. Washington emprendió la acción y transmitió sus informes al alto mando militar en Pearl Harbor. Sin embargo, las advertencias fueron ignoradas con total despreocupación. Se desestimaron los indicios considerándolos simple ruido de sables: Japón, sencillamente, estaba tomando medidas para impedir la anexión de sus embajadas en territorios enemigos. La justificación concluía así: «los japoneses nunca se atreverán a realizar un ataque sorpresa a gran escala contra Hawái, porque se darían cuenta de que eso precipitaría una guerra total, que Estados Unidos ganaría con toda seguridad», y «aunque los japoneses fueran tan insensatos como para enviar sus portaaviones a atacarnos [a Estados Unidos], ciertamente, podríamos detectarlos y destruirlos con tiempo suficiente».

La historia atestigua que estaban equivocados.

Como ejemplo de la conveniencia de la detección de fallos psicológicos, y de las cualidades espirituales de intrepidez y fortaleza mental inherentes a la acción heroica, tanto los fracasos del *Challenger* como de Pearl Harbor proporcionan curiosos paralelismos entre el trabajo de Philip Zimbardo y el de Diana Falkenbach y Maria Tsoukalas, mencionados antes. Previamente, exploramos la posibilidad de que características psicopáticas como encanto, baja ansiedad e inmunidad al estrés (las características que Falkenbach y Tsoukalas identificaron en un número comparativamente mayor en las poblaciones heroicas) podrían, irónicamente, haberse extendido en nuestra reserva genética evolutiva por su propensión a facilitar la resolución de conflictos. Los individuos dominantes entre los chimpancés, los monos sin cola y los gorilas compiten todos por las parejas, si recuerdan, interviniendo en disputas entre subordinados.

Sin embargo, una explicación alternativa (y las dos, por supuesto, están lejos de excluirse mutuamente) es que tales características pueden haber evolucionado también, y resistido la prueba del tiempo, precisamente por el motivo contrario: por su capacidad catalítica para instigar el conflicto de una manera efectiva.

Tal posición podría alinearse con una lectura más ortodoxa de la evolución de la psicopatía.[27] Tradicionalmente, la explicación darwiniana de la psicopatía se ha centrado sobre todo en el aspecto inconformista del trastorno (el criterio 1, si recuerdan del capítulo 2, para el trastorno antisocial de la personalidad, reza: «incapacidad para conformarse a las normas sociales»): en la actitud despreocupada de los psicópatas a las convenciones sociales.

Convenciones, por una parte, como honradez, responsabilidad, y monogamia;[28] sin embargo también, por otra parte, convenciones como la conformidad social, que en nuestro pasado más profundo, sin duda habría contribuido no solo a una toma de decisiones peligrosamente deficiente, sino casi con toda seguridad, en tiempos tan turbulentos y traicioneros, a una muerte carnívora y truculenta.

Es el principio de David y Goliat: el chico menudo con una honda incrustando su fría y discrepante piedrecilla en el engranaje de la máquina que todo lo conquista, inmune a las presiones de una empatía tóxica interna.

Una voz solitaria en el páramo.

## Jack el Destripador

Investigadores y clínicos a menudo afirman que los psicópatas no «producen» empatía, que a causa de su amígdala letárgica no sienten las cosas igual que los demás. Algunos estudios han revelado que cuando a los psicópatas se les enseñan imágenes angustiosas de, por ejemplo, víctimas de la hambruna, las luces localizadas en los pasillos de la emoción de sus cerebros, sencillamente, no se encienden:[29] que sus cerebros (observados bajo condiciones de fMRI), se limitan a bajar las persianas emocionales y colocar un cortafuegos neural.

A veces, como hemos visto, esos cortafuegos pueden tener sus ventajas, como por ejemplo en la profesión médica. Pero a veces, esas persianas pueden impedir por completo el paso de la luz. Y la oscuridad puede ser realmente impenetrable.

En el verano de 2010, subí a un avión que me llevó a Quantico, Virginia, para entrevistar al agente especial supervisor James Beasley III de la Unidad de Análisis de Conducta del FBI. Beasley es una de las principales autoridades americanas en psicópatas y asesinos en serie, y ha realizado perfiles de criminales de todos los tipos imaginables. Desde secuestradores de niños a violadores. Desde capos de la droga a asesinos al azar.

Durante veinte años como empleado federal, los últimos diecisiete en el Centro Nacional para el Análisis de los Delitos Violentos, no hay muchas cosas que el agente especial Beasley no haya oído o visto o a las que no se haya enfrentado. Pero hace unos años entrevistó a un tipo que estaba tan bajo en la escala de la temperatura que casi rompe el termómetro.

«Hubo una serie de robos a mano armada —explica Beasley—. Y quien estuviera detrás de ellos no mostraba preocupación a la hora de apretar el gatillo. Normalmente, cuando tratas con robos a mano armada, la persona que los comete simplemente usa el arma como amenaza.

»Pero este tipo era distinto. Y siempre era a quemarropa. Un solo disparo en la cabeza. Supe que sin duda alguna teníamos entre manos a un psicópata. Era tan frío como el hielo. Hipnóticamente despiadado. Pero había algo en él que no me acababa de cuadrar. Algo que me molestaba.

»Después de uno de los asesinatos (que luego resultó ser el último, porque le atrapamos poco después) había cogido la chaqueta de su víctima. Era absurdo. Normalmente, cuando alguien se lleva una prenda de ropa de la escena de un crimen, puede significar dos cosas. O bien hay algún tipo de historia sexual, o bien algún otro tipo de mundo de fantasía interviniendo ahí. En nuestro oficio se conoce como asesinato con trofeo. Pero ninguno de esos dos supuestos cuadraba con el perfil del tipo. Era demasiado... no sé, funcional. Muy profesional, no sé si me explico.[30]

»De modo que cuando le cogimos, se lo preguntamos. ¿Qué pasó con la chaqueta de aquel hombre? ¿Y sabe lo que nos dijo? Dijo: "Ah, ¿eso? Ah, pues nada, se me ocurrió en el momento. Ya iba hacia la puerta y miré al hombre aquel allí tirado encima de mostrador, y de repente pensé: vaya, esa chaqueta pega muy bien con mi camisa. Así que, ¡qué demonios! El tío ya está muerto. No tiene que ir a ninguna parte. Y se la quité. Aquella noche la llevé puesta a un bar. Y ligué. Se podría decir que es mi chaqueta de la suerte. Para él, de la mala suerte. Pero para mí, de la buena suerte".»

Cuando se oyen historias como ésta, resulta difícil creer que los psicópatas sepan lo que es la empatía, y mucho menos que la hayan experimentado. Pero sorprendentemente, a este respecto las cosas están claras. Mem Mahmut, por ejemplo, nos demostró que en determinadas circunstancias, los psicópatas de hecho parece que son incluso «más» empáticos que los demás. O al menos ayudan más. Y luego recordarán que estaba el estudio de Shirley Fecteau y sus colegas que demostraba que los psicópatas parecen tener mucho más movimiento en su sistema neuronal, particularmente las neuronas en las zonas somatosensoriales de su cerebro (las que nos permiten identificarnos con los demás, cuando sufren dolor) que los no psicópatas.

Si a algunos psicópatas tienen más empatía que otros o bien unos son más capaces de conectar o desconectar que otros, o si a algunos psicópatas sencillamente se les da mejor fingir que a otros es algo que de momento no sabemos. Pero es una cuestión fascinante, que va justo al meollo de la verdadera identidad del psicópata. Y sin duda, una cuestión que será ardientemente debatida durante años.

Sobre este tema en particular, le pregunto a Beasley por los asesinos en serie. ¿Qué puntuación obtienen en la escala de empatía, según su experiencia? Tengo la seguridad de saber ya la respuesta. Pero resulta que Beasley me tiene reservada una sorpresita.

—¿Sabe? Esa idea de que los asesinos en serie carecen de empatía puede inducir a error —dice—. Desde luego, tenemos al asesino tipo Henry Lee Lucas, que dice que matar a una persona es como pisar un bicho.[31] Y para esa especie de asesino en serie funcional e instrumental, vagabundos perennes que van tras el dinero fácil, la carencia de empatía puede ser beneficiosa, puede contribuir a su elusividad. Los muertos no cuentan nada, ¿no?

»Pero para otra categoría de asesinos en serie, los que llamamos asesinos en serie sádicos, para los cuales el asesinato es un fin en sí mismo, la presencia de empatía, incluso una empatía exagerada, sirve para dos propósitos importantes.[32]

»Tomemos por ejemplo a Ted Bundy. Bundy atrapaba a sus víctimas, todas estudiantes universitarias, fingiendo estar discapacitado de una manera u otra. Con el brazo en cabestrillo, con muletas, ese tipo de cosas. Bundy sabía, al menos racionalmente, qué botones apretar para obtener su ayuda, para conseguir ganarse su confianza. Ahora bien; si él no lo hubiera sabido, si él no hubiera sido capaz de "ponerse en sus zapatos", ¿habría podido en realidad embaucarlas con tanta efectividad?

»La respuesta, me parece a mí, es “no”: un cierto grado de empatía “cognitiva”, una pequeña cantidad de “teoría mental” es un requisito esencial para el asesino en serie sádico.[33]

»Por otra parte, sin embargo, tiene que haber también un cierto grado de empatía “emocional” también. De otro modo, ¿cómo obtendrías gozo alguno viendo sufrir a tus víctimas? ¿Golpeándolas, torturándolas, y así sucesivamente? La respuesta, sencilla y llanamente, es que no sería así.

»De modo que el balance final, por muy raro que parezca, es éste: los asesinos en serie sádicos sienten el dolor de sus víctimas exactamente de la misma manera que usted o yo podemos sentirlo. Lo sienten cognitiva y objetivamente. Y lo sienten de una manera emocional y subjetiva también. Pero la diferencia entre ellos y nosotros es que conmutan ese dolor por su propio y subjetivo “placer”.

»De hecho, probablemente podríamos decir que cuanto mayor sea la cantidad de empatía que tengan, mayor será el placer que obtengan. Cosa que, cuando se piensa, es muy extraña».

Sí, ciertamente, lo es. Pero mientras estoy escuchando a Beasley, empiezo a relacionar temas. De repente las cosas parecen tener más lógica.

Greg Morant, uno de los estafadores más despiadados que han existido, y psicópata seguro, que desbordaba empatía. Por eso era tan bueno, tan implacablemente apto para reconocer y señalar los puntos débiles psicológicos de sus víctimas.

El estudio de las neuronas espejo llevado a cabo por Shirley Fecteau, en el cual los psicópatas mostraban más empatía que los no psicópatas. El vídeo que me enseñó en el cual se representaba una escena de dolor físico, una aguja que perforaba una mano.

Y luego, claro, el experimento de los samaritanos de Mem Mahmut. El hecho de que los psicópatas consiguieran ser más empáticos que los no psicópatas, en lo que respecta al estado de «brazo roto», podía haberle hecho levantar las cejas, quizá.

Pero ciertamente, no a James Beasley.

—Exactamente tal y como había predicho —comenta sin duda alguna—. Aunque supongo... —hace una breve pausa, mientras sopesa las opciones—, aunque supongo que depende del tipo de psicópata al que se hagan las pruebas.

Beasley me habla de un estudio que llevó a cabo Alfred Heilbrun, un psicólogo de la Universidad de Emory, allá por los años ochenta.[34] Heilbrun analizó la estructura de la personalidad de más de 150 criminales, y sobre la base de ese análisis, diferenció entre dos tipos muy distintos de psicópatas: los que tenían un peor control de impulsos, bajo cociente intelectual y poca empatía (del tipo de Henry Lee Lucas) y los que tenían un mejor control de los impulsos, un elevado coeficiente intelectual, una motivación sádica y una gran empatía (los del tipo Ted Bundy o, si quieren, Hannibal Lecter).

Pero los datos ocultaban un giro inesperado y espeluznante. El grupo que exhibía la mayor empatía de todos, según la taxonomía de Heilbrun, comprendía a psicópatas de elevado cociente intelectual con una historia de violencia extrema. Y en particular, violaciones: un acto que ocasionalmente incorpora un componente indirecto, sádico. No solo son actos violentos que infligen dolor y sufrimiento en los demás, a menudo más intencionados que impulsivos, señalaba Heilbrun, haciéndose eco de anteriores observaciones de Beasley, sino que, además, precisamente a través de la presencia de la empatía y de la conciencia del perpetrador del dolor que experimenta su víctima es como se logran la excitación preliminar y la subsiguiente satisfacción de los objetivos sádicos.

No todos los psicópatas, por lo que parece, son incapaces de ver los colores. Algunos ven las señales de stop exactamente de la misma manera que todos los demás. Pero deciden saltarse el semáforo.

## La máscara detrás del rostro

El hecho de que una cierta proporción de psicópatas, al menos, parezcan experimentar empatía, y a veces experimentarla hasta un grado mayor incluso que los demás, puede aclarar un poco un misterio: cómo conseguían los psicópatas del estudio de «vulnerabilidad» de Angela Book recoger esos indicios en el comportamiento, esas señales reveladoras en la forma de andar de víctimas traumatizadas, mejor que el resto de la gente.

Pero si piensan que los psicópatas son únicos en su habilidad de detectar residuos de profundas emociones invisibles a simple vista, astillas de sentimientos sin procesar enterradas debajo de la costura de la censura consciente, entonces están equivocados. Paul Ekman, de la Universidad de Berkeley, California, informa de que dos monjes tibetanos expertos en meditación han superado a jueces, policías, psiquiatras, oficiales de aduanas e incluso agentes del servicio secreto en una tarea de procesamiento de rostros subliminal que hasta que entraron los monjes en el laboratorio, despistó a todo el mundo que lo intentó (y fueron más de 5.000).[35]

La tarea comprende dos partes. Primero, imágenes de rostros que muestran una de las seis emociones básicas (ira, tristeza, felicidad, miedo, disgusto y sorpresa) aparecen en la pantalla de un ordenador. Esas caras aparecen durante el tiempo suficiente para permitir que el cerebro las procese, pero no con la duración suficiente para permitir a los voluntarios informar conscientemente de lo que ven. En la segunda parte de la tarea, se requiere a los voluntarios distinguir la cara que anteriormente había aparecido en la pantalla de un «desfile» de seis identidades que se presentó después.

Lo normal es que los resultados dependan del azar. A lo largo de una serie de pruebas, los voluntarios acertaron un promedio de alrededor de una cada seis.

Pero los monjes dieron una media de tres o cuatro.

Su secreto, especula Ekman, puede encontrarse en una habilidad reforzada, casi sobrenatural para leer microexpresiones: esos atisbos de emoción minúsculos, de milisegundos, estroboscópicos, que vemos antes de que empiecen a descargarse en los músculos del rostro, antes de que nuestro cerebro consciente tenga tiempo de dar al botón de «borrar», y mostrar a cambio la imagen que deseamos presentar.

Si es así, compartirían esa habilidad con los psicópatas.

Sabrina Demetrioff, de la Universidad de la Columbia Británica, recientemente ha encontrado tales habilidades en individuos que puntúan muy alto en la escala autocumplimentada de psicopatía de Hare, especialmente en lo tocante a expresiones de miedo y de tristeza.[36]

Y más curioso aún es lo que ocurrió cuando Ekman llevó a uno de los monjes a los que había hecho pruebas al laboratorio de psicofisiología de Berkeley, que lleva su colega Robert Levenson, para valorar su «presencia de ánimo». Allí, después de conectarlos al equipo sensible incluso a las fluctuaciones más diminutas de la función autónoma (contracción de músculos, pulso, transpiración, temperatura de la piel) se le dijo al monje que en algún momento durante los cinco minutos siguientes se vería sujeto a una súbita y fuerte explosión (el equivalente dadas las circunstancias, decidieron Ekman y Levenson, a un arma disparada a pocos centímetros de tu oído, el máximo umbral de tolerancia acústica de un ser humano).

Advertido de la explosión, el monje recibió instrucciones para que intentase, con toda su habilidad, suprimir la inevitable «respuesta de sobresalto», hasta el extremo de hacerla, en lo posible, completamente imperceptible.

Por supuesto, Ekman y Levenson habían hecho demasiadas pruebas de laboratorio para esperar un milagro. De los cientos de sujetos que previamente habían desfilado por aquellas puertas, ni uno solo había conseguido mantener la línea completamente plana. Ni siquiera los mejores tiradores de la élite de la policía. No responder en absoluto era imposible. Los monitores siempre recogían algo.

O eso pensaban...

Pero nunca habían hecho una prueba a un maestro de meditación tibetano. Y para su gran asombro, al final encontraron la horma de su zapato. Contra todas las leyes de la psicología humana, al parecer, el monje no exhibió ni la menor reacción a la explosión. No saltó. No parpadeó. No hizo «nada».

La línea siguió plana.

El arma se disparó... y el monje se quedó ahí, sentado. Como una estatua. En todos los años que llevaban de trabajo, Ekman y Levenson nunca habían visto nada parecido.

—Cuando intenta reprimir el sobresalto, casi desaparece —observaba Ekman después—. Nunca habíamos encontrado a nadie que pudiera hacerlo. Ni otros investigadores tampoco. Es un logro espectacular. No tenemos ni idea de la anatomía que le permite suprimir el reflejo de sobresalto.

El monje mismo, que en el momento de la explosión estaba practicando una técnica conocida como meditación de presencia abierta, lo plantea de una manera distinta.

—En ese estado —explica—, yo no intentaba activamente controlar la explosión. Pero la detonación parecía más débil, como si la oyese desde una gran distancia... En el estado de distracción, la explosión de repente te devuelve al momento presente, y hace que saltes de sorpresa. Pero mientras estás en presencia abierta, tú descansas en el momento presente. Y la explosión sencillamente ocurre, y causa solo una pequeña alteración, como un ave que cruza el cielo.

Me pregunto si le hicieron pruebas de audición.

### Víctimas de la carretera

El trabajo de Paul Ekman, Robert Levenson y Richard Davidson, mencionado antes, apoya el consenso general en el sentido de que tanto el cultivo como el mantenimiento de un estado mental relajado pueden ayudar considerablemente no solo a nuestras respuestas, sino también a nuestra percepción de los factores estresantes de la vida moderna. Pocos entre nosotros, por supuesto, alcanzaremos alguna vez las elevadas cimas espirituales de un monje budista tibetano. Pero por otra parte casi todos nos hemos beneficiado de mantener la cabeza fría en un momento u otro.

Sin embargo, los psicópatas, al parecer, son la excepción a la regla. De hecho los psicópatas, más que sumirse en la meditación (como hacen los monjes budistas) para asimilar la calma interior, parecen tener, por el contrario, como demostró anteriormente su actuación en la tarea del dilema moral, un talento natural para ello. Y no es solo que sus resultados sobre las tareas de toma de decisiones cognitivas proporcionen apoyo a esta conclusión. Los estudios básicos, de nivel bajo, de la reactividad «emocional», dan pruebas abundantes de ese don innato para la frialdad.

En un trabajo que recuerda el estudio de interrupción emocional mencionado antes, Chris Patrick, por ejemplo, de la Universidad Estatal de Florida,[37] comparaba las reacciones de psicópatas y no psicópatas mientras contemplaban una serie de imágenes horribles, nauseabundas y eróticas respectivamente. De todas las medidas fisiológicas (presión sanguínea, producción de sudor, ritmo cardíaco y ritmo de parpadeo) vio que los psicópatas exhibían significativamente menos excitación que los miembros normales de la población. O para usar la terminología adecuada, tenían una «respuesta emocional al sobresalto» atenuada.

Lo que tiene más valor, escribió el maestro budista del siglo XI Atisha, es el dominio de sí mismo.[38] La mayor de las magias, que transmuta las pasiones. Y hasta cierto punto, podría parecer, los psicópatas nos llevan la delantera a todos los demás.

Pero esa delantera no es siempre de naturaleza metafórica. La idea de que el psicópata está «un paso por delante» puede ser cierta a veces, en el sentido literal de la frase, como cuando se va de A a B, igual que en lo que respecta a nuestra respuesta a los estímulos emocionales.

Y tal peregrinación perpetua puede resultar igual de exigente, ascéticamente.

El estilo de vida transeúnte y peripatético, un rasgo fundamental de la personalidad psicopática, igual que la transmutación de las pasiones, tiene sus cimientos antiguos en la tradición de la iluminación espiritual. En tiempos de Atisha, por ejemplo, la encarnación del arquetipo espiritual era el *Shramana* o monje errante, y el ideal shramánico de renuncia y abandono, de soledad, de transitoriedad y de contemplación emulaba el camino a la iluminación seguido por el propio Buda.

En estos tiempos, por supuesto, el Shramana está espiritualmente extinguido: no es más que un fantasma primigenio que ronda por las encrucijadas sin estrellas de las tierras yermas y espectrales del nirvana. Pero a la sombra de bares, moteles y casinos iluminados por el neón, el psicópata todavía tiene fuerza, asumiendo, igual que sus monásticos antepasados, una existencia itinerante y nómada.

Tomemos el asesino en serie, por ejemplo. Las últimas cifras criminales del FBI estiman que hay de treinta y cinco a cincuenta asesinos en serie actuando en un momento dado en

Estados Unidos.[39] Son muchísimos asesinos en serie, para cualquier cómputo. Pero si ahondamos un poco más y nos preguntamos por qué sucede esto, pronto nos preguntaremos si en realidad no deberían ser más.

El sistema de autopistas interestatales de Estados Unidos es una bestia esquizofrénica. Durante las horas de luz del día, sus áreas de descanso están muy frecuentadas, y tienen un ambiente cordial y familiar. Pero durante las horas de oscuridad el talante puede cambiar con rapidez, y muchas se convierten en morada de traficantes de drogas y prostitutas a la busca de presas fáciles: conductores de camiones de largo recorrido y otros trabajadores itinerantes.

A esas mujeres no las echan de menos sus familias en casa, precisamente. Muchas, después de muertas, quedan durante semanas, incluso años, en áreas de descanso y zonas de tierra yerma a lo largo y ancho de toda América, a menudo a centenares de kilómetros de donde fueron recogidas inicialmente. La policía descubrió recientemente unos restos de hace entre cinco y diez años de una de las víctimas del asesino en serie de Long Island, por ejemplo, y que, cuando escribo esto, se ha relacionado con un total de diez asesinatos a lo largo de un periodo de quince años.

El número real de vidas que se cobró Henry Lee Lucas nunca se llegará a saber.

La enormidad del país, la escasez de testigos, el hecho de que cada estado constituye una jurisdicción legal independiente, y el hecho de que tanto víctimas como criminales sencillamente «pasaran por allí», todo ello compone una pesadilla logística y estadística para las autoridades competentes que investigan los casos.

Pregunté a un agente especial del FBI si pensaba que los psicópatas estaban especialmente dotados para determinados tipos de profesiones.

Negó con la cabeza.

—Bueno, en realidad son buenos camioneros —se rió—. De hecho, incluso diría que un camión probablemente constituye el instrumento más importante de la caja de herramientas de un asesino en serie, aquí en Estados Unidos. Es un modus operandi y un vehículo de huida, todo en uno.

El agente en cuestión forma parte de un equipo de agentes de la ley que ahora mismo trabajan en la Iniciativa Asesinos en Serie en la Autopista, del FBI, un plan destinado a facilitar el flujo de datos en el complejo mosaico de jurisdicciones autónomas americanas, y a aumentar también la conciencia del público ante estos crímenes.

La iniciativa empezó casi por accidente. En 2004, un analista de la Oficina de Investigación del estado de Oklahoma detectó un patrón. Habían empezado a aparecer cuerpos de mujeres asesinadas a intervalos regulares a lo largo de la Interestatal 40 que corre por Oklahoma, Texas, Arkansas y Mississippi. Los analistas que trabajaban en el Programa de Detención de Criminales Violentos (ViCAP por sus siglas en inglés), una red nacional que contenía información sobre homicidios, agresiones sexuales, personas desaparecidas y restos humanos no identificados, escaneó su base de datos para ver si existían en otras partes patrones similares a los de la autopista.

Y efectivamente... había unos cuantos.

Hasta el momento, las investigaciones en marcha han revelado más de 500 víctimas de asesinato en las autopistas o junto a ellas, así como una lista de unos 200 posibles sospechosos.

«Los psicópatas se esconden en la sombra —me dice el agente, con un mapa a gran escala de Estados Unidos marcado con cronologías, puntos conflictivos y trayectorias asesinas en color morado, que está pegado en la pared que tiene detrás del escritorio—. Sobreviven moviéndose sin parar. No tienen la misma necesidad de relaciones íntimas que la gente normal. De modo que viven en una órbita de movimiento perpetuo, en el cual las posibilidades de encontrarse de nuevo con sus víctimas se minimiza.

»Pero también pueden recurrir al encanto. Que, de corto a medio plazo, al menos, les permite quedarse en un sitio el tiempo suficiente para aplacar las sospechas... y cultivar a las víctimas. Ese carisma extraordinario, que bordea lo sobrenatural en ocasiones (aunque sabes que son fríos como el hielo y que te matarían sin dudarlo, a veces no puedes evitar que te caigan bien), actúa como una especie de pantalla de humo psicológica que enmascara sus verdaderas intenciones.

»Por eso, por cierto, también se tiende a encontrar una mayor proporción de psicópatas en las zonas urbanas, a diferencia de las rurales. En una ciudad, el anonimato es fácil. Pero no puedes fundirte entre la multitud en una comunidad agrícola o minera. Te costaría muchísimo.

»Por desgracia, las palabras "psicópata" y "trotamundos" van juntas. Y es un enorme dolor de cabeza para los agentes de la ley. Eso es lo que hace nuestro trabajo tan difícil, a veces.»

## Lo que nos enseña la polilla

Peter Jonason, el proveedor de la psicología de «James Bond», tiene una teoría sobre la psicopatía. Explotar a los demás es un asunto muy arriesgado, afirma. Que a menudo acaba en fracaso. No solo la gente va a la caza de asesinos y sinvergüenzas. También se inclinan a reaccionar mal ante ellos, ya sea legalmente o de cualquier otro modo. Si uno va a estafar, aclara Jonason, ser extravertido, encantador y con alta autoestima puede hacer más llevadero el rechazo. Y es más fácil coger la carretera.

Bond siempre estaba en la carretera, claro. Como espía, esto va con el puesto: lo mismo ocurre con el asesino en serie por la interestatal, y lo mismo ocurría con los monjes vagabundos de la Antigüedad. Pero aunque los tres tienen distintos motivos para sus viajes, y ocupan estaciones distintas a lo largo del espectro psicopático, se ven guiados por un mapa metafísico común: la búsqueda incesante de experiencias nuevas y agudizadas, ya sea una lucha a muerte con un criminal de mente enferma, el poder tóxico e insondable de arrebatar la vida de otro o bien la pureza trascendental de la peregrinación eterna.

Tal forma de abrirse a la experiencia es una cualidad común tanto a psicópatas como a santos, y si recuerdan ustedes, constituye un componente integral de la meditación de conciencia plena. Sin embargo, es una sola entre las diversas cualidades que comparten esos dos tipos de personas, aparentemente opuestos (véase la figura 7.2, abajo). No todos los rasgos psicopáticos son rasgos espirituales, y viceversa. Pero hay algunos, como hemos visto, que indudablemente se solapan, de los cuales la apertura a la experiencia es quizá el más fundamental.

Hunter S. Thompson ciertamente estaría de acuerdo. Y después de todo es el único con el que hemos nacido.

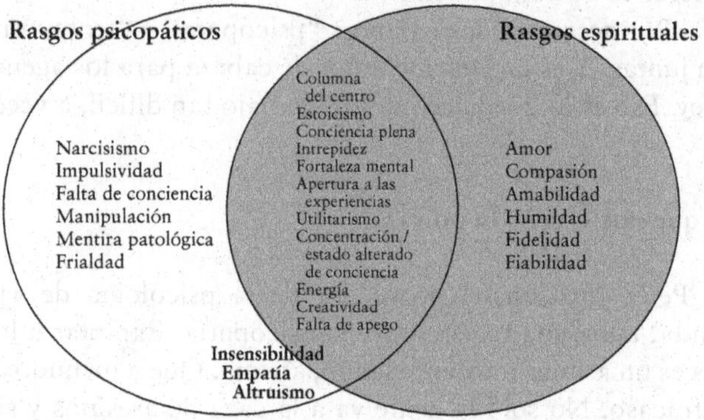


Figura 7.2. *Las relaciones entre rasgos psicopáticos y espirituales.*

Después de dar fin a mis conversaciones con el FBI en Quantico, me dirijo a Florida para tomar unas vacaciones. Matando el tiempo en el centro de Miami, antes de coger un vuelo para volver a casa, me encuentro por casualidad, una límpida mañana de domingo, en las calles de Little Havana, en un mercado de pulgas. En una mesa de objetos diversos, junto a un juego de sierras, se encuentra un ejemplar de *Archy and Mehitabel*, con la sobrecubierta color azul oscuro desvaída hasta adquirir un tono turquesa tropical por el sol y la sal del océano.

El libro, escrito originalmente en 1927 por el celebrado columnista de Nueva York Don Marquis, hace la crónica del improbable personaje de su título, Archy (una cucaracha escritora con una peculiar inclinación por la poesía), y sus aventuras descabelladas con su mejor amigo Mehitabel, un gato de callejón reencarnado que asegura que en una vida anterior fue Cleopatra.

Hojeo las páginas y suelto un par de dólares. Me servirá para el viaje de vuelta en el avión, pienso. Aquella misma noche, a 40.000 pies por encima del Atlántico norte, me encuentro el siguiente poema.

Es un poema sobre polillas.[40] Pero también es un poema sobre psicópatas.

Lo hice copiar y lo enmarqué, y ahora me fulmina, imponente, encima de mi escritorio: un recuerdo entomológico de los horizontes de la existencia.

Y la sabiduría brutal y malhadada de aquellos que los buscan.

La otra noche hablaba
con una polilla
que intentaba entrar
en una bombilla eléctrica
y morir frita en sus alambres

por qué hacéis eso, amigas
le pregunté yo
porque es lo habitual
para las polillas o por qué
si hubiese sido una vela
en lugar de una bombilla
ahora serías solo ceniza
es que no tenéis sentido común

Mucho, me respondió
pero a veces nos cansamos
de usarlo
nos aburrimos con la rutina
y ansiamos la belleza
y la emoción
el fuego es bonito
y sabemos que si nos acercamos
nos matará,
pero qué importa,
es mejor ser feliz,
un solo momento
y arder con belleza

que vivir una vida larga
y eternamente aburrida
así que nosotras
empaquetamos nuestra vida
formamos un pequeño rollo
y luego disparamos ese rollo
y para eso es la vida
es mejor formar parte de la belleza
un instante y luego dejar de existir
que existir para siempre
y no formar parte nunca de la belleza
nuestra actitud hacia la vida
es así, como viene se va,
somos como eran los humanos
antes de volverse demasiado civilizados
para poder disfrutar

y antes de que pudiera discutir
aquella filosofía suya
fue y se inmoló en un encendedor
yo no estoy de acuerdo con ella
por mi parte, preferiría
tener la mitad de su felicidad
y el doble de su longevidad

pero también me habría gustado
desear algo tanto
como ella deseaba quemarse.

# Notas

## Introducción

1. Véase Arne Öhman y Susan Mineka, «The Malicious Serpent: Snakes as a Prototypical Stimulus for an Evolved Module of Fear», *Current Directions in Psychological Science* 12, n.º 1 (2003): 5-9. Para una introducción fácil de leer a la base evolutiva de la emoción, véase Joseph E. LeDoux, *The Emotional Brain: The Mysterious Under pinnings of Emotional Life*, Nueva York, Simon & Schuster, 1996. [*El cerebro emocional*, Barcelona, Planeta, 2000. Traducción de Marisa Abdala].

2. Véase Heinrich Klüver y Paul C. Bucy, «Psychic Blindness and Other Symptoms Following Bilateral Temporal Lobectomy in Rhesus Monkeys», *American Journal of Physiology* 119 (1937): 352-3; Heinrich Klüver y Paul C. Bucy, «Preliminary Analysis of Functions of the Temporal Lobes in Monkeys», *Archives of Neurology and Psychiatry* 42, n.º 6 (1939): 979-1000.

3. Cita extraída de Jane Spencer, «Lessons from the Brain-Damaged Investor», *Wall Street Journal*, 21 de julio de 2005. http://online.wsj.com/article/0,,SB112190164023291519,00.html (consultado el 19 de octubre de 2008.)

4. Véase Elaine M. Fox, Riccardo Russo y George A. Georgiou, «Anxiety Modulates the Degree of Attentive Resources Required to Process Emotional Faces», *Cognitive, Affective, and Behavioral Neuroscience* 5, n.º 4 (2005), 396-404.

5. *The Man Who Mistook His Wife for a Hat*, Oliver Sacks,

Londres, Picador, 1985. [*El hombre que confundió a su mujer con un sombrero*, Barcelona, Anagrama, 2013. Traducción de José Manuel Álvarez Flórez].

6. Véase Szabolcs Kéri, «Genes for Psychosis and Creativity: A Promoter Polymorphism of the Neuregulin 1 Gene Is Related to Creativity in People with High Intellectual Achievement», *Psychological Science* 20, n.º 9 (2009): 1070-73.

7. Joseph P. Forgas, Liz Goldenberg y Christian Unkelbach, «Can Bad Weather Improve Your Memory? A Field Study of Mood Effects on Memory in a Real-Life Setting», *Journal of Experimental Social Psychology* 45 (2009): 254-7.

8. Las otras tres emociones básicas son la ira, la felicidad y el desagrado. Existe cierta controversia sobre la conveniencia de incluir una sexta, la sorpresa, en la lista.

9. La psicopatía tiene mucha más prevalencia en hombres que en mujeres. Se han aventurado un gran número de razones del porqué de este hecho. Los teóricos del desarrollo insisten en que las diferencias en la agresión pueden surgir de las prácticas dicotómicas de socialización parental en la educación de niños y niñas, señalando también el hecho de que las niñas muestran un desarrollo más precoz de las habilidades lingüísticas y socioemocionales que los niños, cosa que a su vez predispone al surgimiento de unas estrategias de inhibición de la conducta más efectivas. Las teorías evolucionistas, por otra parte, ponen el énfasis de las diferencias de género integradas en la activación y retirada conductual como posible fuente de la discrepancia: las mujeres, por ejemplo, tienden a informar de más emociones de «retirada negativa» (como el miedo) en presencia de estímulos de aversión, mientras que los hombres informan de más emociones de «activación negativa» como la ira. Una tercera escuela de pensamiento subraya el posible papel de factores sociológicos en la «presencia» del trastorno: un sutil sesgo de género en la diagnosis por parte de los clínicos, por ejemplo, unida al tradicional estigma social unido a las mujeres que presentan psicopatologías antisociales, e incluso que informan de sentimientos y actitudes antisociales. Sea cual sea el motivo, y es probable que lo demográfico oculte una confluencia de los tres factores, las estimaciones de la incidencia de la psicopatía tien-

den a variar de un 1-3 por ciento en hombres a un 0,5-1 por ciento en mujeres.

## 1. Ascendente Escorpio

1. El trabajo en cuestión, que Hare acabó publicando, era el siguiente: Sherrie Williamson, Timothy J. Harpur, and Robert D. Hare, «Abnormal Processing of Affective Words by Psychopaths», *Psychophysiology* 28, n.º 3 (1991): 260-73.

2. Véase Sarah Wheeler, Angela Book y Kimberley Costello, (2009). «Psychopathic Traits and the Perception of Victim Vulnerability», *Criminal Justice and Behavior* 36, n.º 6 (2009): 635-48. También habría que observar que, mientras los psicópatas pueden poseer un radar a la vulnerabilidad, hay pruebas que indican que los elementos de su propio lenguaje corporal «se filtran» y les apartan de los miembros normales de la población. Un estudio, por ejemplo, usando grabaciones en vídeo, ha demostrado que los psicópatas pueden ser diferenciados de una forma fiable de los no psicópatas con una base tan pequeña como secuencias de exposición de cinco a diez segundos. Véase Katherine A. Fowler, Scott O. Lilienfeld y Christopher J. Patrick, «Detecting Psychopathy from Thin Slices of Behavior», *Psychological Assessment* 21, n.º 1 (2009): 68-78.

3. Véase Delroy L. Paulhus, Craig S. Neumann y Robert D. Hare, *Self-Report Psychopathy Scale: Version III*, Toronto, Multi-Health Systems, próximamente.

4. Kimberley Costello y Angela Book, «Psychopathy and Victim Selection», póster presentado en la Conferencia de la Sociedad para el estudio científico de la psicopatía, Montreal, Canadá, mayo de 2011.

5. Este estudio todavía está en preparación, y estoy recogiendo más datos para poder documentar los resultados iniciales.

6. Véase J. Reid Meloy y M. J. Meloy, «Autonomic Arousal in the Presence of Psychopathy: A Survey of Mental Health and Criminal Justice Professionals», *Journal of Threat Assessment* 2, n.º 2 (2003): 21-34.

7. Véase Kent G. Bailey, «The Sociopath: Cheater or Warrior Hawk?» *Behavioral and Brain Sciences* 18(3), n.º 3 (1995): 542-3.

8. Véase Robin I. M. Dunbar, Amanda Clark y Nicola L. Hurst, «Conflict and Cooperation among the Vikings: Contingent Behavioral Decisions», *Ethology and Sociobiology* 16(3), n.º 3 (1995): 233-46.

9. Para conocer mejor la obra de Joshua Greene y la fascinante relación entre neurociencia y toma de decisiones moral, véase Joshua D. Greene, Brian R. Sommerville, Leigh E. Nystrom, John M. Darley y Jonathan D. Cohen, «An fMRI Investigation of Emotional Engagement in Moral Judgment», *Science* 293, n.º 5537 (2001): 2105-8; Andrea L. Glenn, Adrian Raine y R. A. Schug, «The Neural Correlates of Moral Decision-Making in Psychopathy», *Molecular Psychiatry* 14 (enero de 2009): 5-6.

10. El problema del vagón fue propuesto por primera vez en esta forma por Philippa Foot, en «The Problem of Abortion and the Doctrine of the Double Effect», en *Virtues and Vices and Other Essays in Moral Philosophy*, Berkeley, California, University of California Press, 1978.

11. Véase Judith J. Thomson, «Killing, Letting Die, and the Trolley Problem», *The Monist* 59 (1976): 204-17.

12. Véase Daniel M. Bartels y David A. Pizarro, «The Mismeasure of Morals: Antisocial Personality Traits Predict Utilitarian Responses to Moral Dilemmas», *Cognition* 121(1) (2011): 154-61.

13. Véase Belinda J. Board y Katarina Fritzon, «Disordered Personalities at Work», *Psychology, Crime and Law* 11, n.º 1 (2005): 17-32.

14. Véase Mehmet K. Mahmut, Judi Homewood y Richard J. Stevenson, «The Characteristics of Non-Criminals with High Psychopathy Traits: Are They Similar to Criminal Psychopaths?», *Journal of Research in Personality* 42, n.º 3 (2008): 679-92.

15. Investigación piloto aún no publicada.

16. Véase Emma Jacobs, «20 Questions: Jon Moulton», *Financial Times*, 4 de febrero de 2010.

17. Me gustaría dar las gracias por esta historia a Nigel Henbest y Dame Heather Couper.

18. Para saber algo más del trabajo de Rachman, véase Stanley J. Rachman, «Fear and Courage: A Psychological Perspective». *Social Research* 71, n.º 1 (2004): 149-76. Rachman deja muy claro en su artículo que los expertos en desactivación de bombas no son psicópatas, una opinión de la que aquí nos hacemos eco. Más bien lo que deseamos recalcar es que la confianza y la frialdad bajo presión son dos rasgos que tienen en común los psicópatas y los expertos en desactivación de bombas.

19. Véase Neil Jacobson y John Gottman, *When Men Batter Women: New Insights into Ending Abusive Relationships*, Nueva York, Simon and Schuster, 1998. [*Hombres que agreden a sus mujeres: cómo poner fin a las relaciones abusivas*, Barcelona, Paidós, 2001. Traducción de Carme Castells y Águeda Quiroga.]

20. Véase Lilianne R. Mujica-Parodi, Helmut H. Strey, Frederick Blaise, Robert Savoy, David Cox, Yevgeny Botanov, Denis Tolkunov, Denis Rubin y Jochen Weber, «Chemosensory Cues to Conspecific Emotional Stress Activate Amygdala in Humans», *PLoS ONE* 4, n.º 7 (2009): e6415. doi:10.1371/journal.pone.0006415.

21. En el fMRI o la imagen por resonancia magnética funcional, un imán gigante rodea la cabeza del sujeto. Unos cambios en la dirección de los campos magnéticos inducen átomos de hidrógeno en el cerebro para emitir señales de radio. Esas señales aumentan cuando sube el nivel de oxígeno en la sangre, indicando qué partes del cerebro están más activas.

22. Trabajo enviado para su publicación. Debemos tener en cuenta, en relación con mi propio estudio, que a los psicópatas no se les daba mejor que a los no psicópatas a la hora de detectar cuál era el sudor debido al miedo y cuál no, solo basándose en el olor. El olor peculiar de cada sudor proviene de la contaminación bacteriana, y los protocolos de recogida y almacenamiento estaban destinados, igual que en el estudio Mujica-Parodi, a evitar la proliferación bacteriana. La diferencia entre los psicópatas y los no psicópatas se encontraba en el efecto que tenía la exposición al sudor del miedo en su rendimiento.

23. Muchas personas que entran en contacto con psicópatas, después comentan que tienen unos ojos extraordinariamente penetrantes, un hecho que ha llamado la atención de numerosos guionistas de Hollywood. El motivo de este hecho no está claro. Por una parte, la tasa de parpadeos es un índice fiable de los niveles de ansiedad, y por tanto, como se ha mencionado, los psicópatas parpadean algo menos como promedio que el resto de las personas: un mecanismo autónomo que puede contribuir a su aura intensa, «reptiliana». Por otra parte, sin embargo, también se ha especulado que la mirada intensa de los psicópatas puede reflejar un nivel de concentración elevado y predatorio: como los mejores jugadores de póquer del mundo, están «registrando» continuamente la psicología de sus oponentes en busca de pistas emocionales clave.

## 2. ¿Quiere ponerse de pie el auténtico psicópata, por favor?

1. Para un análisis en profundidad la contribución de Eysenck a la teoría de la personalidad, véase Hans J. Eysenck y Michael W. Eysenck, *Personality and Individual Differences: A Natural Science Approach*, Nueva York, Plenum Press, 1985. Para el trabajo original, que incorporaba los temperamentos de Hipócrates, véase J. Eysenck, «A Short Questionnaire for the Measurement of Two Dimensions of Personality», *Journal of Applied Psychology* 42, n.º 1 (1958): 14-17.

2. Véase Gordon W. Allport y H. S. Odbert, «Trait-Names: A Psycho-Lexical Study», *Psychological Monographs* 47, n.º 1 (1936): 1-171.

3. Véase Raymond B. Cattell, *Personality and Motivation Structure and Measurement*, Yonkers-on-Hudson, Nueva York, World Book Co., 1957.

4. El análisis de factores es una técnica estadística usada para descubrir patrones sencillos en la relación entre diversas variables. En particular, pretende descubrir si las variables observadas se pueden explicar en términos de un número más pequeño de variables llamados «factores». Como ejemplo, en el modelo de Cattell, el factor de nivel superior «calidez» se ex-

traía de componentes descriptivos como «amistoso», «empático» y «acogedor».

5. Véase Ernest C. Tupes y Raymond E. Christal, «Recurrent Personality Factors Based on Trait Ratings», Informe técnico ASD-TR-61-97, Laboratorio de Personal, División de sistemas aeronáuticos, Mando de Sistemas de las Fuerzas Aéreas, Fuerzas Aéreas de Estados Unidos. Base de las Fuerzas Aéreas de Lackland, Texas, mayo de 1961. Publicado de nuevo en *Journal of Personality* 60, n.º 2 (1992): 225-51.

6. Véase Paul T. Costa y Robert R. McCrae, «Primary Traits of Eysenck's PEN System: Three-and Five-Factor Solutions», *Journal of Personality and Social Psychology* 69, n.º 2 (1995): 308-17.

7. Tan indivisibles son los Cinco Grandes átomos de la personalidad, que se han observado en todas las especies. Un estudio de 1997, dirigido por James King y Aurelio Figueredo, de la Universidad de Arizona, revela que la personalidad de los chimpancés también se conforma al modelo de cinco factores hallado en los humanos, con un rasgo más, por añadidura: la dominación, un artefacto evolutivo de la sociedad jerárquica de los chimpancés. Sam Gosling, que ahora está en la Universidad de Texas, en Austin, ha realizado un trabajo similar con hienas. Gosling reclutó a cuatro voluntarios para que elaboraran, con la ayuda de unas escalas especialmente diseñadas, categorías de personalidad de un grupo de *Crocuta crocuta* (un tipo de hiena manchada). Las hienas estaban en la Unidad Externa para Investigación de Conducta de la Universidad de Berkeley, California. Quién lo iba a decir: cuando Gosling examinó los datos, surgieron ante él en la hoja de cálculo las cinco dimensiones: seguridad en sí mismo, excitabilidad, afabilidad hacia los humanos, sociabilidad y curiosidad. Que, si nos olvidamos por un momento de la responsabilidad, coinciden bastante bien con las otras cuatro estrellas del firmamento de la personalidad humana. (Neurosis, afabilidad, extraversión y apertura a la experiencia). Y Gosling no se paró ahí. Animado por los resultados, se llevó sus cálculos emocionales al fondo del mar... y descubrió claras diferencias de sociabilidad... en los pulpos. Algunos pulpos, parece ser, prefieren comer en la segu-

ridad de su propia guarida, mientras otros comen a la intemperie.

Véase James E. King y Aurelio J. Figueredo, «The Five-Factor Model plus Dominance in Chimpanzee Personality», *Journal of Research in Personality* 31 (1997): 257-71; Samuel D. Gosling, «Personality Dimensions in Spotted Hyenas (*Crocuta crocuta*)», *Journal of Comparative Psychology* 112, n.º 2 (1998): 107-18. También, para una perspectiva más general de los rasgos de la personalidad en el reino animal en conjunto, véase S. D. Gosling y Oliver P. John, «Personality Dimensions in Non-Human Animals: A Cross-Species Review», *Current Directions in Psychological Science* 8, n.º 3 (1999:) 69-75.

8. Si quiere averiguar quién es «usted» a partir de su personalidad, pruebe una versión abreviada del test de personalidad de los Cinco Grandes, que se puede encontrar en www.wisdomofpsychopaths.co.uk.

9. Para saber más de la estructura de la personalidad, y en particular de los «Cinco grandes», véase R. R. McCrae y P. T. Costa, *Personality in adulthood,* Nueva York, Guilford Press, 1990; R. R. McCrae y P. T. Costa, «A Five-Factor Theory of Personality», en L. A. Pervin y O. P. John (eds.), *Handbook of Personality: Theory and Research*, 2.ª ed, Nueva York, Guilford Press, 1990, pp. 139-53.

10. Para ahondar más en la relación entre personalidad y elección de carrera, véase Adrian Furnham, Liam Forde y Kirsti Ferrari, «Personality and Work Motivation», *Personality and Individual Differences* 26, n.º 6 (1999): 1035-43; Adrian, Furnham, Chris J. Jackson, Liam Forde y Tim Cotter, «Correlates of the Eysenck Personality Profiler», *Personality and Individual Differences* 30, n.º 4 (2001): 587-94.

11. Para el estudio de Lynam, véase Joshua D. Miller, Donald R. Lynam, Thomas A. Widiger y Carl Leukefeld, «Personality Disorders as Extreme Variants of Common Personality Dimensions: Can the Five-Factor Model Adequately Represent Psychopathy?», *Journal of Personality* 69, n.º 2 (2001): 253-76. Para saber más de la relación entre psicopatía y el modelo de personalidad de cinco factores, véase Thomas A. Widiger y Donald R. Lynam, «Psychopathy and the Five Factor Model of

Personality», en T. Million, E. Simonsen, M. Birket-Smith y R. D. Davis (eds.), *Psychopathy: Antisocial, Criminal, and Violent Behaviors*, Nueva York, Guilford Press, 1998; y Joshua D. Miller y Donald R. Lynam, «Psychopathy and the Five-Factor Model of Personality: A Replication and Extension», *Journal of Personality Assessment* 81, n.º 2 (2003): 168-78. Para un análisis de la relación entre el modelo de cinco factores y otros trastornos de la personalidad, incluyendo la psicopatía, véase Paul T. Costa y Robert R. McCrae, «Personality Disorders and the Five-Factor Model of Personality», *Journal of Personality Disorders* 4, n.º 4 (1990): 362-71.

12. Véase Scott O. Lilienfeld, Irwin D. Waldman, Kristin Landfield, Ashley L. Watts, Steven Rubenzer y Thomas R. Faschingbauer, «Fearless Dominance and the U.S. Presidency: Implications of Psychopathic Personality Traits for Successful and Unsuccessful Political Leadership», *Journal of Personality and Social Psychology* (en prensa).

13. De hecho, el NEO formaba parte de un cuestionario mucho más amplio, con 592 preguntas, que incluía una amplia gama de variables de personalidad, inteligencia y conducta. Sin embargo, las técnicas estadísticas hacen posible extrapolar un perfil de personalidad psicopático de una actuación individual global en el NEO.

Véase Steven J. Rubenzer, Thomas R. Faschingbauer y Deniz S. Ones, «Assessing the U.S. Presidents Using the Revised NEO Personality Inventory», «Innovations in Assessment with the Revised NEO Personality Inventory», ed. R. R. McCrae y P. T. Costa, número especial, *Assessment* 7, n.º 4 (2000): 403-19. Para saber más sobre el desarrollo y la estructura del Inventario de personalidades NEO, véase P. T. Costa y R. R. McCrae, Inventario de personalidades NEO revisado (NEO-PI-R) e Inventario de cinco factores NEO (NEO-FFI), *Professional Manual*, Odessa, Florida, Psychological Assessment Resources, 1992 [En Tea editorial, Madrid, 1999-2002-2008]; P. T. Costa y R. R. McCrae, «Domains and Facets: Hierarchical Personality Assessment Using the Revised NEO Personality Inventory», *Journal of Personality Assessment* 64, n.º 1 (1995): 21-50.

14. El *Manual diagnóstico y estadístico de trastornos men-*

*tales* (*Diagnostic and Statistical Manual of Mental Disorders* o *DSM)* lo publica la Asociación Americana de Psiquiatría, y proporciona un lenguaje común y unos criterios estándar para la clasificación de los trastornos mentales. Lo usan en Estados Unidos y en otros lugares del mundo en diverso grado, tanto médicos como investigadores, así como las empresas farmacéuticas y de seguros médicos, y las agencias de regulación de los medicamentos. Se publicó por primera vez en 1952. La última versión, DSM-IV-TR, se publicó en 2000. DSM-V tiene que publicarse en mayo de 2013.

15. El inventario completo de desórdenes componentes que constituyen cada grupo es el siguiente (de SMIVTR, Washington DC, Asociación Psiquiátrica Americana, 2000):

| *Grupo* | *Trastorno* | *Características* |
|---|---|---|
| A. Raro / Excéntrico | Esquizotípico | Aspecto y proceso de pensamiento excéntrico; no abiertamente esquizofrénico, pero puede oír voces o notar presencias; extrañas creencias, como telepatía o ser capaz de comunicarse con los muertos; a menudo, resulta difícil mantener una conversación con ellos: divaga, habla solo. A veces, creativo. |
| | Paranoide | Extremadamente suspicaz con los demás; tendencia a guardar rencor; nunca da el «beneficio de la duda»; estilo interpersonal hostil y quisquilloso; celoso, sujeta las cartas pegadas al pecho; pocos amigos, aunque de larga duración; ocasionales expresiones de ira, pero aparte de eso, una persona muy seca. |
| | Esquizoide | Agudamente introvertido y retraído, prefiere su propia compañía a la de otros; a menudo se le ve como «distante» y «solitario»; tiende a vivir en un mundo de fantasía, pero sin perder el contacto con la realidad (como en la esquizofrenia); escasas habilidades sociales. |

| | | |
|---|---|---|
| B. Dramático / Errático | Antisocial | Incapacidad de atender a los sentimientos de los demás; dificultad a la hora de formar relaciones íntimas; acciones realizadas a menudo en el calor del momento; ausencia de culpa o conciencia; incapacidad de captar las consecuencias y de aprender de la experiencia. |
| | Borderline | Sentimiento de vacío o de inutilidad que a veces puede conducir a las autolesiones o al suicidio; historia de relaciones tormentosas; inestabilidad emocional caracterizada por frecuentes y dramáticos cambios de humor; autoestima fluctuante; tendencia a categorizar a los demás como «contigo» o «contra ti». |
| | Histriónico | Exceso de reacción y dramatización de los hechos de cada día; le encanta estar bajo los focos y ser el centro de atención; presumido; seductor; excesiva preocupación por la imagen y el aspecto; exagerado sentido de la propia valía. |
| | Narcisista | Excesivo deseo de poder, estatus y éxito; elaborada y persistente búsqueda de atención; manipula a los demás para su interés propio; exterior encantador y carismático que oculta un centro frío y egocéntrico; mentalidad de «yo, yo, yo». |

| | | |
|---|---|---|
| C. Ansioso / Inhibido | Elusivo | Sentimientos de inferioridad profundamente arraigados; sensibilidad exacerbada a las críticas; le gustaría ser aceptado, pero no está preparado para arriesgarse al rechazo; ansioso, tenso, acosado por la inseguridad; frecuentemente pone excusas para evitar situaciones sociales. |
| | Dependiente | Exceso de confianza en los demás para tomar decisiones, y demasiado complaciente con lo que quieren hacer los demás; sentimientos de desesperanza y de incompetencia; historia de relaciones agobiantes y empalagosas; a menudo se sienten «abandonados» si la pareja va a lo suyo; buscan aprobación constantemente. |
| | Obsesivo-compulsivo | Altamente perfeccionistas, pedantes y preocupados por los detalles más nimios; meditabundos y demasiado controlados, especialmente cuando toman decisiones; tienen unos estándares inflexiblemente altos que pueden afectar tanto al trabajo como a las relaciones personales; a menudo autoritarios. (Deben distinguirse del trastorno obsesivo-compulsivo.) |

16. Véase Lisa M. Saulsman y Andrew C. Page, «The Five-Factor Model and Personality Disorder Empirical Literature: A Meta-Analytic Review», *Clinical Psychology Review* 23, n.º 8: (2004): 1055-85.

17. Éstos son los resultados obtenidos por Saulsman y Page en forma gráfica:

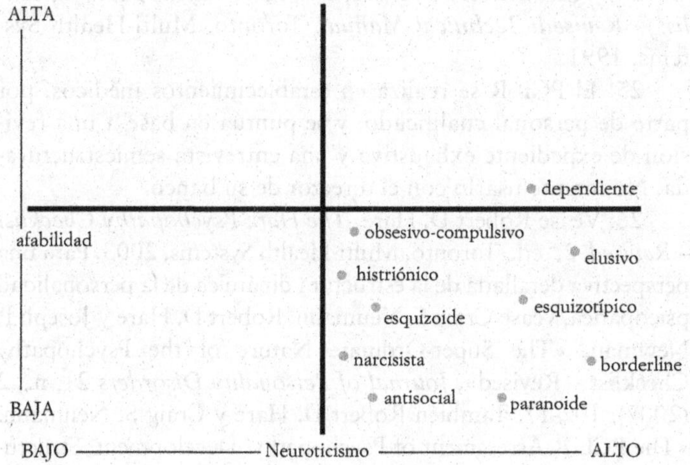


18. Teofrasto, *Characters*, traducción de James Diggle, Cambridge, Cambridge University Press, 2009. [*Caracteres*, Madrid, Cátedra, 2010. Traducción de Alberto Nodar.]

19. Véase Philippe Pinel, *Medico-Philosophical Treatise on Mental Alienation*, traducción del *Traité médico-philosophique sur l'aliénation mentale*, 1809, de Gordon Hickish, David Healy y Louis C. Charland, Oxford, Wiley-Blackwell, 2008. [*Tratado médico filosófico de la enajenación mental o la manía*, Madrid, Ediciones Nieva, 1988.]

20. Véase Benjamin Rush, *Medical Inquiries and Observations upon the Diseases of the Mind*, 1812, Nueva York, New York Academy of Medicine/Hafner, 1962.

21. Véase Hervey Cleckley, *The Mask of Sanity: An Attempt to Clarify some Pychopathic Personality*, Saint Louis, Missouri, C. V. Mosby, 1941, 1976. Se puede descargar el texto completo gratuitamente en http://www.cassiopeca.org/cass/sanity_1.PdF

22. Véase Judith J. Thomson, «The Trolley Problem», *Yale Law Journal* 94, n.º 6 (1985): 1395-1415.

23. Véase Robert D. Hare, «A Research Scale for the Assessment of Psychopathy in Criminal Populations», *Personality and Individual Differences* 1, n.º 2 (1980): 111-19.

24. Véase Robert D. Hare, *The Hare Psychopathy Checklist – Revised: Technical Manual,* Toronto, Multi-Health Systems, 1991.

25. El PCL-R se realiza en establecimientos médicos, por parte de personal cualificado, y se puntúa en base a una revisión de expediente exhaustiva y una entrevista semiestructurada. No intente usarlo con el director de su banco.

26. Véase Robert D. Hare, *The Hare Psychopathy Checklist – Revised,* 2.ª ed., Toronto, Multi-Health Systems, 2003. Para una perspectiva detallada de la estructura dinámica de la personalidad psicopática, véase Craig S. Neumann, Robert D. Hare y Joseph P. Newman, «The Super-Ordinate Nature of the Psychopathy Checklist – Revised», *Journal of Personality Disorders* 21, n.º 2 (2007): 102-17. También Robert D. Hare y Craig S. Neumann, «The PCL-R Assessment of Psychopathy: Development, Structural Properties, and New Directions», en C. Patrick (ed.), *Handbook of Psychopathy,* Nueva York, Guilford Press, 2006, pp. 58-88.

27. El trastorno de conducta (CD por sus siglas en inglés) según el *DSM*, se caracteriza por «un modelo de conducta repetitivo y persistente en el cual se violan los derechos básicos de otros o normas o reglas sociales importantes adecuadas a la edad... se manifiesta por tres (o más) de los criterios siguientes en los doce meses anteriores, con al menos un criterio presente en los seis meses anteriores: agresiones a personas o animales, destrucción de propiedades, engaño o robo, violación grave de las normas». Además, el CD debe tener como resultado una «discapacidad clínicamente significativa en el funcionamiento social, académico u ocupacional». Se especifican dos formas de CD: de aparición en la niñez (en cuyo caso, al menos un criterio del trastorno debe evidenciarse antes de los diez años); y de aparición en la adolescencia (en cuyo caso no debe ocurrir criterio alguno antes de los diez años).

28. Véase Megan J. Rutherford, John S. Cacciola and Arthur I. Alterman, «Antisocial Personality Disorder and Psychopathy in Cocaine-Dependent Women», *American Journal of Psychiatry* 156, n.º 6 (1999): 849-56.

29. Para saber más hechos y datos sobre la psicopatía, más una introducción extremadamente accesible al mundo del psi-

cópata en general, véase Robert D. Hare, *Without Conscience: The Disturbing World of the Psychopaths Among Us*, Nueva York, Guilford Press, 1993. [*Sin conciencia: el inquietante mundo de los psicópatas que nos rodean*, Barcelona, Paidós, 2009. Traducción de Rafael Santandreu.]

30. Véase James F. Hemphill, R. D. Hare y Stephen Wong, «Psychopathy and Recidivism: A Review», *Legal and Criminological Psychology* 3, n.° 1 (1998): 139-70.

31. La idea de presentar dos historias prototípicas y ficcionalizadas subrayando las diferencias entre la psicopatía y el trastorno de personalidad antisocial, respectivamente, la he tomado de un retrato similar aparecido en James Blair, Derek Mitchell y Karina Blair, *The Psychopath: Emotion and the Brain,* Malden, Massachussetts, Blackwell, 2005, pp. 4-6.

32. Véase Robert D. Hare, *The Hare Psychopathy Checklist – Revised,* Toronto, Multi-Health Systems, 1991.

33. Véase Stephanie M. Mullins-Sweatt, Natalie G. Glover, Karen J. Derefinko, Joshua M. Miller y Thomas A. Widiger, «The Search for the Successful Psychopath», *Journal of Research in Personality* 44, n.° 4 (2010): 554-8.

34. «Detective de élite de la policía», «decano de una universidad importante», «comerciante al detall de éxito», «hizo mucho dinero y fue alcalde durante tres años», «posición directiva en una organización del gobierno», «profesor dotado con numerosas becas federales»: éstos son algunos de los indicadores de éxito que surgieron en el estudio.

35. Véase Scott O. Lilienfeld y Brian P. Andrews, «Development and Preliminary Validation of a Self-Report Measure of Psychopathic Personality Traits in noncriminal Populations», *Journal of Personality Assessment* 66, n.° 3 (1996): 488-524.

36. Los trastornos del espectro autista incluyen el autismo, el síndrome de Asperger, el trastorno desintegrador infantil, el síndrome de Rett y trastornos dominantes del desarrollo no especificados. Para más información sobre el autismo en general, consultar: http://www.autism.org.uk/. Para más información sobre la idea de un espectro autista, consultar http://www.autism.org.uk/about-autism/autism-and-asperger-syndrome-an-introduction/what-is-autism.aspx

37. Para más información sobre la esquizofrenia, síntomas, diagnosis, tratamiento y apoyo, consultar http://www.schizophrenia.com/. Para más información sobre el espectro esquizofrénico y posibles correlatos neurales subyacentes, consultar http://www.schizophrenia.com/sznews/archives/002561.html

38. Véase Kristina D. Hiatt, William A. Schmitt y Joseph P. Newman, «Stroop Tasks Reveal Abnormal Selective Attention Among Psychopathic Offenders», *Neuropsychology* 18, n.º 1 (2004): 50-59.

39. Véase Joseph P. Newman, John J. Curtin, Jeremy D. Bertsch y Arielle R. Baskin-Sommers, «Attention Moderates the Fearlessness of Psychopathic Offenders», *Biological Psychiatry* 67, n.º 1 (2010): 66-70.

## 3. *Carpe noctem*

1. El veredicto de Alexander Holmes sostuvo que los marineros tenían un deber con sus pasajeros superior incluso a sus propias vidas. Además, estipulaba que el argumento defensivo tradicional de la preservación propia no era siempre suficiente en un juicio por asesinato, si el acusado tenía una obligación especial hacia el muerto.

2. Fuente de la cita: Matthew Moore, «Officers "Not Trained" to Rescue Drowning Boy», *Daily Telegraph*, 21 de septiembre de 2007, http://www.tele-graph.co.uk/news/uknews/1563717/Officers-not-trained-to-rescue-drowning-boy.html (consultado el 17 de noviembre de 2010).

3. Véase Vladas Griskevicius, Noah J. Goldstein, Chad R. Mortensen, Robert B. Cialdini y Douglas T. Kenrick, «Going Along Versus Going Alone: When Fundamental Motives Facilitate Strategic (Non)Conformity», *Journal of Personality and Social Psychology* 91, n.º 2 (2006): 281-94.

4. Véase Irving L. Janis y Leon Mann, *Decision Making: A Psychological Analysis of Conflict, Choice and Commitment*, Nueva York, Free Press, 1977.

5. El inventario completo de los síntomas de un pensamiento grupal es el siguiente: sentimiento de invulnerabilidad que

crea un optimismo excesivo y anima a correr riesgos; no tener en cuenta las advertencias que podrían cuestionar sus suposiciones; creencia no cuestionada en la moralidad del grupo, de tal modo que sus miembros ignoran las consecuencias de sus actos; visión estereotipada de los líderes enemigos; presión para conformarse ejercida contra los miembros del grupo que están en desacuerdo; desactivación de ideas que se desvían del aparente consenso del grupo; ilusión de unanimidad; «guardianes mentales», miembros que se nombran a sí mismos y que escudan al grupo de opiniones disidentes (Janis, 1972).

6. Véase Andrew M. Colman y J. Clare Wilson, «Antisocial Personality Disorder: An Evolutionary Game Theory Analysis», *Legal and Criminological Psychology* 2, n.º 1 (1997): 23-34.

7. Véase Takahiro Osumi e Hideki Ohira, «The Positive Side of Psychopathy: Emotional Detachment in Psychopathy and Rational Decision-Making in the Ultimatum Game», *Personality and Individual Differences* 49, n.º 5 (2010): 451-6.

8. Investigaciones previas han mostrado que las ofertas por debajo del 20-30 por ciento de la apuesta tienen más o menos un 50 por ciento de posibilidades de ser rechazadas. [Véase W. Gurth, R. Schmittberger y B. Schwarze, «An Experimental Analysis of Ultimatum Bargaining», *Journal of Economic Behavior and Organization*, 3 (4) (1982): 367-88.]

9. Esta cita tiene su origen en la celebrada obra de estrategia militar de Sun Tzu *El arte de la guerra*. Véase *The Art of War* de Sun Tzu – edición especial, trad. y ed. Lionel Giles, 1910; reimpr. El Paso, Texas, El Paso Norte Press, 2005. [*El arte de la guerra*, Barcelona, Obelisco, 2013. Traducción de José Manuel Pomares].

10. Para los últimos datos sobre la conducta altruista de los chimpancés, véase Victoria Horner, J. Devyn Carter, Malini Suchak y Frans B. M. de Waal, «Spontaneous Prosocial Choice by Chimpanzees», *PNAS* 108, n.º 33 (2011): 13847-51. También se observa un combate altruista en aves. Los cuervos macho, por ejemplo, compiten entre ellos por sus parejas no mediante la agresión, sino más bien realizando «actos de valor». Es decir, en lugar de enzarzarse pico con pico, en un combate ornitológico, se desafían entre sí a juegos mortales intentando aventajar a

los demás: el «juego», en este caso, consiste en la empresa arriesgada de confirmar si una posible carroña está muerta o no (las peligrosas alternativas son: que esté durmiendo, herido o fingiendo). «Al demostrar que tienen el valor, la experiencia y la rapidez de reflejos para asumir los peligros de la vida», dice Frans de Waal, profesor de conducta de los primates en la Universidad Emory, «el atrevimiento ocasional de los córvidos sirve para mejorar su estatus e impresionar a las posibles parejas». (Cita tomada de: Frans B. M. de Waal, *Good Natured: The Origins of Right and Wrong in Humans and Other Animals*, Cambridge, Massachusetts, Harvard University Press, 1996, p. 134.) [*Bien natural: los orígenes del bien y del mal en los humanos y otros animales*, Barcelona, Herder, 1997. Traducción de Isabel Ferrer.]

11. Cita de De Waal, *Good Natured*, p. 144.

12. Ibíd., p. 129.

13. Zollikofer, P. E. Christoph, Marcia S. Ponce de León, Bernard Vandermeersch y François Lévêque, «Evidence for Interpersonal Violence in the St Césaire Neanderthal», *PNAS* 99, n.º 9 (2002): 6444-8.

14. No he formado un juicio sobre Frank Abagnale, pero en su mejor momento ciertamente parecía mostrar muchas de las marcas distintivas del psicópata. No importa: aunque le hubiese valorado, él probablemente habría conseguido falsificar los resultados de su test, de todos modos.

15. El dilema del prisionero fue concebido originalmente en la RAND Corporation en 1950 por los matemáticos Merrill Flood y Melvin Dresher. Ese mismo año, el juego fue formulado con compensaciones para sentencias de prisión por Albert Tucker, y así recibió su título oficial.

16. En un mundo de «interacciones repetidas» (como la vida diaria), una estrategia psicopática en realidad tiene sus inconvenientes. Tal observación, sin embargo, no toma en consideración los dos puntos siguientes:

A. Moviéndose de un lugar a otro, el psicópata, sin las trabas que supone la necesidad de relaciones íntimas, crea su propio «mundo virtual», en el cual la posibilidad de encuentros repetidos se ve minimizada.

B. La habilidad suprema de los psicópatas para seducir y adoptar camuflajes psicológicos impide, hasta cierto punto, que resulte evidente su identidad de «desertor», y funciona, al menos a corto o medio plazo, como pantalla de humo, permitiendo que sus fechorías pasen inadvertidas. En realidad, esta capacidad para eludir la detección explica la mayor incidencia de psicopatía en los entornos urbanos (donde si uno lo desea tiene el anonimato garantizado) como contraste con las zonas rurales, donde no resulta posible «fundirse entre la multitud».

¿Balance final? Los psicópatas tienen en su personalidad las herramientas adecuadas para esquivar o romper las normas. Si uno va a engañar en el juego de la vida, ser despiadado e intrépido te asegura que nunca te sentirás incómodo, mientras que ser extrovertido y encantador te puede ayudar a salirte con la tuya más tiempo. Y si da la casualidad de que te pillan, la autoestima alta hace más fácil soportar el rechazo.

17. Existe una dinámica similar realmente en la apicultura. Durante las épocas de escasez, las llamadas abejas «ladronas» atacan las colmenas de otras abejas, y matan a todas las que se encuentran en su camino, incluyendo en algunos casos a la reina, para apropiarse de su miel. Las colmenas se protegen de los ladrones colocando abejas guardias como centinelas en la entrada de la colmena, para que busquen a los asaltantes y luchen con ellos a muerte, en caso de ataque. En un estudio que se acaba de realizar, sin embargo, un equipo combinado de investigadores de la Universidad de Sussex, en el Reino Unido, y de la Universidad de São Paulo, en Brasil, acaban de descubrir a la primera abeja «soldado» del mundo. Esta subcasta de la abeja Jatai (*Tetragonisca angustula*), a diferencia de las abejas guardianas normales de las colonias de abejas, está físicamente especializada en realizar la tarea de proteger la colmena. Es un 30 por ciento más fuerte que sus compañeras suministradoras, tiene las patas más grandes, y una cabeza más pequeña. Quizá deberíamos llamarla «abeja berserker». (Véase Christoph Grüter Cristiano Menezes, Vera L. Imperatriz-Fonseca y Fancis L. W. Ratnieks, «A morphologically specialized soldier caste improves colony defense in a neotropical eusocial bee», *PNAS*, 109 (4) (2012): 1182-6.

18. Este término fue introducido por primera vez por el difunto John Maynard Smith, del Centro de Estudio de la Evolución, Universidad de Sussex.

19. Para saber más del torneo de realidad virtual organizado por Robert Axelrod, y sobre los preceptos de la teoría del juego en general, véase Robert Axelrod, *The Evolution of Cooperation*, Nueva York, Basic Books, 1984. [*La evolución de la cooperación: el dilema del prisionero y la teoría de juegos*, Madrid, Alianza Editorial, 1996. Traducción de Luis Bou.]

20. Véase Robert L. Trivers, «The Evolution of Reciprocal Altruism», *Quarterly Review of Biology* 46, n.º 1 (1971): 35-7.

21. Véase Thomas Hobbes, *Leviathan*, partes I y II, edición revisada, ed. A. P. Martinich y Brian Battiste, Peterborough, Ontario, Broadview Press, 2010. [*Leviatán*, Madrid, Alianza, 2011. Traducción de Carlos Mellizo.]

## 4. La sabiduría de los psicópatas

1. Fue cuando estábamos en la universidad cuando le pasé el PPI, el cuestionario, si recuerdan del capítulo anterior, especialmente desarrollado por Scott Lilienfeld y Brian Andrews para calibrar los atributos psicopáticos no en criminales encarcelados, sino en la población en general, como conjunto. No resulta sorprendente que obtuviera una puntuación extremadamente elevada, en particular en egocentrismo maquiavélico, ausencia de planes y despreocupación, poder social, inmunidad al estrés, intrepidez y frialdad (seis de las ocho subescalas que forman el cuestionario. Las otras dos son externalización de la culpa y no conformismo impulsivo).

2. Véase Peter K. Jonason, Norman P. Li y Emily A. Teicher, «Who is James Bond? The Dark Triad as an Agentic Social Style», *Individual Differences Research* 8, n.º 2 (2010): 111-20.

3. Véase P. K. Jonason, N. P. Li, Gregory W. Webster y David P. Schmitt, «The Dark Triad: Facilitating Short-Term Mating in Men», *European Journal of Personality* 23, (2009): 5-18.

4. Aunque Jonason también observó que las chicas malas eran las que conseguían a los chicos, la relación entre los atribu-

tos de la Tríada Oscura y el número de relaciones de corta duración era más intensa para los hombres que para las mujeres. Por supuesto, los motivos por los cuales los chicos malos consiguen a las chicas es otra cuestión. La psicopatía se asocia con una falta de neurosis y ansiedad que puede compensar el miedo al rechazo y proyectar una sensación de dominio; el narcisismo se asocia con la promoción propia y una exhibición ostentosa de éxito, y el maquiavelismo, con ser manipulador socialmente. Estos tres rasgos combinados pueden, a corto plazo, dar la impresión de ser un individuo frío, confiado y carismático, con el que resulta divertido estar, y que «llegará lejos». A largo plazo, sin embargo, las cosas se ven de una manera muy distinta.

5. Los psicólogos evolutivos quieren explicar los rasgos y conductas humanas (como personalidad y estrategias de emparejamiento) como productos funcionales de la selección natural; como adaptaciones psicológicas que evolucionaron para resolver problemas recurrentes en entornos ancestrales.

6. Véase Baba Shiv, George Loewenstein y Antoine Bechara, «The Dark Side of Emotion in Decision-making: When Individuals with Decreased Emotional Reactions Make More Advantageous Decisions», *Cognitive Brain Research* 23, n.º 4 (2005): 85-92. La neuroeconomía es un campo interdisciplinario centrado en los procesos mentales que subyacen en la toma de decisiones financieras. Combina métodos de investigación de la neurociencia, economía y psicología social y cognitiva, e incorpora también ideas y conceptos de la biología teórica, la ciencia informática y las matemáticas. Para aquellos que deseen explorar la relación entre emociones y toma de decisiones con mayor detalle, un lugar ideal para empezar es el libro de Antonio Damasio, muy legible, *Descartes' Error: Emotion, Reason and the Human Brain*, Nueva York, Putnam, 1994. [*El error de Descartes: la emoción, la razón y el cerebro humano*, Barcelona, Crítica, 2004. Traducción de Joandomènec Ros.]

También sería conveniente observar que los resultados del experimento de Shiv y otros no niegan el hecho de que las emociones a menudo representen un papel muy útil en la toma de decisiones financieras, y que correr riesgos sin control (como si necesitáramos recordar esto, dado el clima financiero en el que vivimos) a veces puede conducir al desastre. Para ilustrar esto, mientras los jugadores con el cerebro dañado se las arreglaban bien en el juego específico en el estudio, fuera del laboratorio no les iba tan bien. Tres de ellos, por ejemplo, estaban en quiebra personalmente. Su incapacidad de experimentar el temor les llevaba a adoptar excesivos riesgos en el mundo real, y su falta de juicio emocional a veces les ponía en las garras de personas que se aprovechaban de ellos. El balance final es que mientras las emociones, indudablemente, a veces pueden interponerse en el camino de la toma de decisiones racionales, sin embargo desempeñan un papel muy importante en la salvaguarda de nuestros intereses.

7. Véase Cary Frydman, Colin Camerer, Peter Bossaerts y Antonio Rangel, «MAOA-L Carriers Are Better at Making Optional Financial Decisions Under Risk», *Proceedings of the Royal Society*, B 278, n.º 1714 (2011): 2053-9.

En el nexo entre el «gen guerrero» y la agresión, Antonio Rangel, que dirige el laboratorio donde tiene su base Cary Frydman, pide precaución. «Los estudios previos que han asociado el MAOA-L con la agresión o la impulsividad deben ser interpretados cuidadosamente», señala. «La cuestión clave es si, en el contexto de la vida de los sujetos, estas decisiones eran óptimas o no». (Véase Debora McKenzie, «People with "Warrior Gene" Better at Risky Decisions», *New Scientist*, 9 de diciembre de 2010. http://www.newscientist.com/article/dn19830-people-with-warrior-gene-better-at-risky-decisions.html (consultado el 14 de enero de 2011)]. En un estudio publicado en 2009, por ejemplo, Dominic Johnson, de la Universidad de Edimburgo, observó que los portadores de MAOA-L eran realmente más agresivos, pero solo después de mucha provocación, y sin aparente impulsividad. Un resultado que, como el de Frydman, parece apuntar más a un interés propio estratégico que a una autodestrucción indiscriminada. Véase Rose McDermott, Dustin Tingley, Jonathan Cowden, Giovanni Frazzetto y Dominic D. P. Johnson, «Monoamine Oxidase A Gene (MAOA) Predicts Behavioral Aggression Following Provocation», *PNAS* 106, n.º 7 (2009): 2118-23.

8. Véase Richard Alleyne, «Gene That Makes You Good at

Taking Risky Decisions», *Daily Telegraph*, 8 de diciembre de 2010, http://www.telegraph.co.uk/science/science-news/8186570/Gene-that-makes-you-good-at-taking-risky-decisions.html (consultado el 14 de enero de 2011).

9. Véase Paul Babiak, Craig S. Neumann y Robert D. Hare, «Corporate Psychopathy: Talking the Walk», *Behavioral Sciences and the Law* 28, n.° 2 (2010): 174-93.

10. Cita tomada de Alan Deutschman, «Is Your Boss a Psychopath?», *Fast Company*, 1 de julio de 2005, http://www.fastcompany.com/magazine/96/openboss.html (consultado el 8 de julio de 2009).

11. Véase Kevin Dutton, *Flipnosis: The Art of Split-Second Persuasion*, Londres, William Heinemann, 2010. [*Flipnosis*, Barcelona, Integral, 2011. Traducción Ana Carmen y Rosa Pérez.]

12. Véase Morgan Worthy, Albert L. Gary y Gay M. Kahn, «Self-Disclosure as an Exchange Process», *Journal of Personality and Social Psychology* 13, n.° 1 (1969): 59-63.

13. Véase John Brown, «Some Tests of the Decay Theory of Immediate Memory», *Quarterly Journal of Experimental Psychology* 10, n.° 1 (1958): 12-21; Lloyd Peterson y Margaret Peterson, «Short Term Retention of Individual Verbal Items», *Journal of Experimental Psychology* 58, n.° 3 (1959): 193-8.

14. En los años cincuenta, los investigadores de la memoria americanos John Brown y Lloyd y Margaret Peterson llevaron a cabo unos estudios en los cuales a los participantes se les daba un grupo de letras para que las memorizaran y, al mismo tiempo o inmediatamente después, se les ofrecía una distracción numérica. Por ejemplo, a los sujetos que debían recordar una sílaba de tres letras se les dio rápidamente un número al azar de tres dígitos (por ejemplo, el 806) y se les pidió que contaran hacia atrás de tres en tres a partir de él. Luego, a intervalos diversos, se les pidió que recordasen las letras que se les habían dado. A un grupo de control se les mostraron las letras sin la tarea de distracción. ¿Qué grupo lo hizo mejor? Correcto: el grupo que no estaba distraído. De hecho, para el grupo que sí estaba distraído, el recuerdo quedaba totalmente borrado al cabo de solo dieciocho segundos. (De Brown, 1958; Peterson & Peterson, 1959.)

15. Para saber más de las diversas técnicas de intervención terapéutica, y del trabajo de Stephen Joseph, véase *Theories of Counselling and Psychotherapy: An Introduction to the Different Approaches*, de Stephen Joseph, Basingstoke, Palgrave Macmillan, 2010; y *Psychopathology and Therapeutic Approaches: An Introduction*, Stephen Joseph, Basingstoke, Palgrave Macmillan, 2001.

16. Véase Eyal Aharoni y Kent A. Kiehl, «Quantifying Criminal Success in Psychopathic Offenders», comunicación presentada en la reunión del congreso de la Sociedad para el Estudio Científico de la Psicopatía, Montreal, Canadá, mayo de 2011.

17. Véase Helinä Häkkänen-Nyholm y Robert D. Hare, «Psychopathy, Homicide, and the Courts: Working the System», *Criminal Justice and Behavior* 36, 3 n.° 8 (2009) 761-77.

18. Véase Stephen Porter, Leanne ten Brinke, Alysha Baker y Brendan Wallace, «Would I Lie to You? "Leakage" in Deceptive Facial Expressions Relates to Psychopathy and Emotional Intelligence», *Personality and Individual Differences* 51, n.° 2 (2011) 133-7.

19. Curiosamente, una alumna de Porter, Sabrina Demetrioff, también comprobó que a los psicópatas se les da mejor decodificar las microexpresiones en los demás.

20. Véase Ahmed A. Karim, Markus Schneider, Martin Lotze, Ralf Veit, Paul Sauseng, Christoph Braun y Niels Birbaumer, «The Truth About Lying: Inhibition of the Anterior Prefrontal Cortex Improves Deceptive Behavior», *Cerebral Cortex* 20, n.° 1 (2010): 205-13.

21. El TMS es un método no invasivo de estimulación temporal del cerebro, para poder alterar el procesamiento cortical y así investigar los efectos de excitar o bien inhibir caminos neurales seleccionados.

22. El DTI sigue el movimiento de las moléculas de agua en el cerebro. En la mayor parte del tejido cerebral, como en la mayoría de otros tipos de tejido, la difusión de las moléculas de agua es multidireccional. En las extensiones de materia blanca, sin embargo (los manojos de fibras que conducen los impulsos eléctricos entre distintas zonas del cerebro) las moléculas de agua tienden a difundirse direccionalmente a lo largo de la lon-

gitud de los axones, los filamentos largos y esbeltos que se proyectan hacia afuera desde la base de cada neurona, conduciendo al exterior los impulsos eléctricos desde el cuerpo de la célula hacia las sinapsis con las células receptoras. Los axones tienen una capa de mielina adiposa y blanca aislante e «impermeable» (eso es lo que hace blanca precisamente a la materia blanca), que también puede variar de grosor. Así, analizando la tasa y dirección de la difusión de agua, los investigadores pueden crear imágenes «virtuales» de los axones, hacer inferencias, como el grosor de esas capas blancas de mielina, y calcular su integridad estructural.

Véase Michael C. Craig, Marco Catani, Quinton Deeley, Richard Latham, Eileen Daly, Richard Kanaan, Marco Picchioni, Philip K. McGuire, Thomas Fahy y Declan G.M. Murphy, «Altered Connections on the Road to Psychopathy», *Molecular Psychiatry* 14 (2009): 946-53.

23. Véase Angela Scerbo, Adrian Raine, Mary O'Brien, Cheryl-Jean Chan, Cathy Rhee y Norine Smiley, «Reward Dominance and Passive Avoidance Learning in Adolescent Psychopaths», *Journal of Abnormal Child Psychology* 18, n.º 4 (1990): 451-63.

24. Véase Joshua W. Buckholtz, Michael T. Treadway, Ronald L. Cowan, Neil D. Woodward, Stephen D. Benning, Rui Li, M. Sib Ansari, et al., «Mesolimbic Dopamine Reward System Hypersensitivity in Individuals with Psychopathic Traits», *Nature Neuroscience* 13, n.º 4 (2010): 419-21.

25. El PET permite a los investigadores obtener imágenes de discreta actividad neuroquímica en diversas zonas del cerebro mientras los sujetos se dedican a distintas actividades, pensamientos o emociones. Esto se consigue inyectando un tinte radiactivo inofensivo y de muy corta vida en el torrente sanguíneo de un voluntario, y luego siguiendo el destino del tinte y trazando los patrones de emisión de la radiación en forma de rayos gamma.

26. Para ver la cita completa y más detalles del estudio, véase http://www.sciencedaily.com/releases/2010/03/100314150924.htm (consultado el 9 de marzo de 2011).

27. Véase Jeffrey T. Hancock, Michael T. Woodworth y Stephen Porter, «Hungry Like the Wolf: A Word-Pattern Analy-

sis of the Language of Psychopaths», *Legal and Criminological Psychology* (2011).

28. Véase Shirley Fecteau, Alvaro Pascual-Leone y Hugo Théoret, «Psychopathy and the Mirror Neuron System: Preliminary Findings from a Non-Incarcerated Sample», *Psychiatry Research* 60, n.º 2 (2008): 137-44.

29. Las neuronas espejo fueron descubiertas (en monos) en 1992 por un equipo de investigación italiano dirigido por Giacomo Rizzolatti, de la Universidad de Parma. Dicho con toda sencillez, hay células del cerebro equipadas específicamente para imitar los actos y sentimientos de otros. Véase Giuseppe Di Pellegrino, Luciano Fadiga, Leonardo Fogassi, Vittorio Gallese y Giacomo Rizzolatti, «Understanding Motor Events: A Neurophysiological Study», *Experimental Brain Research* 91 (1992): 176-80; Giacomo Rizzolatti, Luciano Fadiga, Vittorio Gallese y Leonardo Fogassi, «Premotor Cortex and the Recognition of Motor Actions», *Cognitive Brain Research* 3 (1996): 131-41.

30. El contagio de los bostezos es indicativo de una profunda conexión corporal entre humanos, entre otros animales e incluso, en algunos casos, entre humanos y otros animales. Los perros se contagian de los bostezos de sus dueños, y los chimpancés de sus cuidadores. El consenso general se centra en dos posibilidades. O bien los individuos que tienen problemas con la empatía muestran un reducido contagio de los bostezos porque no prestan atención a los bostezos de otros, o bien otra posibilidad es que no se vean afectados por ellos, sencillamente. Un colega, Nick Cooper, y yo estamos actualmente en proceso de analizar el reflejo del bostezo en los psicópatas en un estudio que se está llevando a cabo en Suecia.

Para leer un estudio reciente e interesante sobre el contagio del bostezo y la empatía, véase Ivan Norscia y Elisabetta Palagi, «Yawn Contagion and Empathy in Homo sapiens», PLoS ONE 6, n.º 12 (2011).

31. Véase Heather L. Gordon, Abigail A. Baird y Alison End, «Functional Differences Among Those High and Low on a Trait Measure of Psychopathy», *Biological Psychiatry* 56, n.º 7 (2004): 516-21.

32. Véase Yawei Cheng, Ching-Po Lin, Ho-Ling Liu, Yuan-Yu Hsu, Kun-Eng Lim, Daisy Hung y Jean Decety, «Expertise Modulates the Perception of Pain in Others», *Current Biology* 17, n.º 19 (2007): 1708-13.

33. Hablando en términos generales, la teoría de la mente se refiere a la capacidad de ver, tanto en un sentido cognitivo como emocional, de dónde «vienen» los otros.

34. El test de Trier para el estrés social normalmente supone que a los voluntarios se les dé poco tiempo para preparar una falsa charla laboral, durante la cual se les dice que tendrán que soportar diversos tipos de escrutinios profesionales, como análisis de la frecuencia de la voz y comprobación de las habilidades de comunicación no verbales.

Véase Clemens Kirschbaum, Karl-Marlin Pirke y Dirk H. Hellhammer, «The Trier Social Stress Test – a Tool for Investigating Psychobiological Stress Responses in a Laboratory Setting», *Neuropsychobiology* 28, n.º 1-2 (1993): 76-81.

35. Véase John J. Ray y J. A. B. Ray, «Some Apparent Advantages of Subclinical Psychopathy», *Journal of Social Psychology* 117 (1982): 135-42.

36. Ibíd.

37 Para más información sobre el B-Scan, véase http://www.b-scan.com/index.html (consultado el 3 de febrero de 2012). Para una introducción entretenida y accesible a la psicopatía en entornos empresariales, véase Paul Babiak y Robert D. Hare, *Snakes in Suits: When Psychopaths go to Work*, Nueva York, Harper Business, 2006.

**5. Conviértame en un psicópata**

1. Para captar un poco de qué habla Hare, véase Tom Geoghegan, «Why Are Girls Fighting Like Boys?», *BBC News Magazine*, 5 de mayo de 2008, http://news.bbc.co.uk/1/hi/magazine/7380400.stm (consultado el 30 de mayo de 2008). Para una visión más académica de las cosas, véase Susan Batchelor, «Girls, Gangs and Violence: Assessing the Evidence», *Probation Journal* 56, n.º 4 (2009): 399-414.

2. Véase Steven Pinker, *The Better Angels of Our Nature: Why Violence Has Declined*, Nueva York, Viking, 2011. [*Los ángeles que llevamos dentro. El declive de la violencia y sus implicaciones,* Barcelona, Paidós, 2012. Traducción de Juan Soler.]

3. Véase Manuel Eisner, «Long-Term Historical Trends in Violent Crime», *Crime and Justice* 30 (2003): 83-142.

4. Michael Shermer, «The Decline of Violence», *Scientific American*, 7 de octubre de 2011.

5. Véase Pinker, *The Better Angels of Our Nature*, pp. 47-56, «Rates of violence in state and nonstate societies».

6. Cita tomada de Shermer, «The Decline of Violence». Tómense con escepticismo las afirmaciones de que vivimos en un mundo cada vez más peligroso.

7. Cita tomada de Gary Strauss, «How Did Business Get so Darn Dirty?», *USA Today (Money)*, 12 de junio de 2002, http://www.usatoday.com/money/covers/2002-06-12-dirty-business.htm (consultado el 1 de junio de 2010).

8. Véase Clive R. Boddy, «The Corporate Psychopaths Theory of the Global Financial Crisis», *Journal of Business Ethics* 102, n.º 2 (2011): 255-9. (El apodo de «Atila corporativo» fue aplicado por primera vez a Fred Goodwin «la Trituradora», que como directivo del Royal Bank de Escocia de 2001 a 2009, acumuló unas pérdidas empresariales de 24.100 millones de libras, las mayores de toda la historia del Reino Unido).

9. Véase Strauss, «How Did Business Get so Darn Dirty?»

10. Para la cobertura de esta cita en los medios de comunicación, véase Camille Mann, «Elizabeth Smart Was Not Severely Damaged by Kidnapping, Defense Lawyers Claim», *CBS News,* 19 de mayo de 2011, http://www.cbsnews.com/8301-504083 162-20064372-504083.html (consultado el 31 de julio de 2011).

11. Para un análisis en profundidad de la delincuencia juvenil en Gran Bretaña, incluidos los factores de preponderancia, motivación y riesgo, véase Debbie Wilson, Clare Sharp y Alison Patterson, «Young People and Crime: Findings from the 2005 Offending, Crime and Justice Survey», Londres, Home Office, 2006.

12. Sara Konrath, Edward H. O'Brien y Courtney Hsing, «Changes in Dispositional Empathy in American College Students Over Time: A Meta-Analysis», *Personality and Social Psychology Review* 15, n.º 2 (2011): 180-98.

13. El índice de reactividad interpersonal (IRI) es un cuestionario estandarizado que contiene afirmaciones como «a menudo tengo sentimientos de ternura y preocupación por gente menos afortunada que yo», e «intento ver el lado de los demás, en un desacuerdo, antes de tomar una decisión».

Para el entorno y el desarrollo del IRI, véase Mark H. Davis, «A Multidimensional Approach to Individual Differences in Empathy», *JSAS Catalog of Selected Documents in Psychology* 10, n.º 85 (1980); y Mark. H. Davis, «Measuring Individual Differences in Empathy: Evidence for a Multidimensional Approach», *Journal of Personality and Social Psychology* 44, n.º 1 (1983): 113-26.

14. «Today's College Students More Likely to Lack Empathy», *US News/Health*, 28 de mayo de 2010, http://health.usnews.com/health-news/family-health/brain-and-behavior/articles/2010/05/28/todays-college-students-more-likely-to-lack-empathy (consultado el 8 de agosto de 2011).

15. Véase Jean M. Twenge, Sara Konrath, Joshua D. Foster, W. Keith Campbell y Brad J. Bushman, «Egos Inflating Over Time: A Cross-Temporal Meta-Analysis of the Narcissistic Personality Inventory», *Journal of Personality* 76, n.º 4 (2008): 875-901; Jean M. Twenge, Sara Konrath, Joshua D. Foster, W. Keith Campbell y Brad J. Bushman, «Further Evidence of an increase in Narcissism Among College Students», *Journal of Personality* 76 n.º 4 (2008): 919-27.

16. Véase *US News*, «Today's College Students More Likely to Lack Empathy».

17. Véase Thomas Harding, «Army Should Provide Moral Education for Troops to Stop Outrages», *Daily Telegraph*, 22 de febrero de 2011, http://www.telegraph.co.uk/news/8341030/Army-should-provide-moral-education-for-troops-to-stop-outrages.html (consultado el 5 de abril de 2011).

18. Véase Nicole K. Speer, Jeremy R. Reynolds, Kheena M. Swallow y Jeffrey M. Zacks, «Reading Stories Activates Neural

Representations of Perceptual and Motor Experiences», *Psychological Science* 20, n.º 8 (2009): 989-99.

19. «The Dreams of Readers» de Nicholas Carr aparece en Mark Haddon (ed.), *Stop What You're Doing and Read This!*, Londres, Vintage, 2011 – una colección de artículos sobre el poder transformador de la lectura.

20. Según una encuesta de 2011 llevada a cabo por la organización benéfica del Reino Unido Fundación Nacional de Alfabetización, uno de cada tres niños entre las edades de once y dieciséis años no tienen ni un solo libro, comparados con uno de cada diez en 2005. Eso equivale en Gran Bretaña a un total de unos 4 millones. Casi una quinta parte de los 18.000 niños entrevistados dijeron que nunca habían recibido como regalo un libro. Y un 12 por ciento dijeron que nunca habían estado en una librería.

Para leer el informe completo, véase Christina Clark, Jane Woodley y Fiona Lewis, «The Gift of Reading in 2011: Children and Young People's Access to Books and Attitudes towards Reading —véase http://www.liter-acytrust.org.uk/assets/0001/1303/The Gift of Reading in 2011.pdf (consultado el 6 de enero de 2012).

21. Para una excelente introducción a la emergente subdisciplina de la «neuroley», véase David Eagleman, «The Brain on Trial», *Atlantic* (julio/agosto de 2011), http://www.theatlantic.com/magazine/print/2011/07/the-brain-on-trial/8520/ (consultado el 24 de octubre de 2011).

22. Véase Avshalom Caspi, Joseph McClay, Terrie E. Moffitt, Jonathan Mill, Judy Martin, Ian W. Craig, Alan Taylor y Richie Poulton, «Role of Genotype in the Cycle of Violence in Maltreated Children», *Science* 297, n.º 5582 (2002): 851-4.

23. Para una discusión matizada de la investigación y la controversia en torno al «gen guerrero», véase Ed Yong, «Dangerous DNA: The Truth about the "Warrior Gene"», *New Scientist*, 12 de abril de 2010, http://www.newscientist.com/article/mg20627557.300-dangerous-dna-the-truth-about-the-warrior-gene.html?page=1 (consultado el 9 de diciembre de 2012).

24. Para saber más sobre el caso Waldroup, véase «What Makes Us Good or Evil?» BBC *Horizon*, 7 de septiembre de

2011, http://www.youtube.com/watch?v=xmAyxpAFS1s (consultado el 9 de febrero de 2012). Para saber más de los perfiles neurales, genéticos y psicológicos de los asesinos violentos, escuchen la excelente serie de Barbara Bradley Hagerty *Inside the Criminal Brain* NPR, 29 de junio - 1 de julio de 2010, http://www.npr.org/series/128248068/inside-the-criminal-brain (consultado el 13 de junio de 2011).

25. Para saber más en el emergente campo de la neurociencia cultural, véase Joan Y. Chiao y Nalini Ambady, «Cultural Neuroscience: Parsing Universality and Diversity across Levels of Analysis», en Shinobu Kitayama y Dov. Cohen (eds.), *Handbook of Cultural Psychology*, Nueva York, Guilford Press, 2007, pp. 237-254; y Joan Y. Chiao (ed.), *Cultural Neuroscience: Cultural Influences on Brain Function: Progress in Brain Research*, Nueva York, Elsevier, 2009.

26. Para una introducción clara y accesible al campo de la epigenética, véase Nessa Carey, *The Epigenetics Revolution: How Modern Biology Is Rewriting Our Understanding of Genetics, Disease and Inheritance*, Londres, Icon Books, 2011.

27. Véase Gunnar Katti, Lars O. Bygren y Sören Edvinsson, «Cardiovascular and Diabetes Mortality Determined by Nutrition during Parents and Grandparents Slow Growth Period», *European Journal of Human Genetics* 10, n.º 11 (2002): 682-8.

28. Más específicamente, el Período de crecimiento lento (SGP), el tiempo inmediatamente antes del comienzo de la pubertad, cuando los factores del entorno tienen un mayor impacto en el cuerpo. Para los chicos, ese periodo crítico normalmente tiene lugar entre los nueve y los doce años.

29. Véase Alan Harrington, *Psychopaths*, Nueva York, Simon & Schuster, 1972.

30. Véase Robert A. Josephs, Michael J. Telch, J. Gregory Hixon, Jacqueline J. Evans, Hanjoo Lee, Valerie S. Knopik, John E. McGeary, Ahmad R. Hariri y Christopher G. Beevers, «Genetic and Hormonal Sensitivity to Threat: Testing a Serotonin Transporter Genotype X Testosterone Interaction», DOI: 10.1016/j.psyneuen.2011.09.006

31. Véase «Gary Gilmore's Eyes»/«Bored Teenagers» (19 de agosto de 1977: Anchor Records ANC1043).

32. Para el estudio inaugural usando TMS, véase Anthony T. Barker, Reza Jalinous e Ian L. Freeston, «Non-Invasive Magnetic Stimulation of Human Motor Cortex», *Lancet* 325, n.º 8437 (1985): 1106-7.

33. Véase Liane Young, Joan Albert Camprodón, Marc Hauser, Alvaro Pascual-Leone y Rebecca Saxe, «Disruption of the Right Temporoparietal Junction with Transcranial Magnetic Stimulation Reduces the Role of Beliefs in Moral Judgements», *PNAS* 107, n.º 15 (2010): 6753-8. Imagine que ve usted a un empleado de una planta química echando un poco de azúcar en la taza de café de un compañero de trabajo. El azúcar está almacenado en un recipiente marcado como «tóxico». Mientras usted ve esta escena de repente se abre una rendija en el tiempo y de ella, entre una extraña nube de humo, sale un filósofo moral etéreo, con un traje y unas gafas protectoras, y le presenta a usted cuatro desenlaces posibles. Éstos incorporan dos dimensiones independientes de espacio de posibilidad, alineados ortogonalmente uno con otro. La primera dimensión se relaciona con lo que el empleado «cree» que contiene el recipiente (azúcar o algún polvo tóxico). La segunda dimensión hace hincapié en lo que realmente contiene ese recipiente (azúcar o polvo tóxico).

Así que tenemos, en efecto, la siguiente combinación de posibilidades, destilada de un cóctel de resultados y creencias personales (ver tabla más abajo):

1. El empleado cree que el polvo es azúcar. Y lo es, en realidad. Su colega se bebe el café y sobrevive.

2. El empleado cree que el polvo es azúcar. Pero de hecho es tóxico. El colega se bebe el café y muere.

3. El empleado cree que el polvo es tóxico. Pero es azúcar. El colega se bebe el café y sobrevive.

4. El empleado cree que el polvo es tóxico. Y mira por dónde, es tóxico. Su colega se bebe el café y muere.

| | | RESULTADO | |
|---|---|---|---|
| | | Neutro | Negativo |
| CREENCIA | Neutra | 1 | 2 |
| | Negativa | 3 | 4 |

Teniendo en cuenta que, según un principio básico de la ley criminal, «el acto no hace culpable a la persona a menos que la mente sea también culpable», ¿hasta qué punto serían permisibles, pregunta el filósofo, en una escala del 1 al 7 (1= completamente prohibido; 7= completamente correcto), los actos del empleado, en una de esas cuatro posibilidades?

En 2010 Liane Young, del Departamento de Ciencias Cognitivas y Cerebrales, del Instituto de Tecnología de Massachusetts, y sus colaboradores, pidieron a unos voluntarios que hicieran ese tipo de juicio exactamente, como parte de una investigación sobre la neurobiología de la toma de decisiones morales.

Pero había una trampa.

Antes de emitir sus juicios, algunos de los participantes en el estudio recibieron una estimulación transcraneal magnética (TMS) en una región del cerebro conocida por estar asociada con el procesamiento moral (la articulación temporo-parietal derecha, o RTPJ). Más específicamente (diferenciándolo así del borrado de la moralidad que llevaba a cabo Ahmed Karim en el capítulo 4), el procesamiento moral, cuando evalúa las creencias, actitudes e intenciones que subyacen en las acciones de una tercera persona.

¿Afectaría esa estimulación artificial del RTPJ de los participantes en la forma en que contemplaban los diferentes casos?, se preguntaban Young y sus colaboradores. En otras palabras: ¿es moldeable la moralidad?

La respuesta resultó ser que sí.

Cuando se compararon los juicios morales del grupo experimental con los del grupo correspondiente que recibió un TMS en un lugar de control (es decir, no en el RTPJ), Young detectó un cierto modelo. En el caso 3 (donde se quiere hacer daño, pero el resultado resulta positivo), los participantes que recibieron un TMS en su RTPJ juzgaron las acciones del empleado más permisibles moralmente que las de aquellos que lo habían recibido en otro lugar cualquiera.

La moralidad, por lo que parece, se puede manipular. O más bien un componente de ella. La capacidad de adscribir adecuadamente intencionalidad al juzgar la conducta de otras personas se puede potenciar o bajar.

34. Véase Andy McNab, *Bravo Two Zero*, Londres, Bantam Press, 1993. [*Bravo Two Zero: misión secreta en Irak*, Barcelona, RBA, 2007. «Grandes Batallas.» Traducción Aurora Ortiz de Zárate.]

35. Para oír el programa, ir a http://www.bbc.co.uk/programmes/p006dg3y

36. Para conocer más experiencias de Andy McNab en el Servicio Especial Aéreo, incluyendo su tremendo proceso de selección y técnicas de interrogatorio, véase Andy McNab, *Immediate Action*, Londres, Bantam Press, 1995.

37. *Gran Turismo* es un popular videojuego de simulación de carreras de coches.

**6. Los siete preciados capitales**

1. Para oírlo, ir a http://soundcloud.com/profkevindu-tton/great-british-psychopath

2. Véase Michael R. Levenson, Kent A. Kiehl y Cory M. Fitzpatrick, «Assessing Psychopathic Attributes in a Noninstitutionalized Population», Journal of Personality and Social Psychology 68, n.º 1 (1995): 151-8. Para hacer el test, ir a http://www.kevindutton.co.uk/

3. Los psicópatas son especialmente difíciles de tratar, y su encanto y habilidades de persuasión literalmente halagan y engañan, dando la impresión de que se ha hecho algún progreso, cuando en realidad el psicópata finge su rehabilitación para conseguir la libertad bajo palabra (en la mayoría de los casos). Recientemente, sin embargo, se ha encontrado un nuevo tratamiento para delincuentes jóvenes de difícil curación con tendencias psicopáticas que da motivos para el optimismo. Michael Caldwell, psicólogo en el Centro para el Tratamiento Juvenil Mendota de Madison, Wisconsin, ha obtenido unos resultados prometedores con una técnica terapéutica intensiva individual conocida como «descompresión», el objetivo de la cual es romper el círculo vicioso en el cual el castigo por la mala conducta lleva a mala conducta a su vez, que vuelve a ser castigada de nuevo... y así sucesivamente, una y otra vez. A lo largo del tiempo, la conducta de los jóvenes encarcelados tratados por Caldwell se fue haciendo cada vez más manejable, con el resultado de que han sido capaces de participar en más servicios de rehabilitación habituales. Para ilustrar este hecho: un grupo de más de 150 jóvenes incluidos en el programa de Caldwell acabaron teniendo un 50 por ciento menos de probabilidades de embarcarse en actividades criminales violentas después del tratamiento que un grupo comparable sometido a rehabilitación en una instalación convencional de un correccional juvenil.

Para más información sobre la «descompresión» y el tratamiento de los psicópatas en general, véase Michael F. Caldwell, Michael Vitacco y Gregory J. Van Rybroek, «Are Violent Delinquents Worth Treating? A Cost-Benefit Analysis», *Journal of Research in Crime and Delinquency* 43, n.º 2 (2006): 148-68.

4. Véase John Arlidge, «A World in Thrall to the iTyrant», *Sunday Times News Review*, 9 de octubre de 2011.

5. Véase James K. Rilling, Andrea L. Glenn, Meeta R. Jairam, Giuseppe Pagnoni, David R. Goldsmith, Hanie A. El-

fenbein y Scott O. Lilienfeld, «Neural Correlates of Social Cooperation and Non-Cooperation as a Function of Psychopathy», *Biological Psychiatry* 61, n.º 11 (2007): 1260-71.

6. Véase «Mental Toughness and Attitudes to Risk-Taking», *Personality and Individual Differences* 49, n.º 3 (2010): 164-8.

7. Williams y su equipo trabajan en el Centro de Conciencia Plena de Oxford, de la Universidad de Oxford. Para saber más de la investigación que llevan a cabo ahora en el centro, visite su website: http://oxfordmindfulness.org/. Para los interesados en leer sobre la conciencia plena, véase también Mark Williams y Danny Penman, *Mindfulness: A Practical Guide to Finding Peace in a Frantic World*, Londres, Piatkus, 2011. [*Mindfulness: guía práctica para encontrar la paz en un mundo frenético*, Barcelona, Paidós, 2013. Traducción de Remedios Diéguez.]

8. Se han escrito páginas y páginas intentando responder a esta pregunta. Pero para aquellos que deseen algo ligero, y que quieran introducir un poquito de fantasía en el cóctel, recomiendo mucho una novela, *The Fear Index* de Robert Harris, Londres, Hutchinson, 2011. [*El índice del miedo*, Barcelona, Grijalbo, 2012. Traducción de Gemma Rovira.]

9. Véase Artur Z. Arthur, «Stress as a State of Anticipatory Vigilance», *Perceptual Motor Skills* 64, n.º 1 (1987): 75-85.

**7. Supercordura**

1. Véase Alan Harrington, *Psychopaths*, Nueva York, Simon & Schuster, 1972, p. 45.

2. Véase Hervey Cleckley, *The Mask of Sanity: An Attempt to Clarify Some Issues about So – Called Psychopathic Parsonality*, Saint Louis, Missouri, C.V. Mosby, 1941, 1976, p. 391, http://www.cassiopaea.org/case/sanity 1.PdF .

3. Véase Norman Mailer, *The White Negro*, publicado por primera vez en *Dissent* (otoño 1957), http://www.learn to question.com/resources/database/archives/003327.html [*El negro blanco,* Barcelona, Tusquets, 1973. Traducción Isabel Vericat.]

4. Véase Harrington, *Psychopaths*, p. 233.

5. Los expertos modernos en el campo de la neuroteología consideran que la experiencia de Saulo es más sintomática de la aparición de una epilepsia del lóbulo temporal que de algún encuentro genuino con lo divino. La «luz del cielo», las alucinaciones auditivas («Saulo, Saulo, ¿por qué me persigues?) y la posterior ceguera temporal son compatibles con tal diagnóstico, desde luego, igual que la propia misteriosa alusión relativa a la salud del propio Saulo (2 Cor. 12:7-10) de una «espina en la carne», un «mensajero de Satán», «para evitar que me volviera un engreído».

6. Para acceder a una biografía detallada de San Pablo y una comprensión mejor de su compleja psicología, véase Andrew N. Wilson, *Paul: The Mind of the Apostle*, Nueva York, W. W. Norton & Co., 1997.

7. Véase Michael White, L. *From Jesus to Christianity: How Four Generations of Visionaries and Story tellers Created the New Testament and the Christian Faith*, San Francisco, California, HarperCollins, 2004, p. 170. [*De Jesús al cristianismo: el Nuevo Testamento y la fe cristiana: un proceso de cuatro generaciones*, Estella (Navarra), Verbo Divino, 2007. Traducción de José Pérez Escobar.]

8. «If», el poema de Rudyard Kipling del que se han extraído estos versos, apareció por primera vez en su colección *Rewards and Fairies*, Londres, Macmillan, 1910.

9. Véase Derek G. V. Mitchell, Rebecca A. Richell, Alan Leonard y R. James R. Blair, «Emotion at the Expense of Cognition: Psychopathic Individuals Outperform Controls on an Operant Response Task», *Journal of Abnormal Psychology* 115, n.º 3 (2006): 559-66.

10. Corintios 9:24, 26.

11. Para saber más del concepto de flujo, véase Mihály Csíkszentmihályi, *Finding Flow: The Psychology of Engagement with Everyday Life*, Nueva York, Basic Books, 1996. [*Aprender a fluir*, Barcelona, Kairós, 2013. Traducción de Alfonso Colodrón.]

12. Martin Klasen, René Weber, Tilo T. J. Kircher, Krystyna A. Mathiak y Klaus Mathiak, «Neural, Contributions to Flow

Experience during Video Game Playing», *Social Cognitive and Affective Neuroscience* 7, n.º 4 (2012), 485-95.

13. Véase Elsa Ermer, Joshua D. Greene, Prashanth K. Nyalakanti y Kent A. Kiehl, «Abnormal Moral Judgments in Psychopathy», póster presentado en el congreso de la Sociedad para el Estudio Científico de la Psicopatía, Montreal, Canadá, mayo de 2011.

14. Kiehl y sus coautores también incluyeron un tercer tipo de dilema, que llamaron «impersonal». Éste tomaba la forma de la versión original del «problema del vagón» ideado por Philippa Foot (véase el capítulo 1) en el cual la elección (iniciada por el movimiento de un interruptor) está entre desviar o no un tren sin frenos de su rumbo actual, en el que mataría a cinco personas, a un rumbo alternativo donde mataría solo a una.

15. Véase Antoine Lutz, Lawrence L. Greischar, Nancy B. Rawlings, Matthieu Ricard y Richard J. Davidson, «Long-Term Meditators Self-Induce High-Amplitude Gamma Synchrony during Mental Practice», *PNAS* 101, n.º 46 (2004): 16369-73. Richard Davidson es el director del Laboratorio de Neurociencia Afectiva de la Universidad de Wisconsin. Para saber más de este trabajo, visite la web del laboratorio: http://psyphz.psych.wisc.edu/. Véase también Richard J. Davidson y Sharon Begley, *The Emotional Life of Your Brain: How Its Unique Patterns Affect the Way You Think, Feel, and Live – and How You Can Change Them*, Nueva York, Hodder & Stoughton, 2012.

16. Cita tomada de Steve Connor, «Psychology of Sport: How a Red Dot Swung It for Open Champion», *Independent*, 20 de julio de 2010.

17. Véase Bhikkhu Bodhi, *The Noble Eightfold Path: The Way to the End of Suffering*, Onalaska, Wisconsin, BPS Pariyatti Publishing, 2000, capítulo 6, «Right Mindfulness (Samma Sati)». [*La liberación del sufrimiento: el noble óctuple sendero*, Madrid, Ediciones Librería Argentina, 2007. Traducción de Norberto Tucci y Almudena Haurie.]

18. Véase Mahātsatipaṭṭhāna Sutta, *The Great Discourse on the Establishing of Awareness*, Onalaska, Wisconsin, Vipassana Research Publications, 1996).

19. Véase Scott R. Bishop, Mark Lau, Shauna Shapiro, Lin-

da Carlson, Nicole D. Anderson, James Carmody, Zindel V. Segal, et al., «Mindfulness. A Proposed Operational Definitions», *Clinical Psychology: Science and Practice* 11, n.º 3 (2004): 230-41.

20. Véase Shunryu Suzuki, *Zen Mind, Beginner's Mind: Integrated Talks on Zen Meditation and Practice*, ed. Trudy Dixon y Richard Baker, Nueva York & Tokyo, Weatherhill, 1970. [*Mente zen, mente de principiante: charlas informales sobre meditación y práctica del zen*, Gaia Ediciones, Madrid, 2012. Traducción de Miguel Iribarren.]

21. Mehmet Mahmut y Louise Cridland, «Exploring the Relationship between Psychopathy and Helping Behaviours», póster presentado en el congreso de la Sociedad para el Estudio Científico de la Psicopatía, Montreal, Canadá, mayo de 2011.

22. Véase W. Somerset Maugham, *Of Human Bondage*, Londres, George H. Doran and Company, 1915. [*Servidumbre humana*, Barcelona, RBA, 2012. Traducción Luis Enrique de Juan.]

23. Diana Falkenbach y Maria Tsoukalas, «Can Adaptive Psychopathic Traits Be Observed in Hero Populations?», póster presentado en el congreso de la Sociedad para el Estudio Científico de la Psicopatía, Montreal, Canadá, mayo de 2011.

24. Para saber más del Proyecto Imaginación Heroica, visite su web: http://heroicimagination.org/

25. Philip G. Zimbardo, «The Power and Pathology of Imprisonment», sesión ante el Subcomité n.º 3 del Comité Judicial de la Cámara de Representantes, Nonagésimo segundo Congreso, Primera sesión sobre correcciones, parte II, prisiones, reforma de prisiones y derecho de los presos: archivos del congreso de California, Serie n.º 15, 25 de octubre de 1971, Washington, DC, US Government Printing Office, 1971, www.prisonexp.org/pdf/congress.pdf.

26. Véase Irving L. Janis, *Groupthink: A Psychological Study of Policy Decisions and Fiascoes*, 2.ª ed., Boston, Houghton Mifflin, 1982.

27. Véase Timothy A. Judge, Beth A. Livingston y Charlice Hurst, «Do Nice Guys —and Gals— Really Finish Last? The

Joint Effects of Sex and Agreeableness on Income», *Journal of Personality and Social Psychology* 102, n.º 2 (2012): 390-407.

28. Por supuesto, tan desvergonzada indiferencia por la práctica de la monogamia conduce, a su vez, a la promiscuidad sexual... y a una amplia propagación de genes.

29. Véase Uma Vaidyanathan, Jason R. Hall, Christopher J. Patrick y Edward M. Bernat, «Clarifying the Role of Defensive Reactivity Deficits in Psychopathy and Antisocial Personality Using Startle Reflex Methodology», *Journal of Abnormal Psychology* 120, n.º 1 (2011): 253-8.

30. Para los interesados en averiguar algo más sobre la ciencia de realizar perfiles criminales, véase Brent Turvey, *Criminal Profiling: An Introduction to Behavioral Evidence Analysis*, San Diego, Academic Press, 1999; David V. Canter, y Laurence J. Alison (eds.), *Criminal Detection and the Psychology of Crime*, Brookfield, Vermont, Ashgate Publishing, 1997.

31. Henry Lee Lucas fue un asesino en serie americano muy prolífico, descrito una vez como «el mayor monstruo que haya vivido jamás». Su confesión condujo a la policía a los cuerpos de 246 víctimas, de las cuales fue posteriormente condenado por asesinar a 189. Las hazañas de Lucas se extendieron a lo largo de tres décadas, desde 1960, año en el que apuñaló y mató a su madre en una pelea, y agredió más tarde sexualmente su cadáver, hasta ser arrestado en 1983 por posesión ilícita de un arma de fuego. A finales de los setenta Lucas formó equipo con un cómplice, Ottis Toole, y los dos juntos vagaron por el sur de Estados Unidos obteniendo sus víctimas sobre todo, pero no exclusivamente, entre los autoestopistas. Al parecer en una ocasión recorrieron dos estados antes de darse cuenta de que la cabeza cortada de su última víctima se encontraba todavía en el asiento trasero de su coche. «No tenía sentimiento alguno por las personas, ni hacia ninguno de los crímenes», explicó una vez Lucas. «Las elegía entre gente que iba haciendo autoestop, que salía a correr o a jugar a algo, cosas así. Nos liábamos y nos lo pasábamos bien. Antes de que te dieras cuenta ya la había matado y la tiraba por ahí en algún sitio». En 2001, Lucas murió en prisión de un ataque

cardíaco. Su historia se relata en la película de 1986 *Henry, retrato de un asesino*.

32. Véase Andreas Mokros, Michael Osterheider, J. Stephen Hucker y Joachim Nitschke, «Psychopathy and Sexual Sadism», *Law and Human Behavior* 35, n.º 3 (2011): 188-99.

La tipología de Kelleher para asesinos en serie varones separa a tales individuos en cuatro categorías discretas: visionarios, misioneros, hedonistas y buscadores de poder. Los visionarios responden a mensajes psíquicos, comunicaciones divinas y alter egos influyentes que les ordenan matar. Los misioneros creen que les corresponde a ellos «limpiar» la sociedad, normalmente tomando como presas a prostitutas u otros blancos minoritarios, como homosexuales o personas de etnias o grupos religiosos determinados. Los hedonistas (los más comunes entre los asesinos en serie varones) están predominantemente orientados hacia el placer, y a menudo se excitan cuando matan. Se pueden subdividir a su vez en tres tipos distintos: los asesinos lujuriosos (que matan para obtener gratificación sexual), los asesinos por emoción (que matan simplemente por el placer de cazar y matar a su presa), y los asesinos de comodidad (que matan para obtener ganancias materiales). Finalmente, los buscadores de poder matan para ejercer control sobre sus víctimas. Muchos asesinos de este tipo abusan sexualmente de sus víctimas, pero difieren de los asesinos lujuriosos en que la violación se usa como medio de dominación, y no para obtener gratificación sexual.

La tipología de Kelleheer para las asesinas en serie femeninas comprende cinco tipos distintos: viudas negras, ángeles de la muerte, predadoras sexuales, vengadoras y asesinas por provecho. Las viudas negras matan a miembros de su familia, amigos y a cualquiera con quien hayan forjado una relación personal estrecha, y el objetivo principal es obtener atención y simpatía. Los ángeles de la muerte trabajan en hospitales e instituciones sanitarias, y se sienten estimuladas por su poder sobre la vida y la muerte, y a menudo llevan a sus víctimas al borde de la muerte y luego las «curan» milagrosamente. A este tipo de asesinas normalmente se les diagnostica el síndrome de Münchhausen por poderes.

Los motivos de las predadoras sexuales, las vengadoras y las asesinas por provecho, respectivamente, son bastante evidentes, aunque deberíamos observar que las predadoras sexuales son extremadamente raras (Aileen Wuornos es prácticamente el único ejemplo de asesina en serie que cuadra con esta descripción). Por el contrario, las asesinas por provecho constituyen el tipo más común de asesinas en serie, y casi tres cuartas partes de tales mujeres caen dentro de esta categoría.

Para aquellos que quieran averiguar más cosas sobre los asesinos en serie, tanto de la variedad masculina como de la femenina, véase Michael D. Kelleher y C. L. Kelleher, *Murder Most Rare: The Female Serial Killer*, Westport, Connecticut, Praeger, 1998; y Michael Newton, *The New Encyclopedia of Serial Killers*, 2.ª ed., Nueva York, Checkmark Books, 2006.

33. Véase Heinz Wimmer y Josef Perner, «Beliefs about Beliefs: Representation and Constraining Function of Wrong Beliefs in Young Children's Understanding of Deception», *Cognition* 13, n.º 1 (1983): 103-28.

34. Véase Alfred B. Heilbrun, «Cognitive Models of Criminal Violence Based Upon Intelligence and Psychopathy Levels», *Journal of Consulting and Clinical Psychology* 50, n.º 4 (1982): 546-57.

35. El trabajo de Paul Ekman y Robert Leenson se describe en Daniel Goleman y el Dalai Lama (prólogo) *Destructive Emotions: How Can We Overcome Them?: A Scientific Dialogue with the Dalai Lama,* Nueva York, Bantam Books, 2003. Para el entorno general, véase también Paul Ekman, Richard J. Davidson, Matthieu Ricard y B. Alan Wallace, «Buddhist and Psychological Perspectives on Emotions and Well-Being», *Current Directions in Psychological Science* 14, n.º 2 (2005): 59-63.

36. Los datos no se han publicado, hasta el momento.

37. Véase Christopher J. Patrick, Margaret M. Bradley y Peter J. Lang, «Emotion in the Criminal Psychopath: Startle Reflex Modulation», *Journal of Abnormal Psychology* 102, n.º 1 (1993): 82-92.

38. Para una guía accesible a los escritos y filosofía de Atisha, véase Geshe Sonam Rinchen, *Atisha's Lamp for the Path to*

*Enlightenment*, ed. y trad. Ruth Sonam, Ithaca, Nueva York, Snow Lion Publications, 1997.

39. Véase Blake Morrison, «Along Highways, Signs of Serial Killings», *USA Today*, 5 de octubre de 2010.

40. Véase Don Marquis, «The Lesson of the Moth», en *The Annotated Archy and Mehitabel*, ed. Michael Sims, Nueva York, Penguin, 2006.

# Agradecimientos

En el aspecto psicológico, los escritores son de diferentes formas y tamaños. Para mí, escribir un libro que haga reír a la gente, en teoría, podría ser relativamente fácil. Escribir un libro que haga reír y pensar a la gente (como ocurrió anteriormente con *Flipnosis,* o eso me han dicho los que me quieren bien) es un poco más difícil. Escribir un libro que haga pensar a la gente, bueno... eso no es fácil, en absoluto.

*La sabiduría de los psicópatas* en teoría cae en esa tercera categoría (aunque si a veces he conseguido arrancar una sonrisa, no me voy a pelear por eso). Los psicópatas, innegablemente, son fascinantes. Pero la verdad pura y dura es que no tienen nada de divertido, ni remotamente. Pueden ser peligrosos, destructivos, mortales... y cualquier escritor serio tiene el deber de procurar manejarlos con tanta precaución en las páginas impresas como lo haría si se los encontrase en la vida real.

Tal higiene editorial escrupulosa es más importante aún bajo condiciones de favor existencial: cuando uno adelanta la idea de que el cerebro del psicópata no es, en su conjunto, el mundo glacial e inhóspito que hemos vislumbrado, como ocurre a menudo, en una órbita neurológica distante, dentro del firmamento sináptico, sino que ofrece, contrariamente a la creencia popular, un refugio psicológico habitable para la gente normal y corriente durante el curso de sus vidas cotidianas (al menos, en sus regiones más templadas y agradables). Se pueden presentar pruebas con argumentos científicos herméticamente cerrados, empíricamente esterilizados, para erradicar hasta los microbios más infinitesimales de la hipérbole y la «glamurización»... y generar conclusiones en condiciones estrictamente controladas y altamente seguras.

Sin embargo, los psicópatas son tan cautivadores sobre el papel como lo son cara a cara... y mi mujer me asegura que no he escapado a sus taimadas garras psicológicas sin sufrir algunas cicatrices. Al concluir este libro estoy, al parecer, un poquito más allá en el espectro psicopático de lo que estaba al comenzar, y durante un tiempo he estado patinando sobre hielo.

De modo que, naturalmente, ella tiene un plan. Para recuperar el equilibrio y compensarla de alguna manera, mi siguiente libro, insiste, debería ser un tratado sobre el amor y la compasión... dos atributos que según mi opinión, están muy sobrevalorados y son inestimablemente superfluos (existen muchas posibilidades de que no se escriba nunca semejante libro, por tanto). Y aprovechando la oportunidad, Elaine, me gustaría decir: gracias por nada, cariño. Tendrás noticias de mi abogado muy pronto.

Billy Wilder dijo una vez que los agentes son como los neumáticos del coche. Para ir a cualquier sitio necesitas al menos cuatro, y tienes que cambiarlos cada 8.000 kilómetros. Personalmente, no puedo defender con el entusiasmo suficiente los méritos del uniciclo, en particular, de la variedad Patrick Walsh. Con la ayuda de mi equipo de reparación de pinchazos, Jake Smith-Bosanquet, llevo a Patrick desde hace unos cuantos años, y he disfrutado de todos y cada uno de los momentos del viaje. Dios sabe adónde nos llevará la siguiente aventura.

Otras personas sin cuya ayuda este libro nunca habría visto la oscuridad de la noche (y que aflojaron la pasta adecuadamente para que les incluyera) son los siguientes: Denis Alexander, Paul Babiak, Alysha Baker, Helen Beardsley, James Beasley III, Peter Bennett, James Blair, Michael Brooks, Alex Christofi, David Clark, Claire Conville, Nick Cooper, Sean Cunningham, Kathy Daneman, Ray Davies, Roger Deeble, Mariette DiChristina, Liam Dolan, Jennifer Dufton, Robin Dunbar, Elsa Ermer, Peter Fenwick, Simon Fordham, Mark Fowler, Susan Goldfarb, Graham Goodkind, Annie Gottlieb, Cathy Grossman, Robert Hare, Amelia Harvell, John Horgan, Glyn Humphreys, Hugh

Jones, Terry Jones, Stephen Joseph, Larry Kane, Deborah Kent, Nick Kent, Paul Keyton, Kent Kiehl, Jennifer Lau, Scott Lilienfeld, Howard Marks, Tom Maschler, Matthias Matuschik, Andy McNab, Alexandra McNicoll, Drummond Moir, Helen Morrison, Joseph Newman, Richard Newman, Jonica Newby, Steven Pinker, Stephen Porter, Caroline Pretty, Philip Pullman, Martin Redfern, Christopher Richards, Ann Richie, Ruben Richie, Joe Roseman, John Rogers, Jose Romero-Urcelay, Tim Rostron, Debbie Schiesser, Henna Silvennoinen, Jeanette Slinger, Nigel Stratton, Christine Temple, Leanne ten Brinke, John Timpane, Lisa Tuffin, Essi Viding, Dame Marjorie Wallace, Fraser Watts, Pete Wilkins, Mark Williams, Robin Williams, Andrea Woerle, Philip Zimbardo, Konstantina Zougkou. (Nota: aunque la cosa no tiene demasiada importancia de todos modos, Ian Collins no quiso apoquinar el desembolso requerido, y por tanto su ausencia aquí será pública y notoria.)

Gracias especialmente a mis editores de William Heinemann, Tom Avery y Jason Arthur, y a las igualmente puntillosas Amanda Moon y Karen Maine de Farrar, Straus and Giroux.

